Andreas Happe

Der Harz
für Wandermuffel

Gemütlich unterwegs auf leichten und kurzweiligen Touren

J. BERG

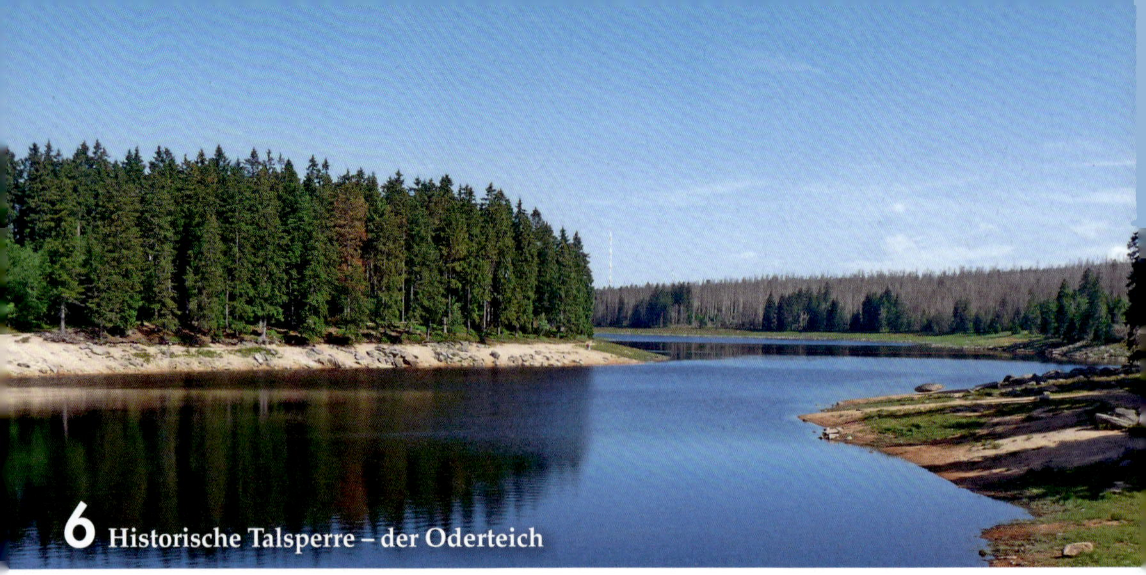

6 Historische Talsperre – der Oderteich

Inhalt

Touren im Nordharz 50

Touren im Ostharz 76

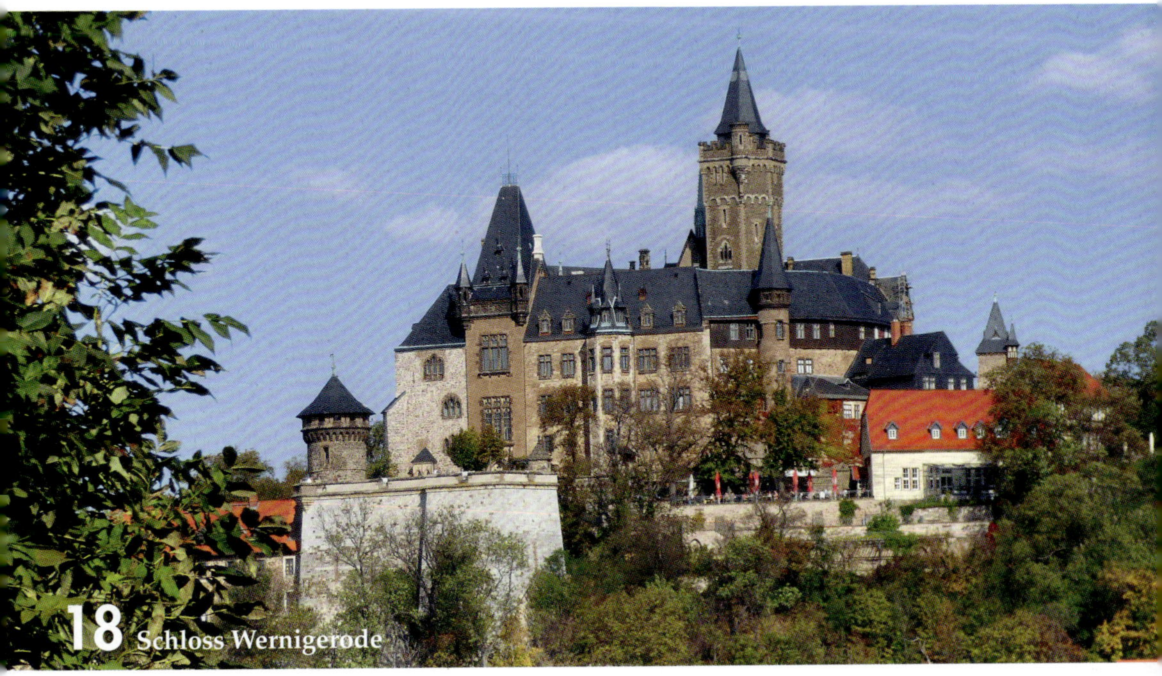

18 Schloss Wernigerode

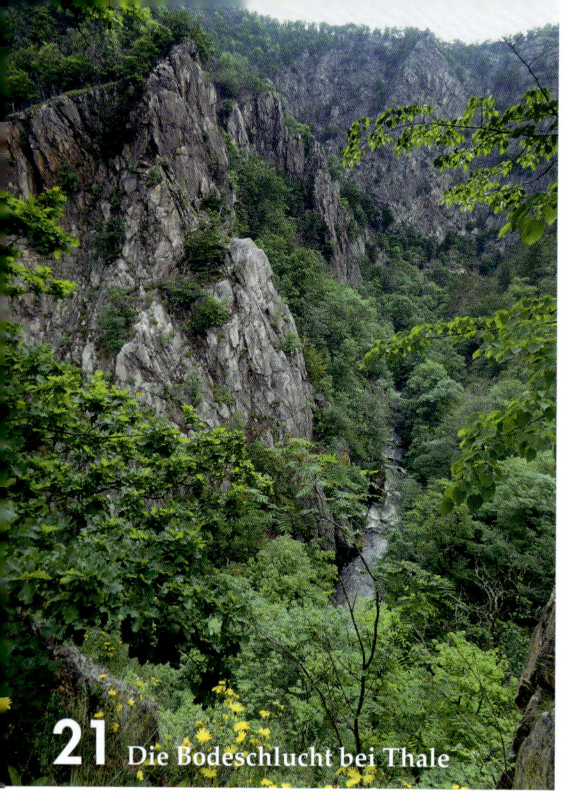

21 Die Bodeschlucht bei Thale

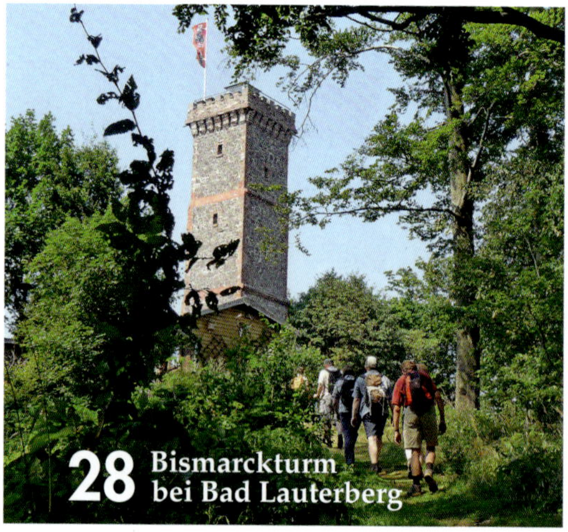

28 Bismarckturm bei Bad Lauterberg

Tourenüberblick

Tour			km	Hm							
1	●	Albertturm und Höhlenerlebnis	3,5 km	130/130 Hm	1.15 Std.	•	•	•		•	
2	●	Sieben-Seen-Runde	8,0 km	50/50 Hm	2.00 Std.	•	•		•	•	
3	●	Vier Seen bei Clausthal	6,5 km	90/90 Hm	2.00 Std.	•	•	•	•	•	
4	●	Auf Schalke	8,0 km	190/190 Hm	2.15 Std.	•		•	(•)	•	
5	●	Märchenweg, Sonnenkappe und Flutgraben	7,0 km	120/120 Hm	2.00 Std.	•	•	•		•	
6	●	Rund um den Oderteich	6,5 km	60/60 Hm	1.45 Std.	•	•		•	•	
7	●	Über den Kaiserweg auf den Achtermann	6,0 km	130/130 Hm	2.00 Std.	•		•		•	
8	●	Wurmberg, Grünes Band und Warme Bode	8,5 km	390/390 Hm	2.15 Std.	•				•	•
9	●	Vom Brocken nach Schierke	8,0 km	30/480 Hm	2.00 Std.	•		•		•	
10	●	Durch das Elendstal	6,0 km	130/130 Hm	2.00 Std.	•				•	
11	●	Oker, Schlafender Löwe und Adlerklippen	8,5 km	150/150 Hm	2.30 Std.	•	•	•		•	
12	●	Kästeklippen, Treppenstein und Romkerhalle	5,5 km	280/280 Hm	2.00 Std.	•	•	•		•	
13	●	Harzburg, Rabenklippen und Luchsgehege	9,0 km	140/330 Hm	2.30 Std.	•	•	•		•	•
14	●	Über den Kaiserweg zum Radaufall	11,0 km	60/460 Hm	3.00 Std.	•	•			•	
15	●	Riefenbach, Bleichetal und Café Winuwuk	8,0 km	300/300 Hm	2.30 Std.	•	•			•	(•)
16	●	Ilsetal, Plessenburg und Ilsestein	10,0 km	300/300 Hm	3.00 Std.	•				•	
17	●	Armeleuteberg und Harburg	7,0 km	230/230 Hm	2.30 Std.	•	•	•		•	
18	●	Über Kammwege zum Schloss Wernigerode	12,0 km	320/280 Hm	3.30 Std.	•	•	•		•	
19	●	Trageburg und Trautenstein	8,5 km	40/40 Hm	2.30 Std.	•		•		•	
20	●	Teufelsmauer und Hamburger Wappen	8,0 km	170/170 Hm	2.30 Std.	•	•	•		•	
21	●	Die Bodeschlucht	9,0 km	20/120 Hm	3.00 Std.	•	•			•	
22	●	Vom Hexentanzplatz durch die Mausefalle	4,0 km	20/280 Hm	1.15 Std.	•	•	•		•	•
23	●	Durchs Selketal auf die Burg Falkenstein	11,0 km	200/200 Hm	3.00 Std.	•	•	•		•	
24	●	Burg Hohnstein und Heinrichsburg	10,0 km	200/200 Hm	3.00 Std.	•	•	•	(•)	•	
25	●	Von Walkenried zur Sachsenburg	9,0 km	45/45 Hm	2.30 Std.	•		•		•	
26	●	Stöberhai und Stöberhaier Bahnhof	10,0 km	320/320 Hm	2.30 Std.	•		•		•	
27	●	Wiesenbeker Teich und Steinaer Stausee	6,0 km	190/190 Hm	2.00 Std.	•	•	•		(•)	
28	●	Kupferhütte, Bismarckturm und Hausberg	7,5 km	300/300 Hm	2.45 Std.	•	•	•		•	(•)
29	●	Von Sieber auf den Großen Knollen	11,0 km	440/440 Hm	3.30 Std.	•		•		•	
30	●	Einhornhöhle und Burg Scharzfels	6,0 km	230/230 Hm	2.00 Std.	•	•	•		•	

Vorwort

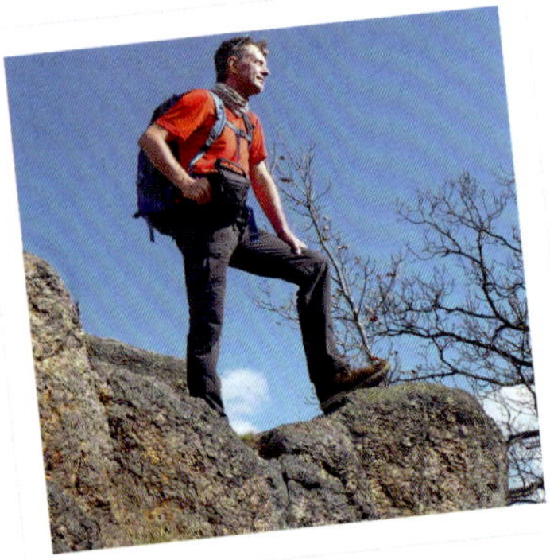

Der Autor auf dem Ilsestein

Der vorliegende Führer heißt zwar »Harz für Wandermuffel«, das bedeutet jedoch nicht, dass die Routen langweilig sind. Natürlich, es stimmt, die Wandervorschläge sind vergleichsweise moderat in Strecke und Gehzeit. So kommen aber nicht nur Wandermuffel auf ihre Kosten, sondern auch alle Wanderer, die Gehzeit und Strecke gern ein bisschen defensiver wählen. Einige Naturliebhaber werden mit kürzeren Touren um die 10 Kilometer Länge vielleicht schon deshalb glücklich, weil sie sich beim Wandern gern etwas mehr Zeit nehmen: Intensiv-Fotografen, neugierige Botaniker, Mehrfach-Einkehrer oder Picknicker, Plauderer, Spielkinder, Nature Writer oder Menschen, die die Langsamkeit für sich entdeckt haben, die gern mal auf der Bank sitzen und für die weniger mehr ist.

Trotz ihrer Kompaktheit verlaufen die Routen auf sehr abwechslungsreichen Wegen. Natürlich gibt es auch immer mal ein Stück Forststraße, der Schwerpunkt liegt aber auf naturnahen Wanderwegen und Waldpfaden. Das bedeutet jedoch auch, dass eine gewisse Trittsicherheit und angemessenes Schuhwerk für viele dieser Wanderempfehlungen sinnvoll ist.

Im Vordergrund steht das leicht zugängliche und trotzdem intensive Erlebnis in der Natur. Dazu bietet sich der Harz mit seinen Wäldern und Wiesen, Klippen und Schluchten, Seen und Bächen besonders an. Auf den meisten der vorgestellten Wanderungen liegen am Wegesrand besondere Highlights wie Burgen oder Aussichtstürme, Höhlen oder Felsbastionen, Seen oder Wasserfälle. Wir wandern auf dem Grünen Band der ehemaligen innerdeutschen Grenze, dem historischen Kaiserweg und zum mythischen Hexentanzplatz. Fast immer liegen einladende Hütten, Gasthäuser oder historische Orte am Weg. Und wie hat mal ein sehr junger Mann (damals noch Wandermuffel) zu mir gesagt: »Wandern ist doch sinnlos … es sei denn, man kann einkehren!« Also liebe Wandermuffel: Auf geht's!

Andreas Happe

Praktische Informationen

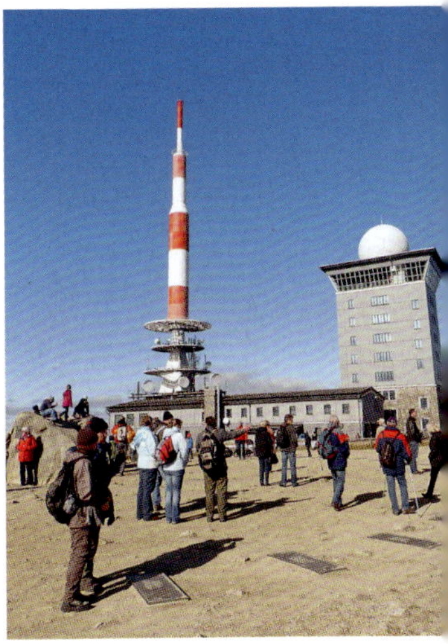

Brockengipfel – der höchste im Harz

Wanderregion und Tourenauswahl

Der Harz ist ein großes und vielseitiges Mittelgebirge. Somit sind die Wandermöglichkeiten fast unerschöpflich. Trotzdem muss sich jeder Wanderführer-Autor für ein Bündel von attraktiven Touren entscheiden. Natürlich greift man ganz emotional zu seinen Lieblingstouren. Diese sollten aber der jeweiligen Zielgruppe des Wanderführers entsprechen. Daher liegen meiner Auswahl auch einige mehr oder weniger objektive Kriterien zu Grunde.

Alle Wanderempfehlungen im »Harz für Wandermuffel« sollten mindestens eine Stunde und höchstens etwas über drei Stunden dauern. Gemeint ist damit die reine Gehzeit, die ein durchschnittlicher Wanderer ohne Pausen brauchen würde. Dabei sollten keine Abstriche an der Erlebnisdichte gemacht werden. Das heißt, jede Wanderung sollte vom ersten Schritt an spannend sein, ohne lange Anmärsche zu den eigentlichen Highlights. Der Weg ist das Ziel. Wir halten uns also möglichst nahe an der wilden Natur, benutzen romantische Waldpfade, Wanderwege an Gewässern entlang oder durch eindrucksvolle Felslandschaften. Jede Wanderung präsentiert ein landschaftliches oder kulturelles Prachtstück. Das können mächtige Burgen, Aussichtstürme, historische Anlagen oder besondere Gasthäuser sein, aber auch mächtige Felsmonumente, idyllische Seen, mystische Wälder oder eindrucksvolle Höhlen. Immer findet der Wandermuffel auch einladende Hütten oder Gaststätten am Weg – oder zumindest am Ziel der Wanderung. Bei den Einkehrmöglichkeiten habe ich immer, wo möglich, die Internetadresse angegeben, ansonsten die Telefonnummer.

Die sorgsam ausgewählten Wandervorschläge liegen über den gesamten Harz verteilt und sind fast alle auch mit öffentlichen Verkehrsmitteln gut zu erreichen.

Burg Hohnstein im Südharz

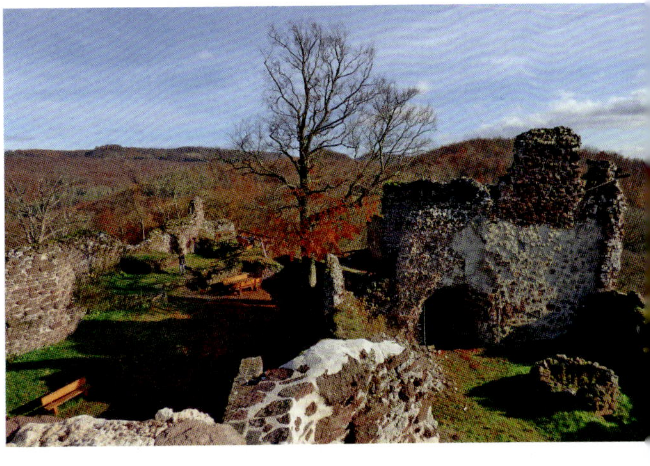

Anforderungen und Gehtempo

Drei Schwierigkeitsgrade werden in den Farben **blau** (leicht), **rot** (mittel) und **schwarz** (schwer) dargestellt. Das kann natürlich immer nur ein grober Hinweis sein, denn mit den Kriterien (Länge der Tour, Steigungen, Wegbeschaffenheit) kommt jeder Wanderer und jede Wanderin anders klar. Leicht sind kürzere Wanderungen mit einfachen Wegen und wenig Steigungshöhe. Die meisten Routen liegen im mittleren Bereich. Hier gibt es auch mal etwas längere Steigungen, steinige oder wurzelige Pfade erfordern immer wieder eine gewisse Trittsicherheit. Schwere Wanderungen gibt es – wandermuffelgerecht – kaum. Nur zwei Touren mit längeren Steigungen auf steinigen und wurzeligen Waldpfaden erfordern etwas mehr Kondition und Trittsicherheit. Wer den Berg aber sehr langsam und in meditativem Rhythmus angeht, für den sollten auch die schwarzen Routen kein Problem darstellen.

Der Ottofelsen bei Drei Annen

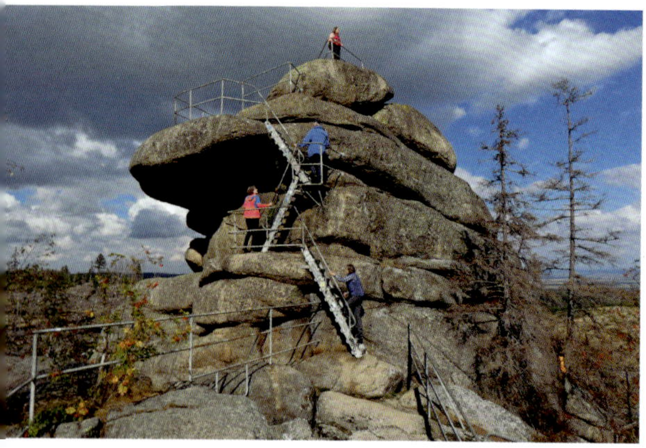

Generell gilt: In der Ruhe liegt die Kraft. Statt gleich mit ordentlichem Tempo loszurennen, sollte der Wanderer gerade in den ersten 20 Minuten besonders behäbig unterwegs sein. Der Körper muss sich erst langsam warmlaufen. Und auch danach kommt man früher und entspannter am Ziel an, wenn man langsam, aber stetig unterwegs ist. Stop and Go zermürbt die Ausdauer.

Tourenplanung

Die Grundlage einer gelungenen Wanderung ist eine gute Planung. Welche Wanderung ist die richtige für mich? Passen die Wetterprognose und meine Tagesform? Wann muss ich spätestens am Ziel sein, z. B. um den Zug zu erwischen und der Dunkelheit zuvorzukommen? Habe ich genug Zeitreserven, um entspannt unterwegs zu sein und auch längere Pausen einlegen zu können? Diese Fragen sollte man sich vor der Wanderung stellen, und bei der Antwort unterstützt Sie dieser Führer.
Mehr Infos rund um das Thema Tourenplanung finden Sie unter www.trekkingguide.de/knowhow/tourenplanung.htm.

Wetter

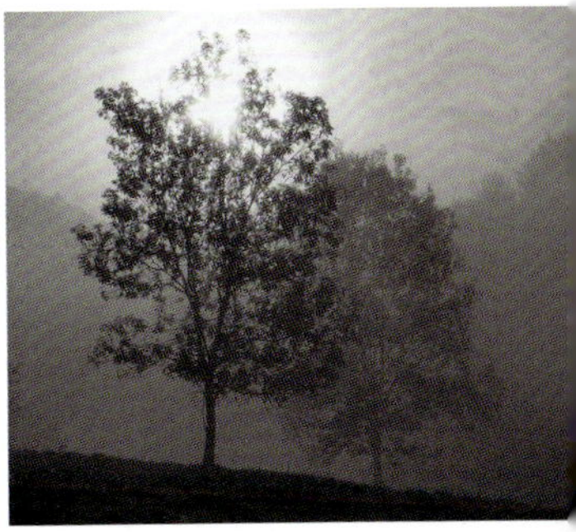

Licht und Schatten – typisch Harz

Der Harz schiebt sich wie der Bug eines Schiffes in die norddeutsche Tiefebene hinein. Bei starken Winden herrschen daher besonders auf dem Brocken manchmal extreme Wetterbedingungen. 900 Meter tiefer am Harzrand kann die Wetterlage gleichzeitig relativ ruhig sein. Auch zwischen Nordharz und Südharz können am selben Tag die Wetterunterschiede groß sein. Daher sollte man am Tag vor der geplanten Tour in einen Wetterbericht schauen, der einzelne Orte im Harz darstellen kann (z. B. www.wetter.com oder www.meteoblue.com).

Wanderkarten

Ergänzend zu den Wanderkärtchen bei den jeweiligen Touren sind folgende detaillierteren KOMPASS-Wanderkarten empfehlenswert (www.kompass.de):

- Nr. 450 »Harz« (Set mit 2 Karten) im Maßstab 1:50 000
- Nr. 455 »Brocken, Nationalpark Harz, Oberharz« im Maßstab 1:25.000

Anreise/ÖPNV

Viele Orte am Harzrand sind gut mit Bahn, Fernbus oder PKW zu erreichen und bieten sich als Standort für Wanderurlaube oder als Tagesausflugsziel an. Die hier vorgestellten Wanderungen können vom Harzrand per PKW oder mit dem Bus, manche mit den Harzer Schmalspurbahnen – viele davon sogar mit Dampfloks betrieben – leicht erreicht werden.

Innerhalb des Gebirges sind die Verbindungen unterschiedlich gut. Bei Streckenwanderungen habe ich darauf geachtet, dass Start und Ziel gut mit Bus oder Bahn verbunden sind. Mein Tipp: Zuerst den Bus nehmen und später zum Einstieg oder zum Auto zurückwandern. Dann braucht man unterwegs nicht auf die Uhr zu schauen. Infos zum ÖPNV im Wandergebiet findet man unter www.hvb-harz.de, www.vrb-online.de oder www.vsninfo.de.

Eine Reise wert: die Brockenbahn

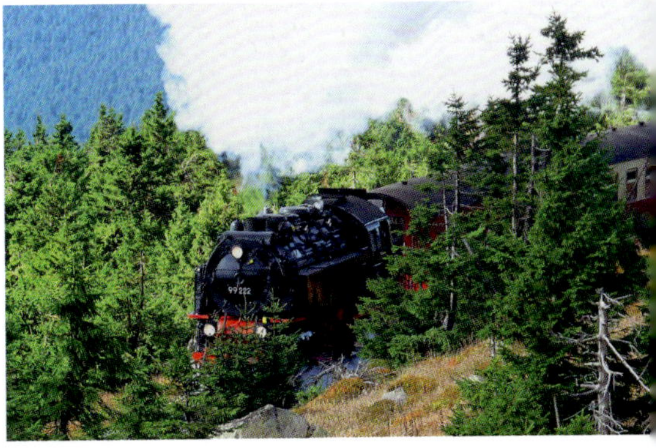

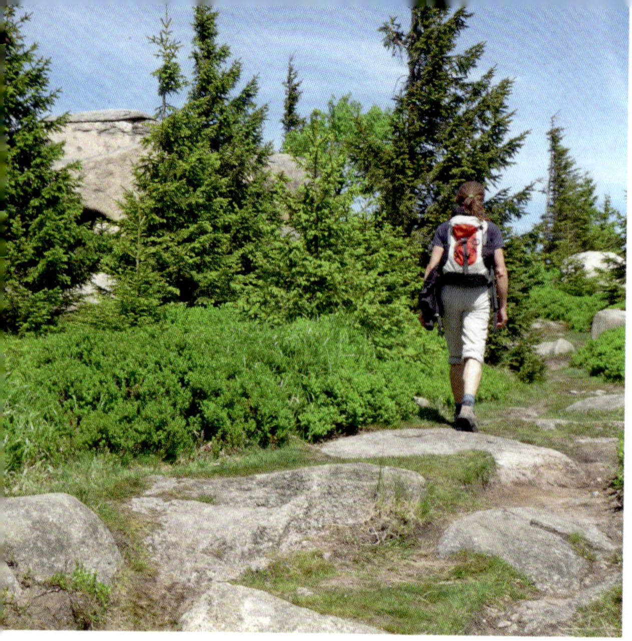

Ausrüstung

Der Wanderschuh ist das wichtigste Werkzeug des Wanderers. Damit man nicht ins Rutschen gerät, braucht es ein gutes Profil unter den Füßen. Außerdem soll der Schuh auf schwierigem Geläuf Halt geben. Das klappt nur, wenn er gut passt und man ihn (vor allem beim Abstieg) fest schnüren kann. Im Zweifelsfall wähle ich lieber eine halbe Nummer größer, als zu klein. Die Zehen dürfen auch beim Abstieg nicht vorn anstoßen. Weitere Tipps gebe ich unter www.trekkingguide.de/ausruestung.

Die Granitklippen im Harz begeisterten schon Goethe.

Für unsere Wandermuffel-Touren reicht ein kleiner Rucksack. Ein paar Müsliriegel gegen Unterzuckerung (bei einer überraschend doch geschlossenen Berghütte), ein Handy bzw. Smartphone für Notfälle (und Fotos), eine Jacke gegen Wind und Regen sowie ein Pullover gegen Kälte sollten je nach Tour reichen. An warmen oder heißen Sommertagen, die es auch im Harz immer häufiger gibt, braucht der Wanderer zusätzlich einen guten Sonnenschutz und genügend Wasser.

Zur Ausrüstung gehört auch Regenschutz.

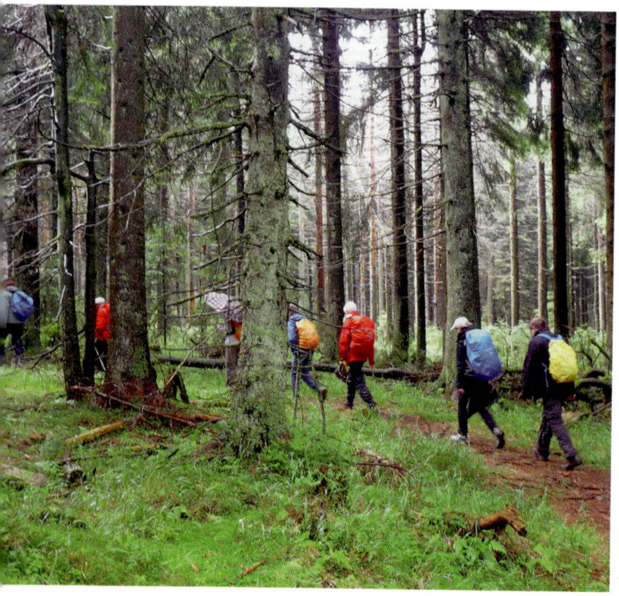

Gefahren und Notfälle

Auch wenn im Harz nicht überall Netzabdeckung zu finden ist, sollte das Handy für eventuelle Notfälle (Euronotruf 112) mit dabei sein. Smartphones sind auch für die Orientierung hilfreich. Ansonsten braucht der Wandermuffel vielleicht mal ein Blasenpflaster und in seltenen Fällen eine Pinzette oder Zeckenzange.

Das Wandern in naturnahen Wäldern geschieht auf eigene Verantwortung. An stürmischen Tagen können immer mal Äste herab- oder sogar ganze Bäume umfallen.

Natur respektieren

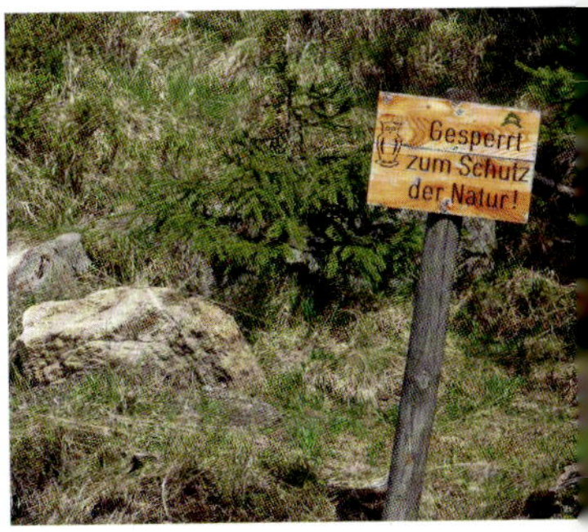

Im Nationalpark steht die Natur über allem anderen.

Eigentlich sollte es überflüssig sein, Wanderer auf den Schutz der Umwelt hinzuweisen. Vielleicht ist aber der eine oder andere Hinweis doch nützlich. Wenn es nicht vermeidbar ist, dass man sich auf der Wanderung mal in die Büsche schlagen muss, dann sollte man dort Toilettenpapier und keine Tempotaschentücher verwenden. Letztere verrotten kaum und sammeln sich entlang der Wanderwege an. Auch ersteres kann man nach Gebrauch unter einem Stein oder Erde verbergen.
Generell gilt der Grundsatz, jeglichen Abfall wieder mit in die Zivilisation zu nehmen. Das gilt auch für Schalen oder Obstreste. Auch wenn organische Stoffe mit der Zeit natürlich abgebaut werden, so macht das Picknicken deutlich weniger Spaß, wenn sich die attraktiven Plätze zu Komposthaufen mit Eierschalen, Apfelkerngehäusen oder extrem langsam verrottenden Bananenschalen entwickeln. Deshalb: Müllbeutel einpacken nicht vergessen!

Nationalpark und UNESCO-Welterbe

Im **Nationalpark Harz** gelten zum Schutz der sich frei entwickelnden Natur weitere Regeln, die dem Wanderer auf Schildern verkündet werden. Hunde gehören hier an die Leine, das Sammeln von Blumen, Beeren und Pilzen und auch das Steuern von Drohnen ist verboten. »Natur Natur sein lassen« ist das Motto des Nationalparks. Die Landschaft soll sich ohne den Einfluss des Menschen frei entwickeln. Daher werden abgestorbene Bäume nicht entnommen, sondern bleiben im Wald, um weiterem Leben als Lebensraum und Nährstoffquelle zu dienen. Auf Windbruchflächen entwickelt sich im Baumstamm-Mikado üppiges Buschwerk und bald wieder neuer Wald. Die Landschaft im Harz wird reicher und bunter, wo die Natur sich wieder frei entfalten kann. Und die Tierwelt findet neue, vielfältige Lebensräume. Info: www.nationalpark-harz.de

Die Teile der **UNESCO-Welterbestätte** »Bergwerk Rammelsberg, Altstadt von Goslar und Oberharzer Wasserwirtschaft« sind über eine weite Region verteilt. Das Welterbe im Harz repräsentiert die Entwicklung einer reichen Bergbau- und Kulturlandschaft über 3000 Jahre. Dazu gehören hunderte Kilometer künstlicher Wasserläufe, ehemals fast 150 Seen und auch z. B. die mittelalterliche Kaiserpfalz in Goslar und das Kloster Walkenried (Bild unten). Info: www.welterbeimharz.de

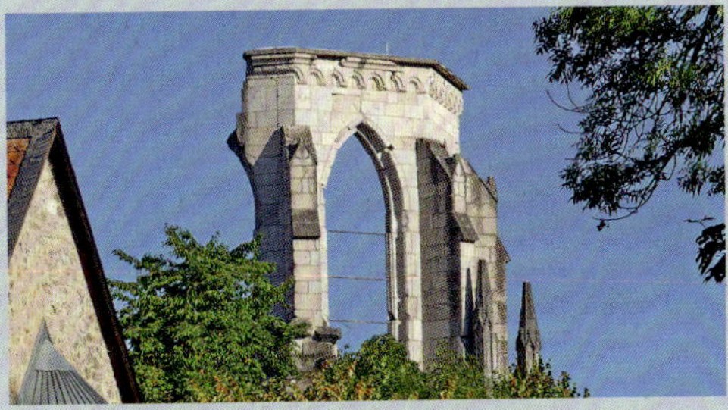

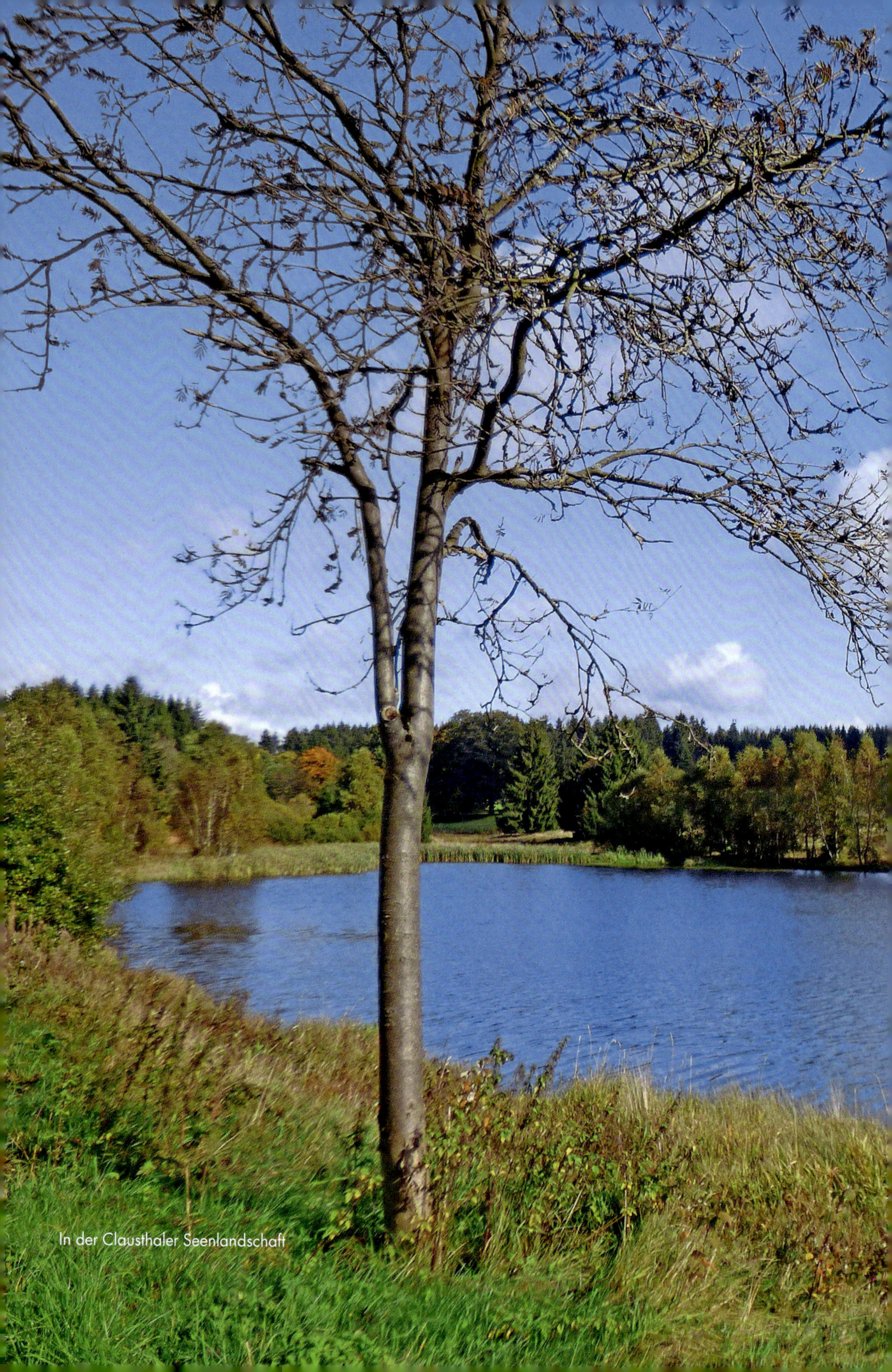

In der Clausthaler Seenlandschaft

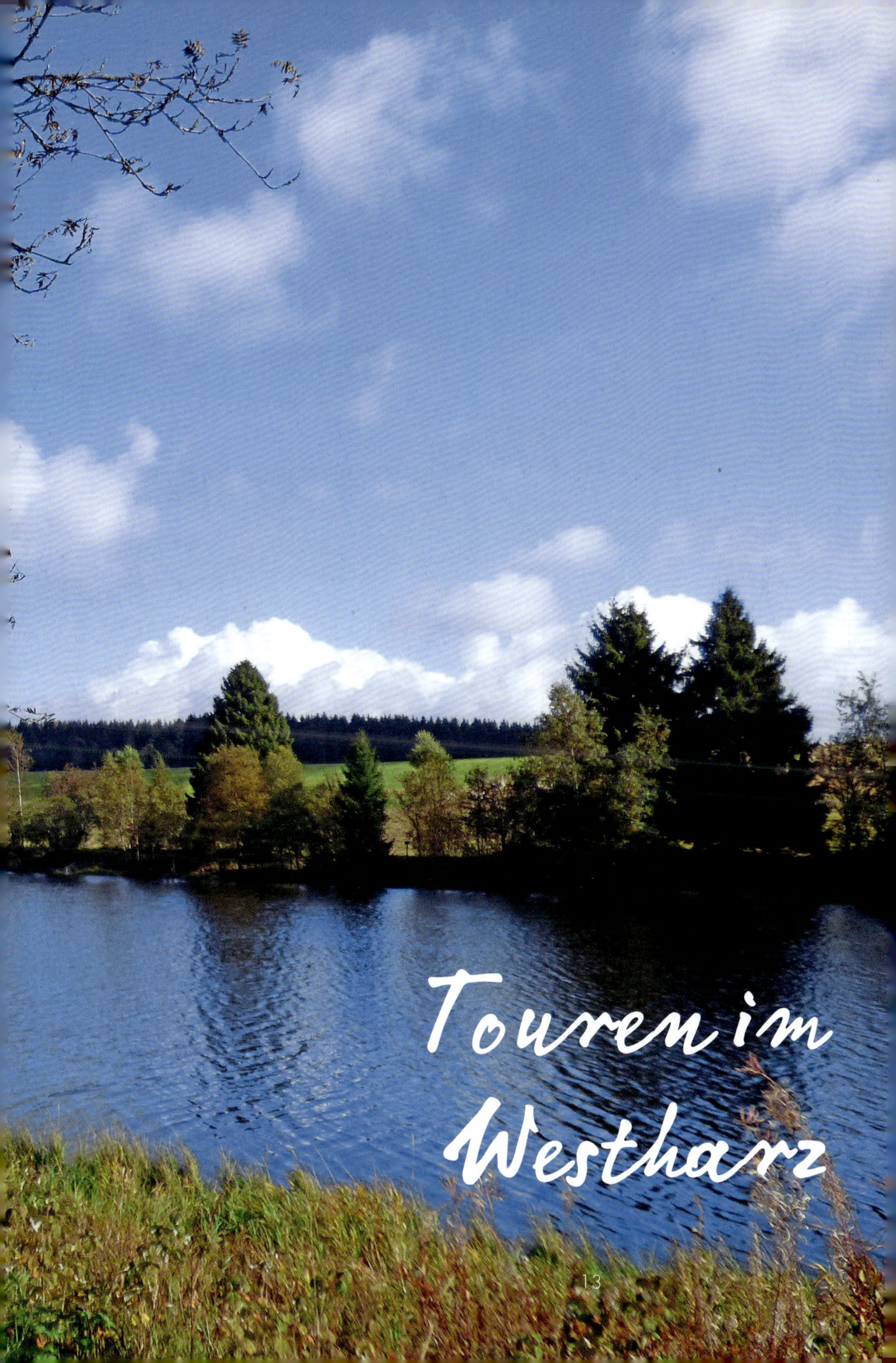

Touren im Westharz

1 Albertturm und Höhlenerlebnis

Tief im Berg und oben drauf

mittel | 3,5 km | 130 Hm | 1.15 Std.

Tourencharakter
Die naturnahen Pfade verlaufen meist im Buchenwald, im Abstieg sind nur kurze Stücke etwas steiler.

Ausgangs-/Endpunkt
HöhlenErlebnisZentrum (HEZ) an der Iberger Tropfsteinhöhle
GPS: 51.817000, 10.251917

Anfahrt
ÖPNV: Bus von Osterode und Clausthal-Zellerfeld über Bahnhof Bad Grund-Gittelde zum HöhlenErlebnisZentrum Bad Grund
Auto: Über die B 242 aus Richtung Seesen oder Clausthal-Zellerfeld zum HEZ

Einkehr
Gaststätte Iberger Albertturm (wegen Sanierung und geplantem Pächterwechsel bis mind. Frühjahr 2023 geschlossen); Cafeteria im HöhlenErlebnis-Zentrum, www.hoehlen-erlebnis-zentrum.de

Information
www.bad-grund.de

Oben lockt der Albertturm mit einer idyllisch gelegenen Gaststätte. Unten führt die sehr sehenswerte Iberger Tropfsteinhöhle in ein versteinertes Korallenriff. Auf dieser Wanderung kann man die »Tote Oma« essen, den »Schweinebraten« aber nicht.

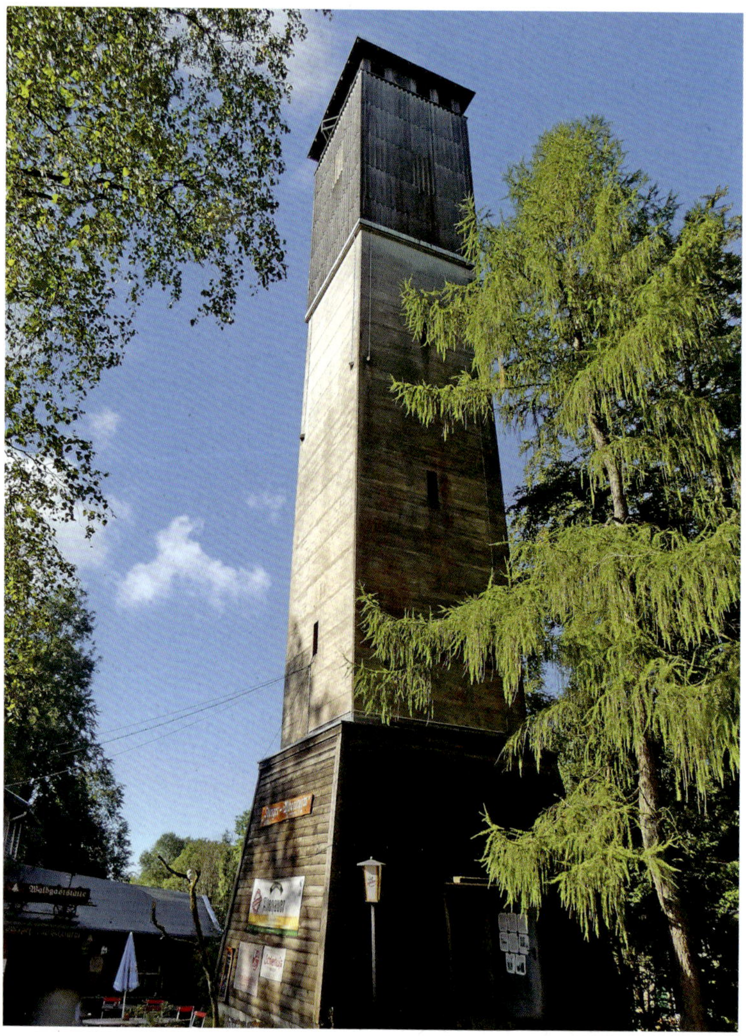

Der Albertturm auf dem Iberg

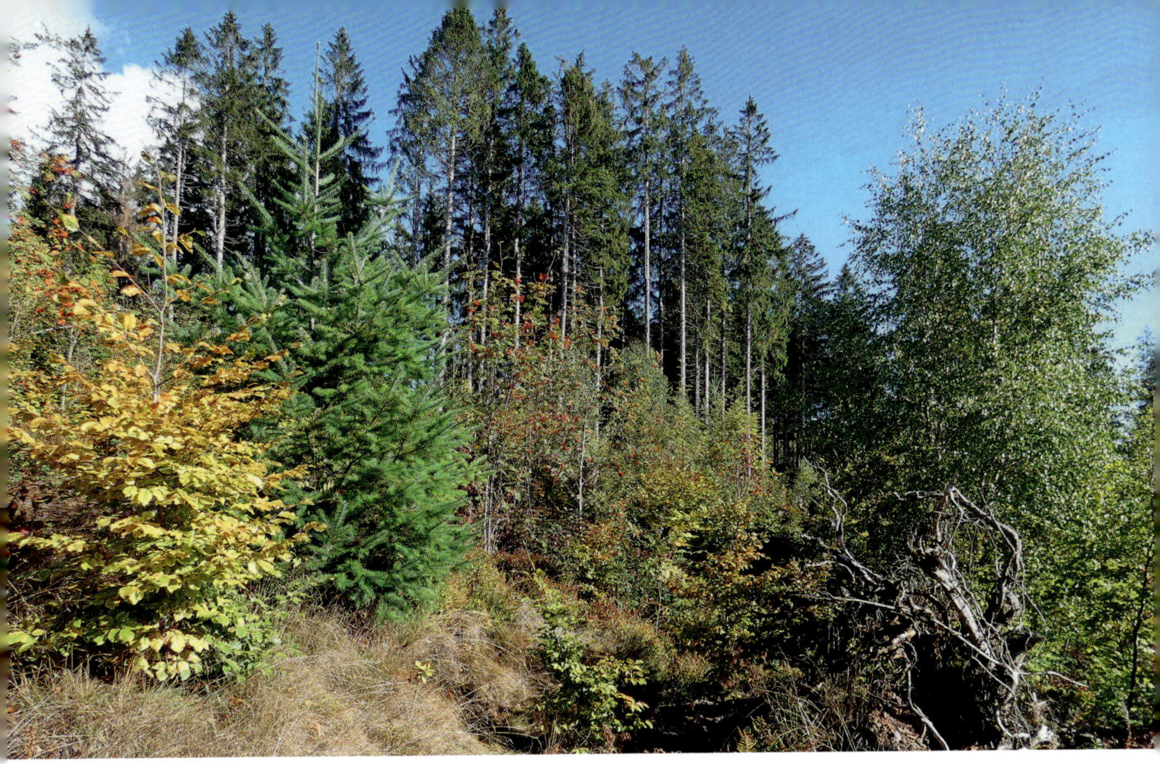

Artenreiche Vegetation am Hang des Ibergs

Aufstieg zum Schweinebraten Die Wanderung beginnt an der Iberger Tropfsteinhöhle. In Verlängerung des Parkplatzes führt ein Wanderweg in den abwechslungsreichen Buchenmischwald hinauf. Die bald folgende Abzweigung nach links zum Albertturm ignorieren wir, auf diesem Weg kommen wir später zurück. Stattdessen wandern wir geradeaus. Recht steil führt der Pfad zu einem Wegstern namens »Schweinebraten«. Ein Schild informiert über die Herkunft dieser merkwürdigen Bezeichnung.

Links beginnt der beschilderte Weg zum Albertturm an einer Tafel mit Wanderkarte. Der Pfad zieht sich den mit vielfältiger Vegetation bewachsenen Hang hinauf und mündet oben in eine Schotterstraße. Hier wandern wir kurz nach links, um nach etwa 80 Metern wieder links auf den etwas verwachsenen Graspfad abzubiegen (nach wenigen Metern mit einem K markiert). Nach weniger als 500 Metern Wegstrecke auf diesem romantischen Pfad durch üppiges Grün führt ein etwas unscheinbarer Pfad halb rechts hinauf zum Albertturm.

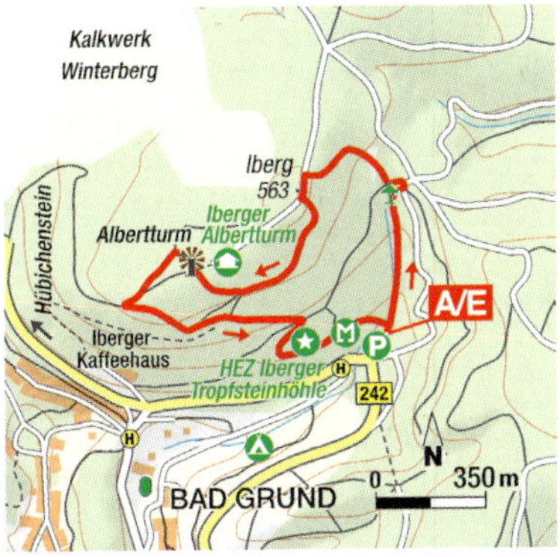

Naturnaher Pfad hinauf zum Albertturm

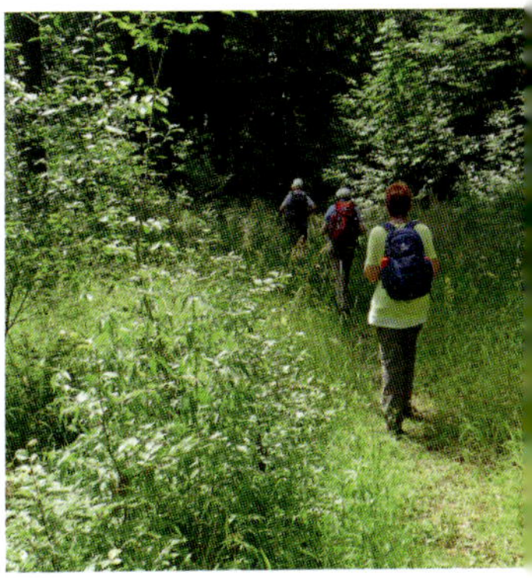

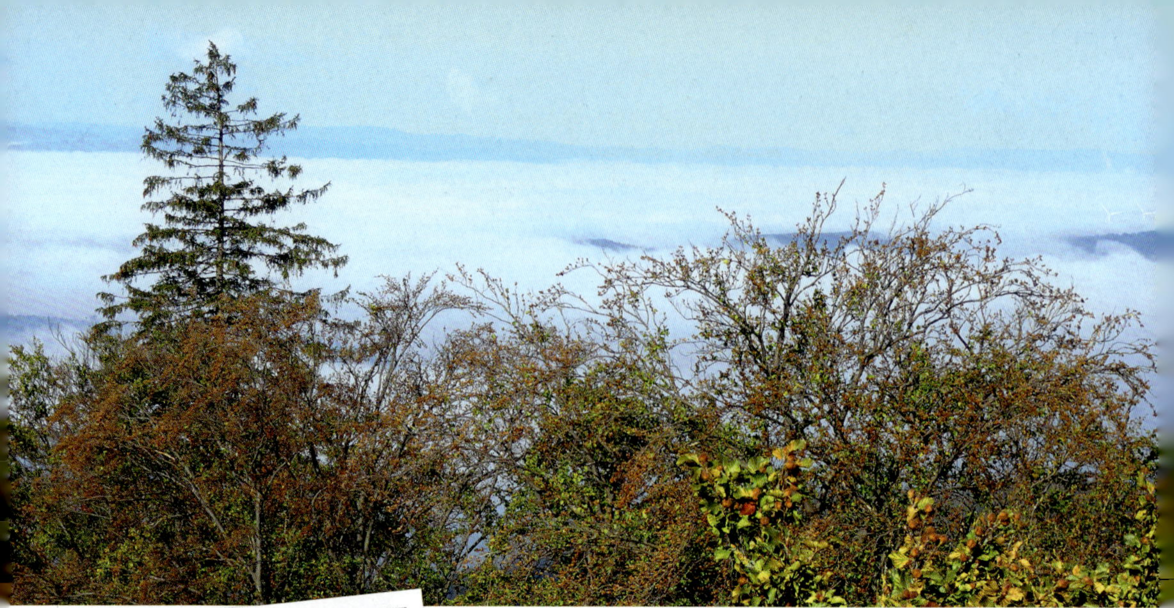

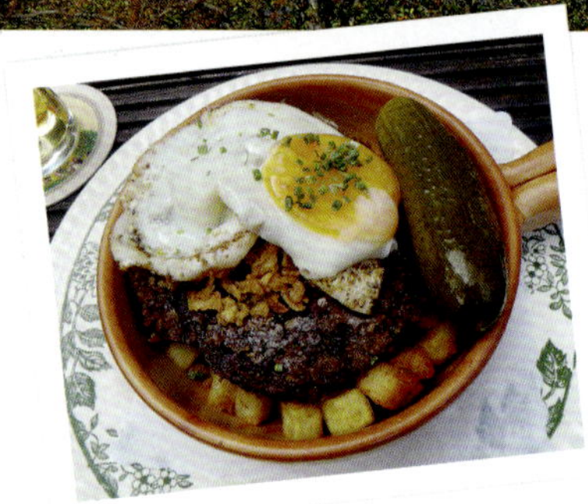

Traditionsgericht Tote Oma

Ganz oben: Nebel im Tiefland, Sonne im Harz – Blick vom Albertturm

Auf dem Iberg Der Albertturm steht auf dem 563 Meter hohen Iberg – einem versteinerten Korallenriff – mitten im Wald. 1886 wurde ein hölzerner Aussichtsturm errichtet und eine Waldgaststätte eröffnet. In den 1950er-Jahren renovierte man den Turm – über Geschmack lässt sich ja streiten. Von oben blickt man weit über das westliche Harzvorland und auf die Waldlandschaft des Oberharzes. Die Gaststätte (Sanierung bis vorauss. Frühjahr 2023) zu Füßen des Bauwerks ist schon seit Langem bekannt für ihren schönen Biergarten und ihre deftig-delikate Harzer Küche – unter teils merkwürdigen Bezeichnungen wie »Tote Oma«. Ein kleiner Spielplatz lockt Kinder.

Zurück zur Iberger Höhle Zum Abstieg nehmen wir den Schotterweg und später Pfad, der zwischen Biergarten und Toilettenhaus halb links in den Wald führt. Auf dem Baudensteig (braune Markierung) Richtung Bad Grund und später auf dem Karstwanderweg (weißes K in rotem Balken) Richtung HöhlenErlebnis-Zentrum steigen wir bergab. An der nächsten Gabelung halten wir uns scharf links (hier nicht von einem nach rechts weisenden Schild irritieren lassen), von oberhalb einer Tischgruppe steigen wir rechts zu dieser hinunter. Dieser Aussichtspunkt nennt sich Bismarcksklippe.

Hier wandern wir links weiter und folgen an allen Weggabelungen der Beschilderung »Karstwanderweg«, »Bad Grund Markt« und »HöhlenErlebnisZentrum«. So erreichen wir bald wieder die Iberger Tropfsteinhöhle.

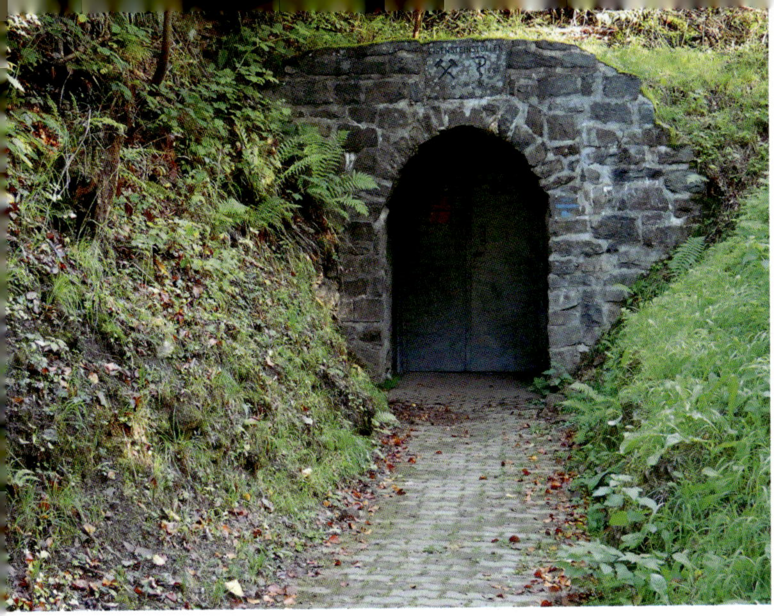

Links: Eingang ins alte Bergwerk

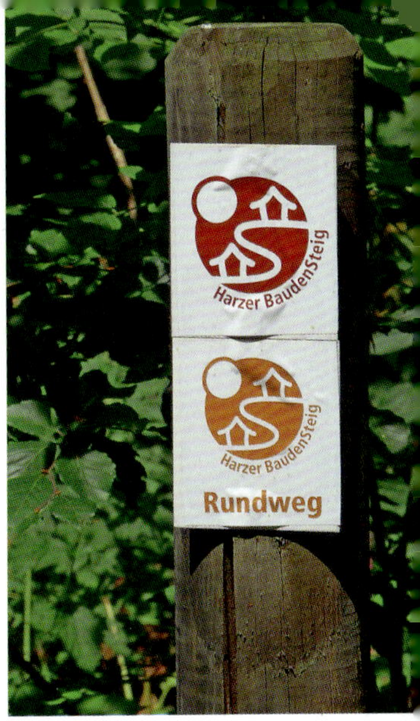

Beschilderung am Baudensteig

Besuch der Iberger Höhle Die natürliche Höhle befindet sich in einem 370 Mio. Jahre alten Korallenriff. Viele Stalaktiten und Stalagmiten sind von Mineralien bunt gefärbt. Im Mittelalter wurden auf der Suche nach Erzen Klüfte und Spalten erweitert und einige Stollen angelegt. Die Höhle ist acht Kilometer lang, davon sind 150 Meter gut begehbar. Der Eingang zur Besichtigung der Höhle liegt im HöhlenErlebnisZentrum. Warme Kleidung nicht vergessen – die Temperatur in der Höhle liegt immer um 8 °C! Es gibt auch eine Cafeteria mit gutem Kaffee.

Abstecher nach Bad Grund Übrigens liegt der heilklimatische Kurort Bad Grund – mit hübschen Fachwerkhäusern – nur einen guten Kilometer südwestlich unterhalb des HöhlenErlebnis-Zentrums. Der Wanderweg dorthin beginnt auf der gegenüberliegenden Straßenseite und ist gut beschildert.

Hübichenstein

Nur eineinhalb Kilometer entfernt vom HöhlenErlebnisZentrum erhebt sich nahe der Landstraße B 242 Richtung Seesen der Hübichenstein. Bei seinen beiden spektakulär aufragenden Felsnadeln handelt es sich um Reste eines versteinerten Korallenriffs. Auf der höheren Nadel, die sich 50 Meter über die Umgebung erhebt, breitet ein imposanter Bronzeadler mit 3 Meter Spannweite seine Schwingen aus – zum Gedenken an Kaiser Wilhelm I.

Der Bronzeadler auf dem Hübichenstein

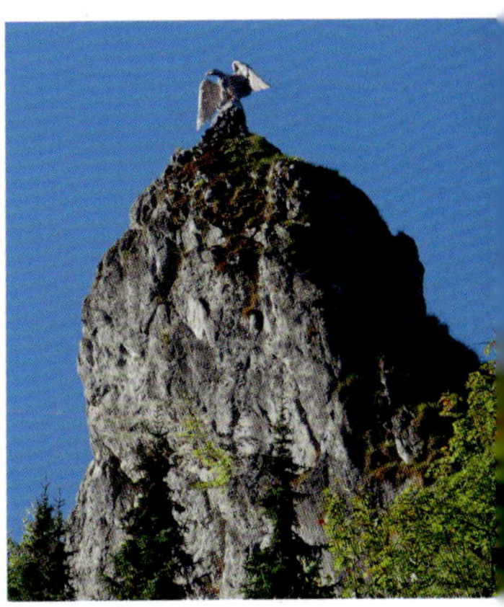

2 Sieben-Seen-Runde

Leuchtende Wiesen und spiegelnde Seen bei Buntenbock

leicht | 8,0 km | 50 Hm | 2.00 Std.

Tourencharakter
Die Wanderung folgt abwechselnd grasigen Wiesenpfaden, Wurzelpfaden sowie geschotterten Wander- und Forstwegen. Offenes Gelände und Wald wechseln sich ab. Die Höhenmeter sind kaum der Rede wert. Die Beschilderung ist wenig hilfreich.

Ausgangs-/Endpunkt
Buntenbock, Parkplatz und Bushaltestelle Mittelweg
GPS: 51.776417, 10.332800

Anfahrt
ÖPNV: Bus von Osterode oder Clausthal-Zellerfeld nach Buntenbock Mittelweg
Auto: Von Osterode oder Clausthal-Zellerfeld über die B 241

Einkehr
Harzer Speisekammer, www.harzerspeisekammer.de (in Buntenbock, Öffnungszeiten beachten!); Pixhaier Mühle (Abstecher vom Wanderweg), www.pixhaier-muehle.de; Restaurant Bei Georgios, www.prahljust.de/restaurant.htm (auf dem Campingplatz am Pixhaier Teich)

Information
www.oberharz.de/orte/buntenbock

Auf der Hochebene von Clausthal liegen viele Seen, eingebettet in abwechslungsreiche Wiesen- und Waldlandschaften. Hier bekommt der Wanderer den stärksten Eindruck von den Ausmaßen des Oberharzer Wasserregals. Und in den Seen kann im Sommer gebadet werden.

Start in Buntenbock Los geht's in dem kleinen Ort Buntenbock südlich von Clausthal. An der Hauptstraße, dem Mittelweg, befinden sich die gleichnamige Bushaltestelle und ein Wanderparkplatz. Wir wandern von hier aus ein paar Meter auf dem Mittelweg weiter und wenden uns dann die erste Straße, Am Brink, links hinauf. Oben folgen wir links der Zufahrt zum Sportplatz und lassen diesen links liegen. Ein Wiesenweg führt uns am Waldrand immer geradeaus. Links unterhalb taucht bald der Sumpfteich auf. Geradeaus führt uns der Grasweg zum Ziegenberger Teich.

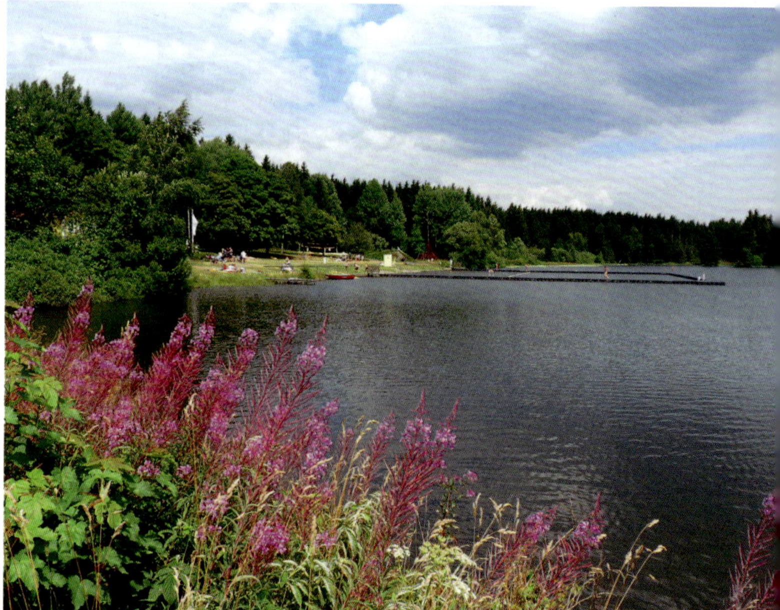

Der Pixhaier Teich

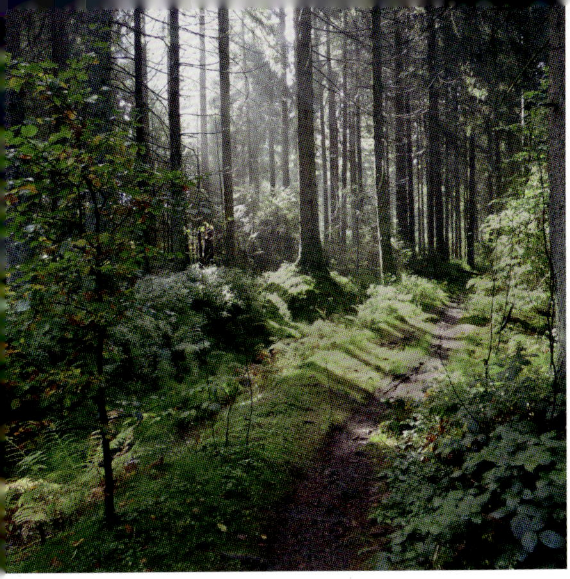

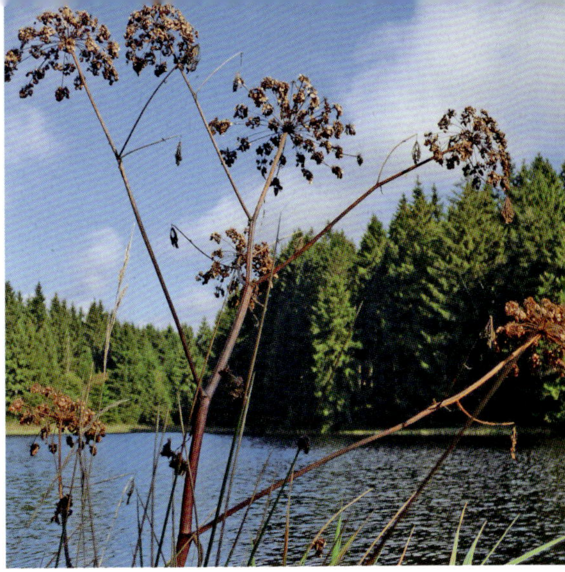

Am Bärenbrucher Teich

Links: Wanderpfade an historischen Wassergräben

Die ersten Seen Am Ziegenberger Teich halten wir uns geradeaus und folgen dem Uferpfad, der später hinter einer kleinen Hütte im spitzen Winkel auf eine Forststraße mündet. Auf ihr erreichen wir den dritten See, den Bärenbrucher Teich, an einer Schutzhütte. Auch hier folgen wir dem etwas unscheinbaren Uferweg, der nach etwa 200 Metern wieder auf die Forststraße mündet. Diese gabelt sich an dieser Stelle, und wir halten uns links, umrunden so eine große Bucht des Bärenbrucher Teiches.
Die Schotterpiste schlängelt sich parallel zum Seeufer durch den Wald, immer wieder führen Stichwege zum nahen Seeufer hinunter. Nach und nach windet sich die Schotterpiste weg vom See. Hinter einer Rechtskurve zweigt im spitzen Winkel nach halb links ein etwas unscheinbarer Pfad ab. Hier stehen keine Wanderschilder, nur ein Hinweisschild, das an die eigene Verantwortung beim Betreten des Waldes erinnert.

Harzer Wasserbauwerke Der romantische Wurzelweg stellt sich schnell als ein Revisionspfad heraus, der einen halb verfallenen Graben begleitet. Früher waren darauf die Arbeiter unterwegs, die die Wasserläufe gewartet haben (verpasst man diesen Pfad, kann man auch die nächste Abzweigung links nehmen und gelangt ebenfalls an den Nassewieser Teich).
In einer Linkskurve des Grabens erblicken wir oberhalb die Staumauer des Nassenwieser Teiches. Dort steigen wir hinauf und

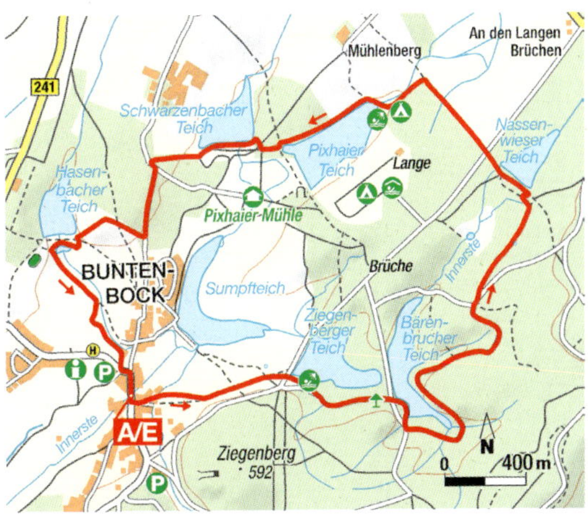

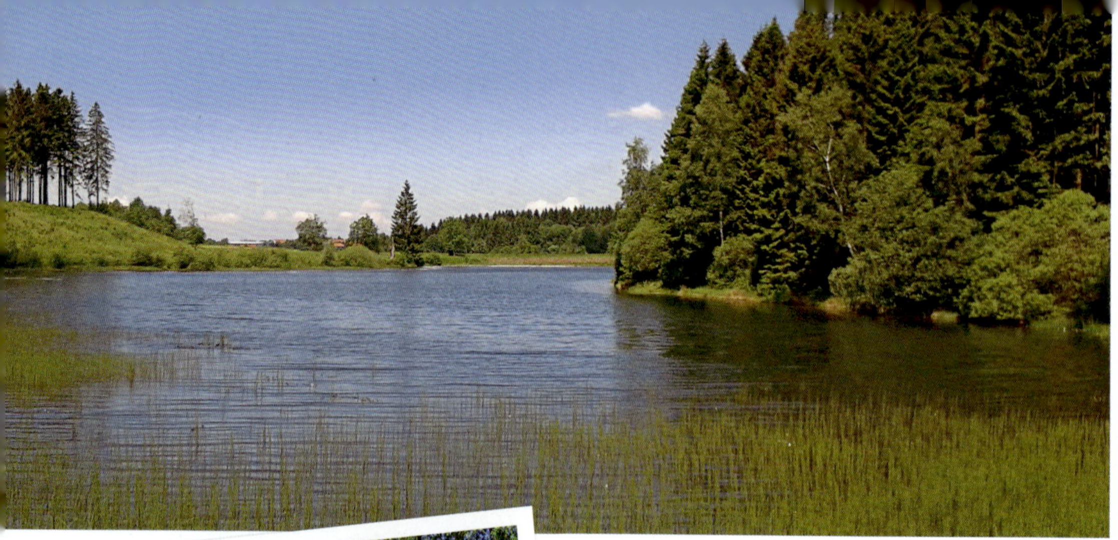

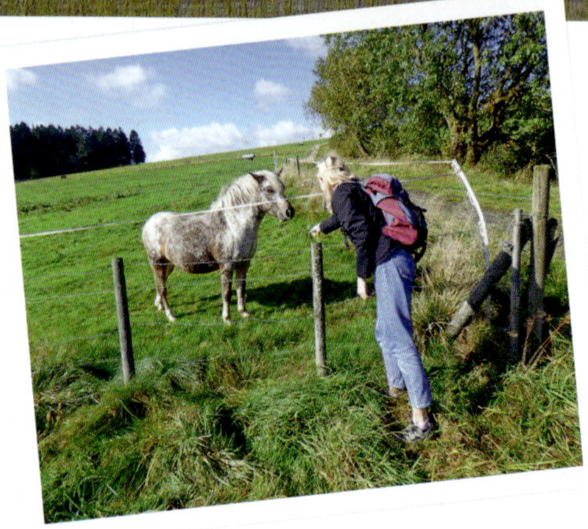

treffen auf einen schönen Rastplatz mit Bank. Nach einer Pause, vielleicht mit einem erfrischenden Bad im See, folgen wir dem Damm und an dessen Ende dem unbefestigten Weg geradeaus (Richtung Clausthal). Dieser überquert bald eine schmale Asphaltstraße. Nun liegen rechts Wiesen und links Fichtenwald. Der Weg senkt sich immer weiter hinab.

Der Harz ist mehr als dichter Wald …

Ganz oben: Malerische Seen prägen die Gegend um Buntenbock.

Der Pixhaier Teich Dort, wo links der Wald dem Blick über Wiesen Platz gibt, biegen wir links ab und folgen dem abknickenden Waldrand. Wir sehen schon den Pixhaier Teich, den wir auf einem Grasweg erreichen. Dort, wo wir auf den See stoßen, können wir links einen Abstecher auf den Campingplatz machen und die dortige Gastronomie besuchen. Ansonsten halten wir uns aber rechts, immer am Ufer des Sees entlang. Der Grasweg biegt bald wieder nach links ab und folgt der Uferlinie. Nach Regenwetter kann es hier matschig sein.

Am Schwarzenbacher Teich Wo wir auf die Staumauer stoßen, halten wir uns weiter geradeaus und erreichen schon 150 Meter weiter den nächsten See (links hinunter ist ein Abstecher zur Pixhaier Mühle möglich, die u. a. mit Kaffee und Kuchen lockt). Das mächtige Gebäude auf der Rückseite des vor uns liegenden Sees ist ein Rehazentrum. Wir wandern auf dem Staudamm und fädeln geradeaus in einen schmalen Wurzelpfad, an dessen Ende wir links abbiegen. Wir überqueren die Kreuzung und halten uns auf dem abends beleuchteten Wanderweg.

Zum Hasenbacher Teich Rechts öffnet sich nach etwa 350 Metern eine Wiesenlandschaft, wir biegen rechts ab und folgen dem Waldrand (geradeaus Abkürzung nach Buntenbock). Bald kommt der Hasenbacher Teich in Sicht, und an einem Lichtmast führt ein Pfad links durch die Wiese hinunter auf die Staumauer zu. Haben wir diese erreicht, halten wir uns nach halb links unten und folgen dem Pfad unterhalb der Staumauer. Rechter Hand liegen noch kleinere Stauteiche, die in einen Wasserlauf münden. Geradeaus folgen wir diesem (links geht ein anderer Graben ab), bis er in einem Tunnel verschwindet. Dort wenden wir uns nach links und folgen dem Wiesenpfad Richtung Buntenbock hinab.

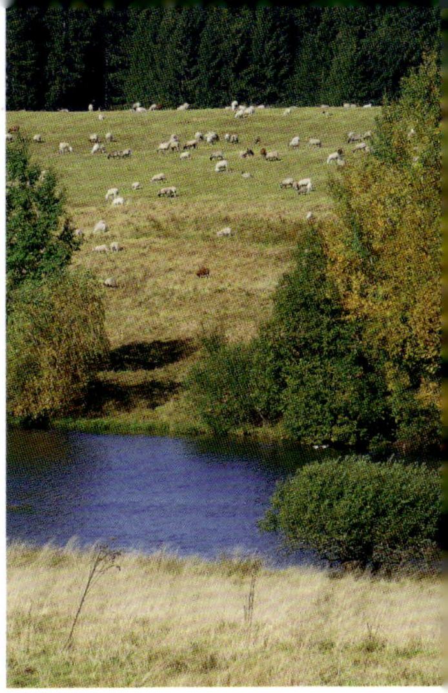

Schafe beweiden die Bergwiesen.

Durch Wiesen nach Buntenbock Wir bleiben auch an einer Gabelung immer auf der rechten Seite des Grabens und erreichen so den Kurpark von Buntenbock. An dessen gegenüberliegendem Ende wandern wir zwischen Wandelhalle und Konzertmuschel hindurch, treffen auf die Zufahrtstraße (Alte Fuhrherrenstraße), folgen ihr nach links und dann nach rechts in den Mittelweg. So erreichen wir wieder den Parkplatz und die Bushaltestelle. An der Einmündung der Fuhrherrenstraße in den Mittelweg liegt links hinter uns die Gaststätte Harzer Speisekammer, die aber leider recht eingeschränkte Öffnungszeiten hat.

Der Sumpfteich mit seinen Seerosen

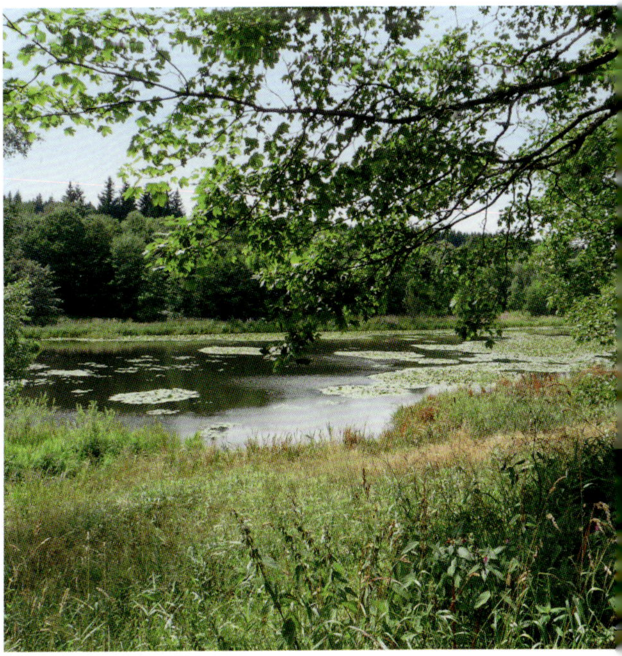

Oberharzer Wasserwirtschaft

Die Seen, die wir auf dieser Wanderung besuchen, gehören zum UNESCO Welterbe Harzer Wasserregal. Sie wurden zur Versorgung der historischen Bergwerke angelegt. Im Sommer locken die Seen auch zum erfrischenden Bad. Das nahe Clausthal-Zellerfeld mit seiner riesigen hölzernen Marktkirche, dem Bergbaumuseum und der Universität gehört zu den interessantesten Städten im Oberharz. Info: www.harzinfo.de/urlaubsorte/clausthal-zellerfeld

3 Vier Seen bei Clausthal

Zwischen Entensumpf, Widerwaage und Hubhaus

leicht | 6,5 km | 90 Hm | 2.00 Std.

Tourencharakter
Die abwechslungsreiche Route verläuft auf Wanderwegen und Forstpisten mit vielen potenziell sonnigen Wegabschnitten.

Ausgangs-/Endpunkt
Bushaltestelle Polsterberg und Parkplatz Dammgraben an der B 242
GPS: 51.790367, 10.395033

Anfahrt
ÖPNV: Bus von Clausthal-Zellerfeld, Braunlage oder St. Andreasberg bis Haltestelle Polsterberg
Auto: Über die Harzhochstraße B 242 aus Richtung Clausthal-Zellerfeld oder Braunlage

Einkehr
Polsterberger Hubhaus, www.polsterberger-hubhaus.harz.de

Information
www.oberharz.de/orte/clausthal-zellerfeld

Auf der bequemen Rundwanderung sind wir auf der Clausthaler Hochfläche unterwegs, zwischen den historischen Anlagen des Oberharzer Wasserregals mit seinen Kanälen und Seen sowie mit dem Polsterberger Hubhaus – einer ausgesprochen interessanten Einkehrmöglichkeit.

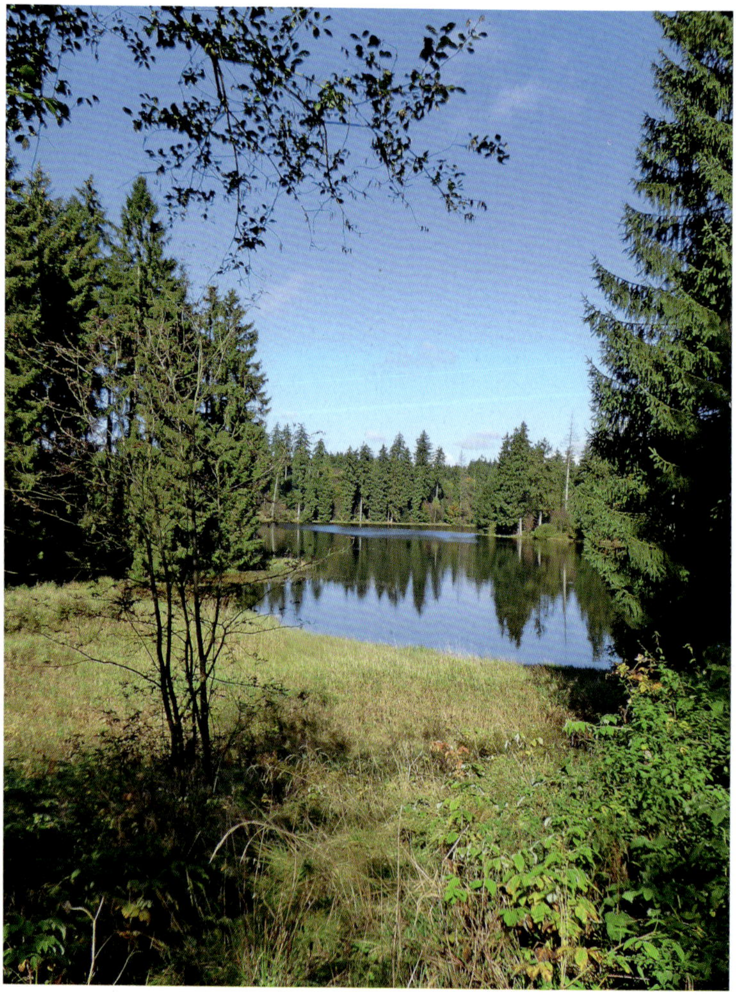

Im Harz nennt man die Seen »Teich«.

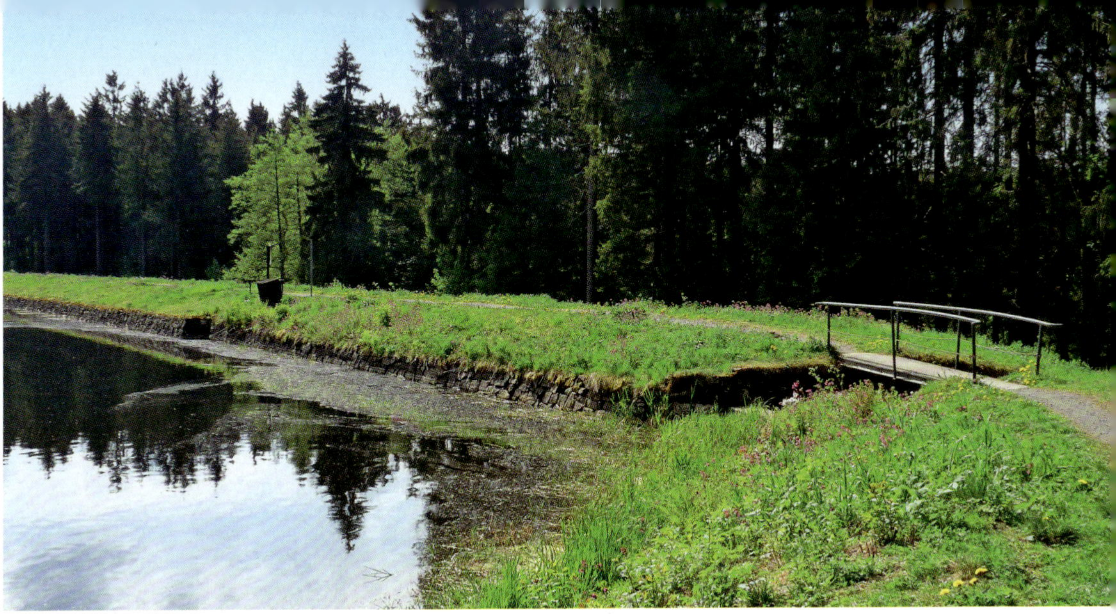

Historische Stauwerke sammelten das Wasser für den Bergbau.

Zur Huttaler Widerwaage Wir beginnen unsere Wanderung am Parkplatz Dammgraben mit der Bushaltestelle Polsterberg, östlich von Clausthal. Rechts der Bundesstraße 242, die nach Braunlage führt, wandern wir ca. 120 Meter auf einem schmaleren Weg und biegen dann rechts in die Forststraße ein. Nach weiteren 500 Metern zweigt rechts ein Wanderweg von der Forststraße ab, Schilder weisen uns den Weg zur Huttaler Widerwaage.

In einer Linkskurve am Rand des Huttaler Wassergrabens liegt der erste Rastplatz. Wir wandern weiter auf dem Pfad, auf dem die Wartungsarbeiter die Funktion des Wassergrabens regelmäßig kontrollierten, den Graben reparierten und im Winter mit Zweigen abdeckten. Immer wieder klären Hinweistafeln über historische Zusammenhänge auf, wie z. B. an einem mittelalterlichen Schmelzplatz. Hier wurde das wertvolle Erz aus dem Gestein gelöst. Fast ohne Gefälle erreichen wir zusammen mit dem fließenden Wasser die Huttaler Widerwaage. Der kleine

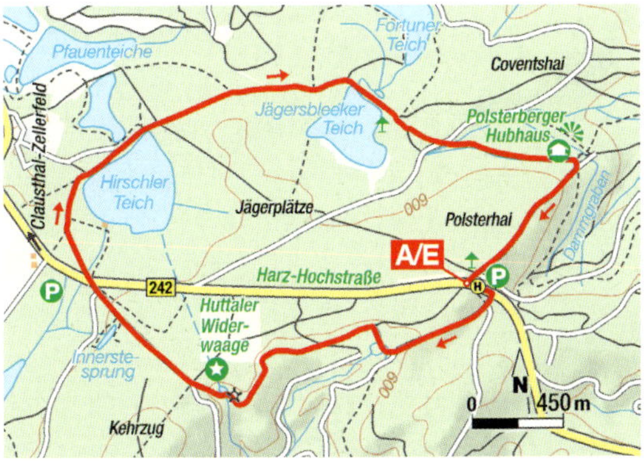

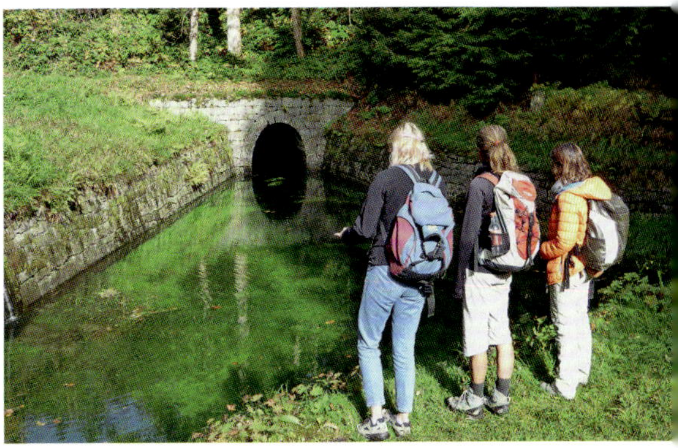

Ausgleichsbecken der Huttaler Widerwaage

Ausgleichsteich liegt romantisch unter Laubbäumen. Eine Tafel erklärt seine ausgeklügelte Funktion und lässt uns über die technische Raffinesse unserer Vorfahren staunen.

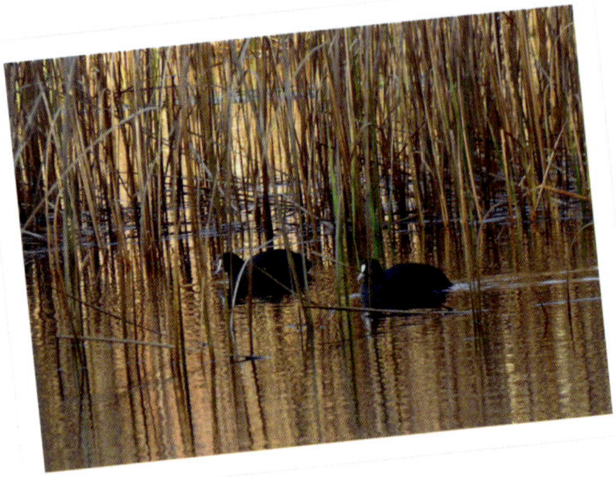

Blesshühner im Schilfgürtel

Zum Hirschler Teich Anschließend geht es kurz bergauf, dann überqueren wir eine Kreuzung geradeaus. Wir folgen der geraden Forststraße etwa 500 Meter, bis linker Hand der Entensumpf durch die Bäume schaut. Hier lohnt ein kurzer Abstecher zum See, der idyllisch von Wald umgeben ist.
Zurück auf der Forststraße folgen wir ihr weiter und erreichen so den Parkplatz Hirschler Teich an der B 242 (auch hier wäre der Einstieg in die Wanderung möglich). Wir überqueren die Bundesstraße und folgen dem gegenüberliegenden Weg in den Wald hinein. Schon nach 500 Metern ist der nächste See erreicht. Hier liegt am Ufer des großen Hirschler Teichs (hatte ich schon erwähnt, dass die Seen im Harz Teiche heißen?) ein schöner Rastplatz.

Zum Jägersbleeker Teich Weiter wandern wir auf der Dammkrone, links unterhalb erblicken wir den oberen Pfauenteich. Links entlang der Pfauenteiche könnte man das Zentrum von Clausthal erreichen, wir halten uns aber geradeaus und nach einem weiteren Kilometer begrüßt uns schon das nächste Gewässer. Beim Wandern über die Dammkrone liegt rechts der Jägersbleeker Teich. Links schimmert manchmal der Fortunateich durch die Bäume. Am Ende des Staudamms entdecken wir eine kleine Schutzhütte, die Weppner Hütte. Sie liegt zauberhaft auf einer kleinen Wiese direkt am Wasser.

Die Einkehr lockt In Verlängerung der Dammkrone geht es weiter. Achtung, wo die Forststraße eine Rechtskurve beschreibt, wandern wir auf einem Pfad geradeaus weiter zum Polsterberger Hubhaus. (Das hier normalerweise stehende Schild war zur Zeit der Recherche verschwunden.)
Das Polsterberger Hubhaus hat ebenfalls mit den Wasseranlagen des Bergbaus zu tun. Hier wurde Wasser über eine interessante Mechanik aus tiefergelegenen Kanälen angehoben und in höher gelegene Kanäle geleitet. Eine Tafel am Haus informiert über die

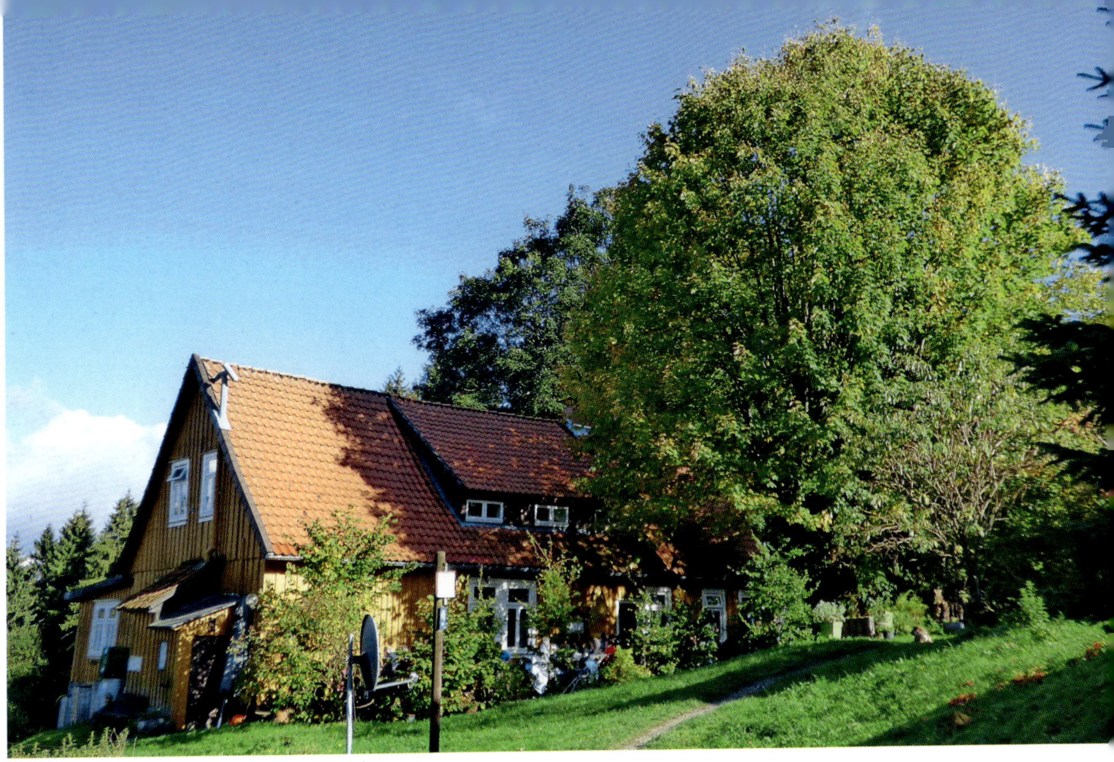

Funktion. Genauso interessant ist das Polsterberger Hubhaus aber heute als Gaststätte. Hier sitzt man wunderbar, sowohl in dem historischen Gebäude, als auch draußen im Biergarten. Speisen und Getränke spiegeln das besondere Engagement der Betreiber wider. Nach der Einkehr wandern wir noch 800 Meter auf der Zufahrtsstraße zwischen Bundesstraße und Hubhaus, dann haben wir unseren Startpunkt, die Bushaltestelle und den Parkplatz, wieder erreicht.

Das Polsterberger Hubhaus

Graben der Huttaler Widerwaage

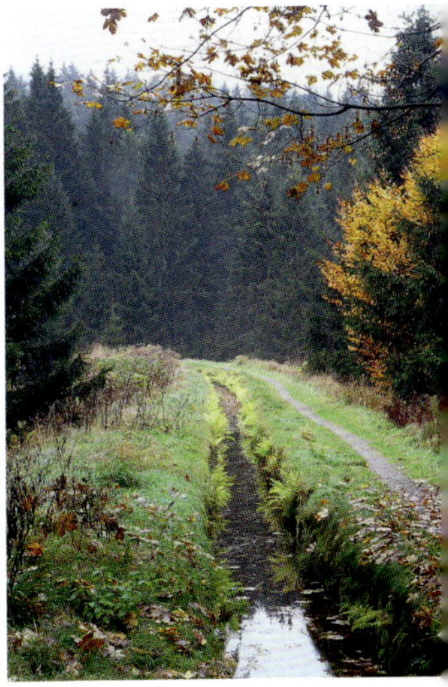

Bergbau im Harz

Auf der Wanderung haben wir einen Eindruck von den umfassenden technischen Dimensionen des historischen Bergbaus im Harz bekommen. Die Kanäle und Seen wurden in den Zeiten vor der Erfindung der Dampfmaschine angelegt, um die Bergwerksanlagen mit Wasserkraft zu versorgen. Große Wasserräder trieben Seilwinden, Aufzüge und Pumpen an, ohne die der frühere Bergbau nicht denkbar gewesen wäre. Ergänzend dazu empfehle ich einen Besuch des Oberharzer Bergbaumuseums im nahen Zellerfeld oder der historischen Grube Samson in St. Andreasberg. Info: www.trekkingguide.de/wasserregal.htm

4 Auf Schalke

Viele Seen und ein Aussichtsturm bei Hahnenklee

Tourencharakter
Alle Wege und Pfade sind gut zu gehen. Eine längere Steigung führt auf die Schalke und wieder hinab. Wald und Naturwiesen wechseln sich ab. Auf der Schalke kann es windig werden.

Ausgangs-/Endpunkt
Bushaltestelle Kreuzeck bzw. Parkplatz Auerhahnteich am Campingplatz Das Kreuzeck
GPS: 51.845100, 10.349117

Anfahrt
ÖPNV: Die Bushaltestelle am Start heißt Clausthal-Zellerfeld Kreuzeck, mit Verbindungen ab Goslar, Clausthal und Altenau.
Auto: Über die B 241 aus Richtung Goslar oder Clausthal-Zellerfeld zum Campingplatz Das Kreuzeck

Einkehr
Kaffeehaus Egerland, www.kaffeehaus-egerland.harz.de

Information
www.hahnenklee.de

Heute gehen wir nicht zum Fußball, sondern auf den Berg Schalke (762 m). Auf der offenen Gipfelkuppe erwartet uns ein schlichter Aussichtsturm mit tollen Rundblicken. Und am Weg durch die Mischwälder liegen viele schöne Seen.

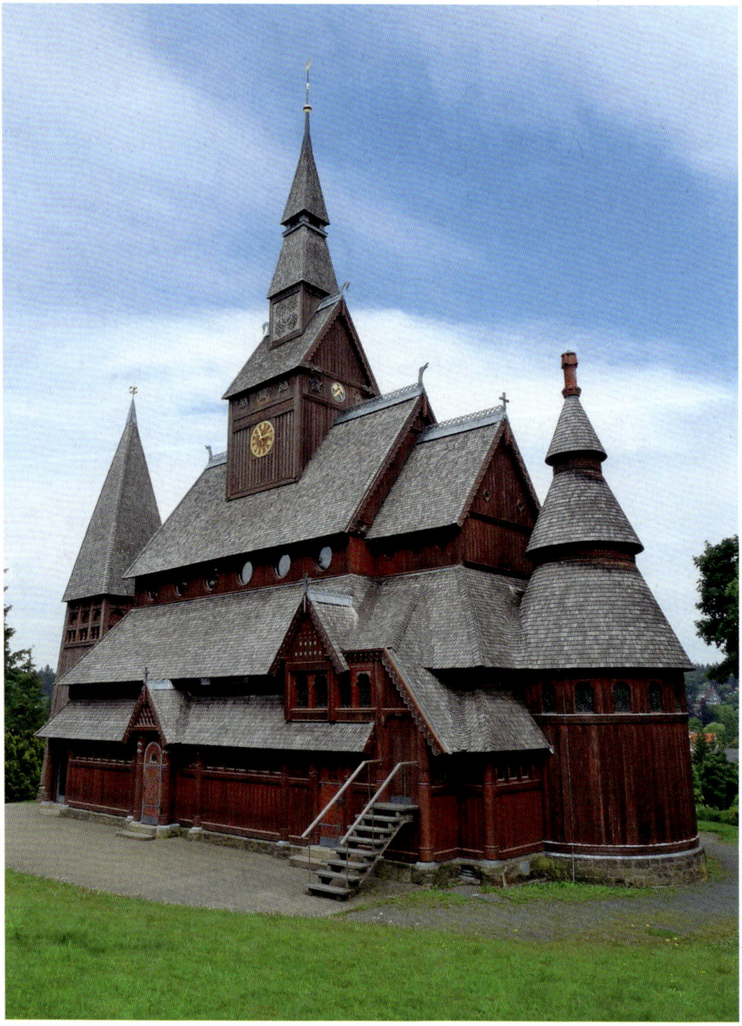

Hölzernes Gesamtkunstwerk: die Stabkirche von Hahnenklee

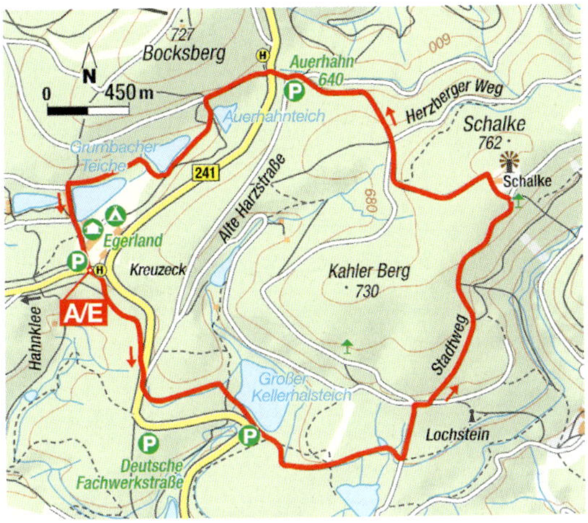

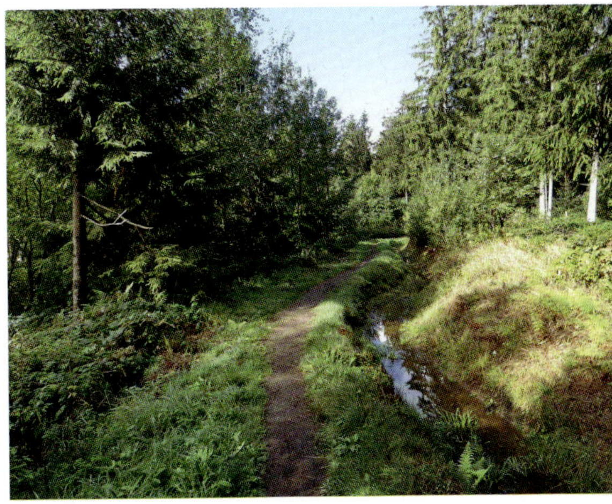

Schalker Grabenweg

Von Kreuzeck auf den Schalker Grabenweg Hahnenklee ist vor allem bekannt für seine Stabkirche im norwegischen Stil und die Seilbahn auf den Bocksberg. In der Umgebung liegen aber auch einige schöne Seen. An einem, dem Oberen Grumbacher Teich, beginnt unsere Wanderung – genauer gesagt am Wanderparkplatz beim Campingplatz Kreuzeck. Vom Parkplatz aus überqueren wir die Landstraße 514, die von Hahnenklee kommt. Dann gehen wir kurz ein paar Meter nach links und vor der Einmündung in die Bundesstraße 241 (unmittelbar vor der Leitplanke und hinter einem Streugutkasten) rechts in den unscheinbaren Fußpfad. Der trifft bald einen querenden Weg (Schalker Grabenweg), dem wir nach links folgen. Ca. 10 Minuten später kreuzt der Pfad im spitzen Winkel die B 241.

Der Fußweg führt an einem Graben entlang. Diese Gräben sammeln das Wasser der weiten Umgebung und führten es in die Stauseen. Diese dienten zur Zeit des historischen Bergbaus zur Versorgung der Bergwerke mit mechanischer Energie aus Wasserkraft zum Antreiben großer Wasserräder, die wiederum über Pumpwerke das Grundwasser aus den Gruben herausholten. Auch die Aufzüge im Bergwerk und die sogenannte Fahrkunst, ein bewegliches Leitersystem, wurden so angetrieben. Auf den Pfaden, auf denen wir wandern, waren die Arbeiter unterwegs, die die Gräben reinigten, pflegten und im Winter abdeckten, um ein Einfrieren der Energieversorgung zu verhindern.

Blick von der Schalke auf den Brocken

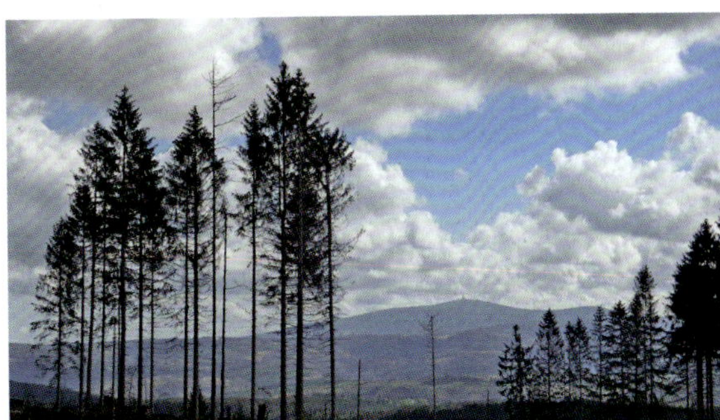

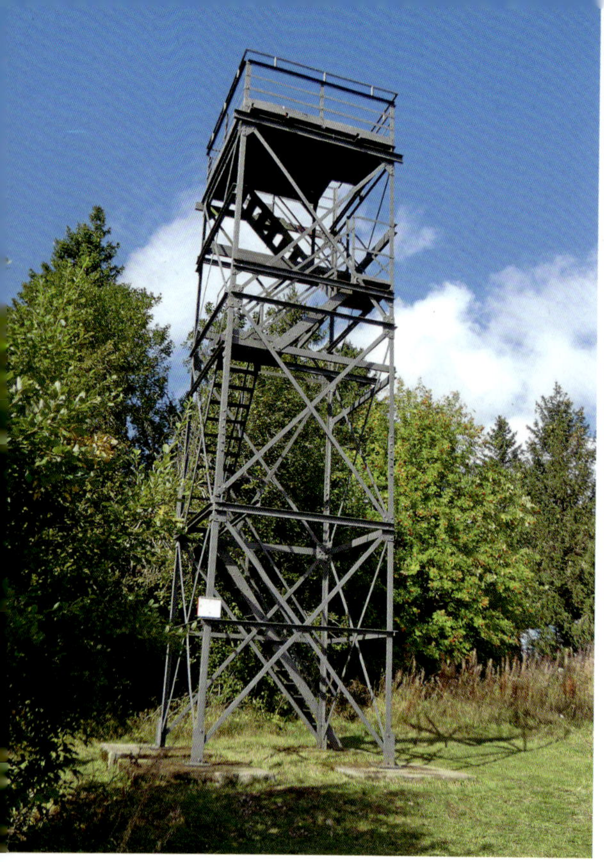

Aussichtsturm auf der Schalke

Zum Kellerhalsteich Immer weiter auf dem Schalker Grabenweg mit der Markierung 5G/X erreichen wir nach weniger als 15 Minuten seit der letzten Straßenquerung die Staumauer des Großen Kellerhalsteiches. Wie alle historischen Wasserbauanlagen dieser Art im Harz gehören Grabensystem und Stausee zum UNESCO-Weltkulturerbe Harzer Wasserregal. Die Kellerhalsteiche versorgten den Bergbau im weiter unten gelegenen Ort Wildemann mit dem nötigen Wasser.

Rauf auf Schalke Hinter dem Damm bleibt links der idyllische See zurück und wir wandern kurz hinauf und weiter auf dem Wanderweg (Schild »Festenburg«) entlang des Schalker Grabens. Nach weiteren etwa 15 Minuten stoßen wir auf eine Forststraße, der wir nach links aufwärts (Schild »Schalke 1,7 km«) folgen. Bald darauf halten wir uns an einer großen Verzweigung halb rechts (Schild »Schalker Turm«). Alle nach rechts abzweigenden Wege ignorierend steigen wir stetig aufwärts, bis wir das Hochplateau der Schalke erreichen. Wir biegen dort nach links auf eine Lichtung ab (Schild »Auerhahn 1,7 km«). Hier oben auf der mit Gras und Büschen bewachsenen Gipfelkuppe erwarten uns weite Ausblicke, die vom stählernen Aussichtsturm aus noch beeindruckender werden. Bei weniger gutem Wetter kann der Wind hier heftig am Wanderer rütteln, aber dafür gibt es ja die kleine Schutzhütte.

Stabkirche

Die Gustav-Adolf-Stabkirche bei Hahnenklee ist eines der beliebtesten Fotomotive im Harz. Die märchenhaft aussehende Konstruktion wurde 1908 fertiggestellt. Vorbild waren die mittelalterlichen norwegischen Kirchen. Noch vor der großen Holzkirche in Clausthal und der kleinen in Elend ist dies die berühmteste Holzkirche im Harz. Info: www.stabkirche.de

Abstieg Richtung Hahnenklee Der Abstieg erfolgt Richtung Nordwesten. In weiten Bögen zieht sich die asphaltierte Forststraße hinunter zum ehemaligen Gasthof Auerhahn (seit 2013 geschlossen). Abzweigungen nach links und rechts werden ignoriert. Am Parkplatz Auerhahn

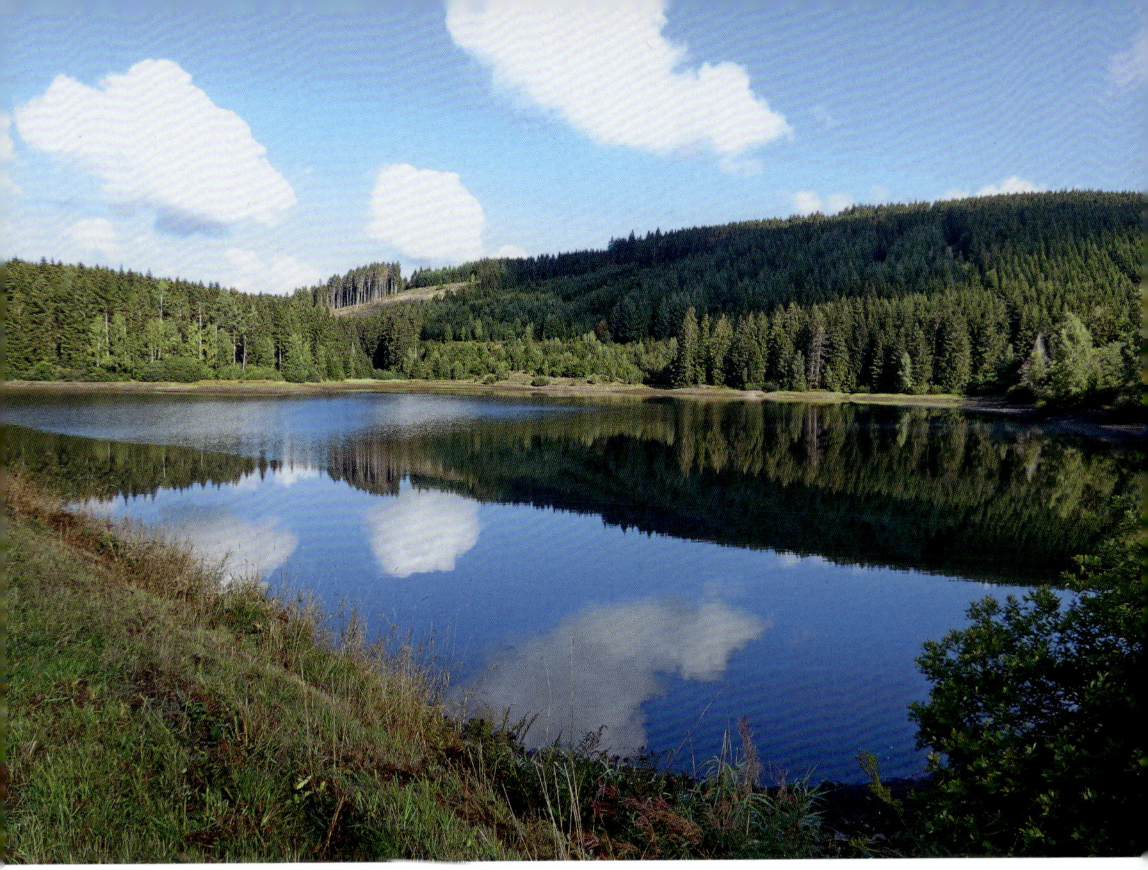

Der Große Kellerhalsteich

(30 Min. nach der Schalke) überqueren wir die Straße und folgen dem bequemen Weg (Schild »Hahnenklee 2,2 km«), bis nach 400 Metern zweimal links der Weg zum Auerhahner Teich abzweigt. Wer die berühmte Stabkirche in Hahnenklee noch nicht gesehen hat, der sollte den Abstecher einbauen und der Beschilderung Hahnenklee geradeaus folgen (siehe Tippkasten).

Wir steigen zum Ufer des Sees und am Anfang der Staumauer weiter hinunter. Dann geht es geradeaus weiter. Der Neue Grumbacher Teich liegt bald rechts von uns. Auch sein Wasser fließt nach Wildemann. Auf oder unterhalb seiner Staumauer wechseln wir auf die rechte Talseite und wandern dort nach links weiter hinab. Den nächsten See, den Oberen Grumbacher Teich, umrunden wir so gegen den Uhrzeigersinn, wandern über seinen Damm und gelangen an dessen Ende zum Kaffeehaus Egerland. In Verlängerung der Dammkrone liegt 200 Meter weiter unser Start und Ziel am Campingplatz.

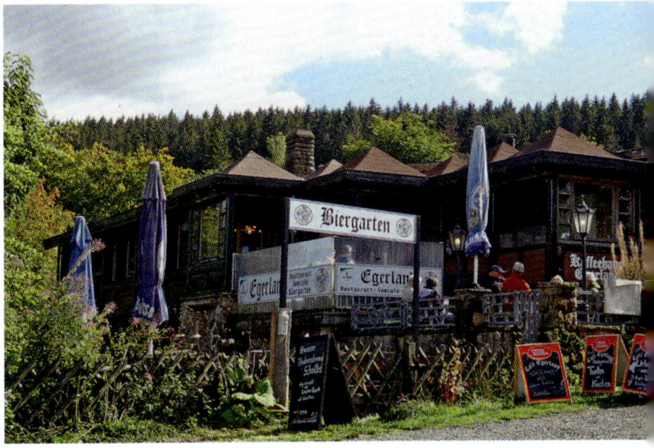

Kaffeehaus Egerland mit Biergarten

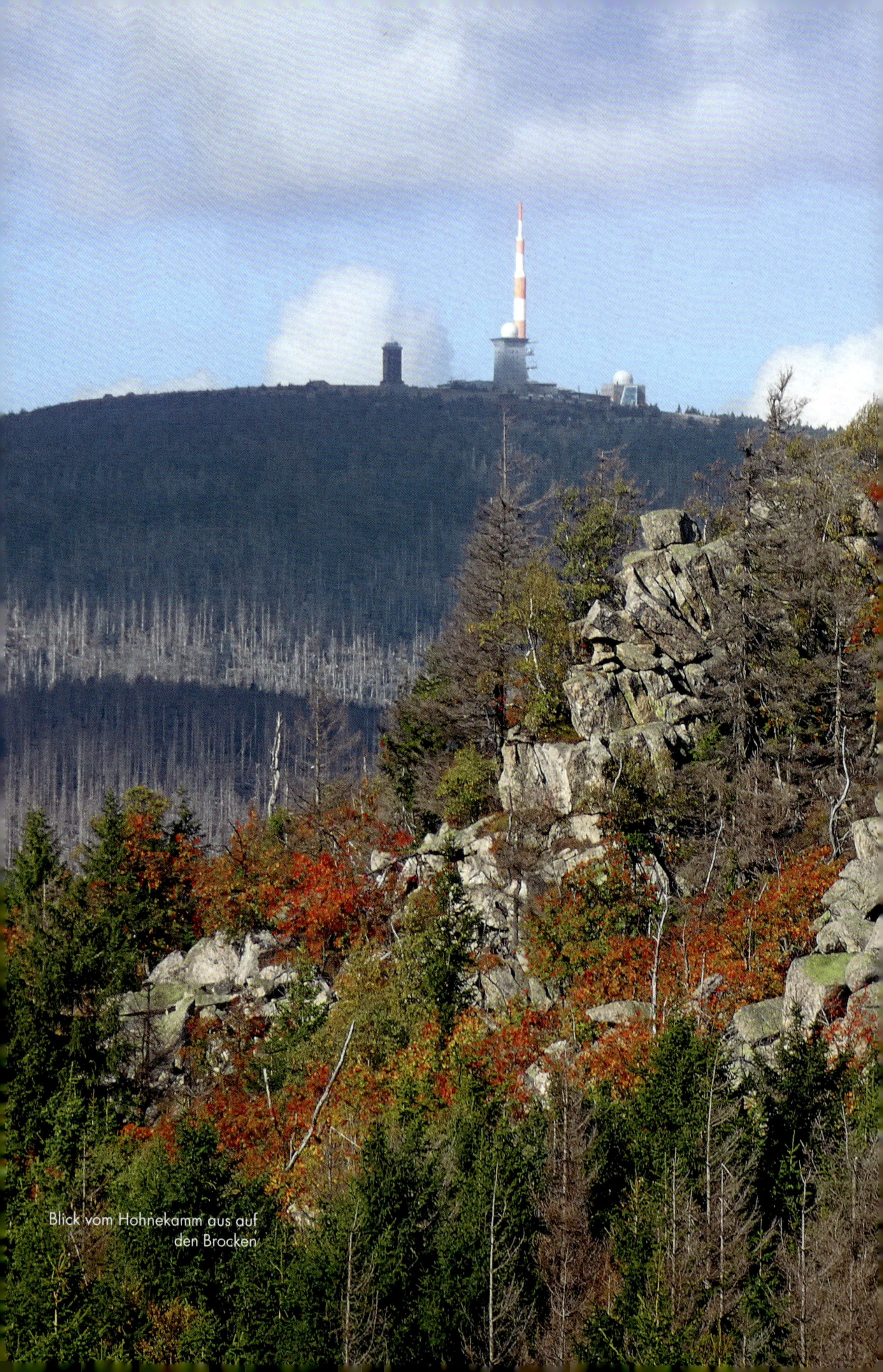

Blick vom Hohnekamm aus auf den Brocken

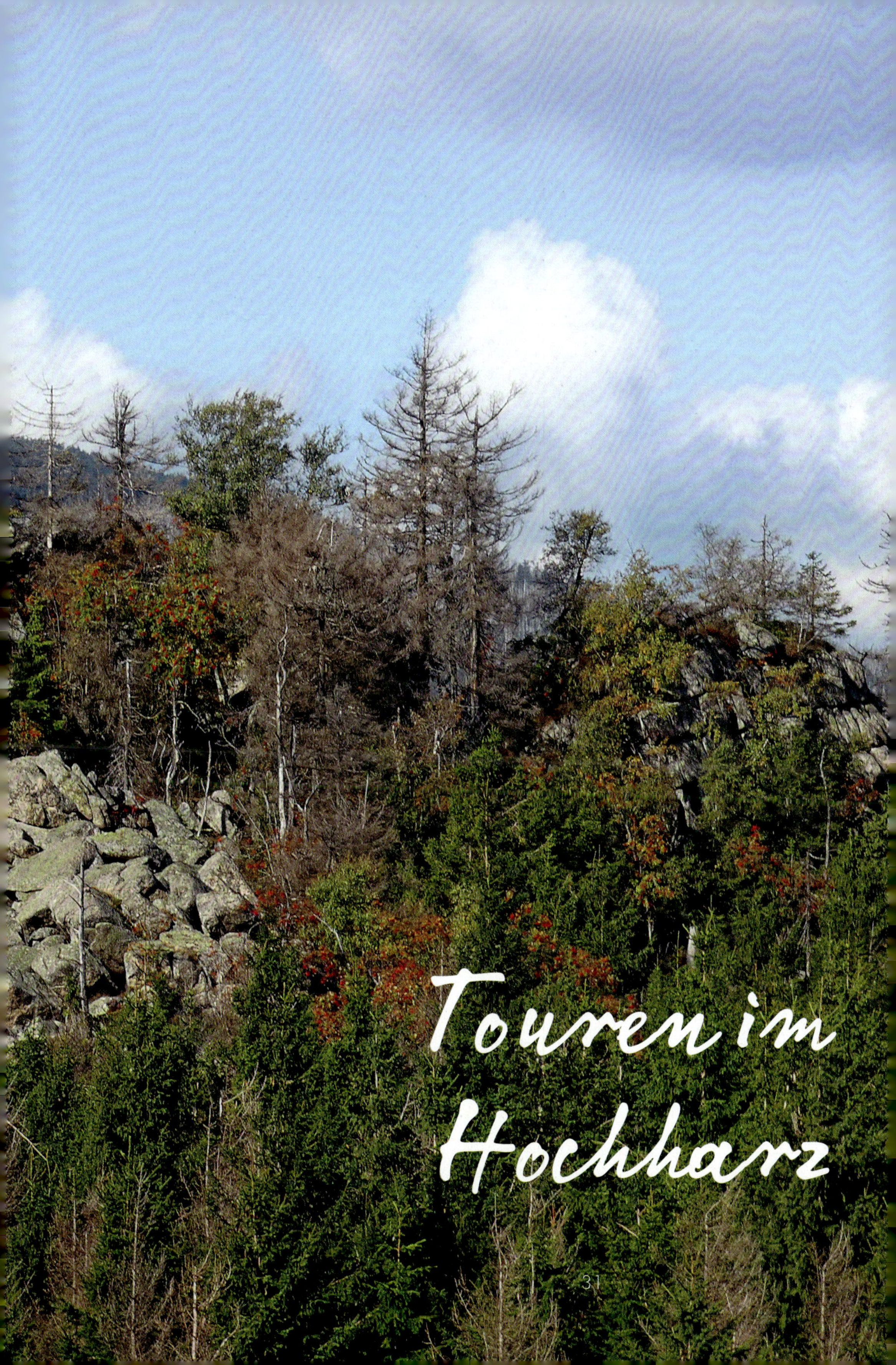

Touren im Hochharz

5 Märchenweg, Sonnenkappe und Flutgraben

Mystische Moore und Wasserläufe

leicht | 7,0 km | 120 Hm | 2.00 Std.

Tourencharakter
Auf schmalen Pfaden und Wanderwegen führt diese besonders abwechslungsreiche Route häufig durch halboffenes Gelände. Einige sumpfige Stellen werden auf Holzstegen überquert.

Ausgangs-/Endpunkt
Torfhaus, Parkplatz bzw. Bushaltestelle am Nationalpark-Besucherzentrum
GPS: 51.802550, 10.536917

Anfahrt
ÖPNV: Bus von Bad Harzburg oder Braunlage nach Torfhaus
Auto: Über die B 4 zwischen Bad Harzburg und Braunlage oder von Altenau über die L 504

Einkehr
Bavaria-Alm in Torfhaus, www.bavariaalm.de

Information
www.oberharz.de/orte/torfhaus

Südlich von Torfhaus liegt ein abwechslungsreiches Moorgebiet. Hier bietet sich eine märchenhafte Rundwanderung ohne viele Höhenmeter an: Zuerst geht es auf schmalen Pfaden durch lichte Wälder und Moore, später entlang eines munteren Wasserlaufs.

Unterm Brocken Torfhaus ist eines der touristischen Zentren am Fuß des Brockens. Hier liegen u. a. mehrere Gaststätten mit Brockenblick, ein Outdoorgeschäft und ein Nationalparkzentrum. Von diesem Besucherzentrum wandern wir links der Bundesstraße nach Braunlage auf einem Fußweg, der bald eine kleine Siedlung am Goetheweg erreicht. Nun halten wir uns kurz links und dann zweimal rechts, erreichen die Bundesstraße und fädeln gegenüber in den beschilderten Märchenweg (12C, grünes Dreieck) ein. Die Schotterzufahrt wird zum schmalen Pfad, der sich malerisch durch Sumpfgebiete, Wiesen und kleine Waldstücke windet. Immer wieder werden feuchte Passagen auf dicken Planken oder kleinen Brücken überquert.

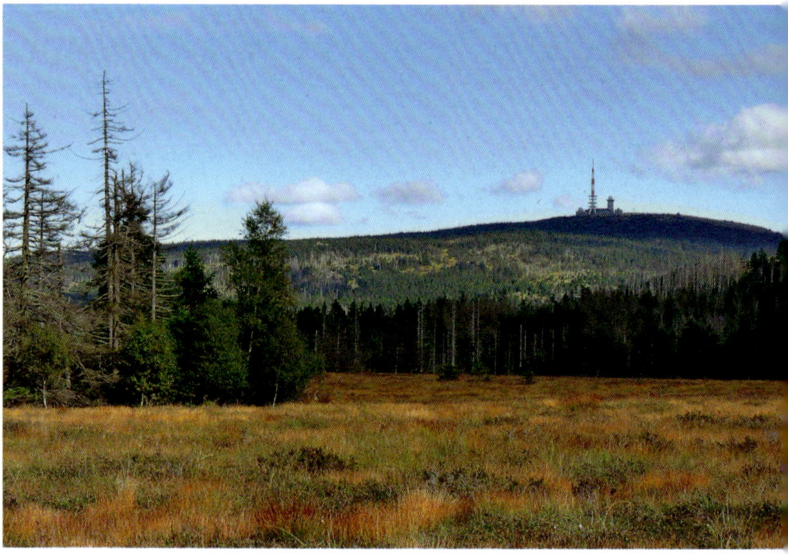

Das Brockenmoor und der Brockengipfel

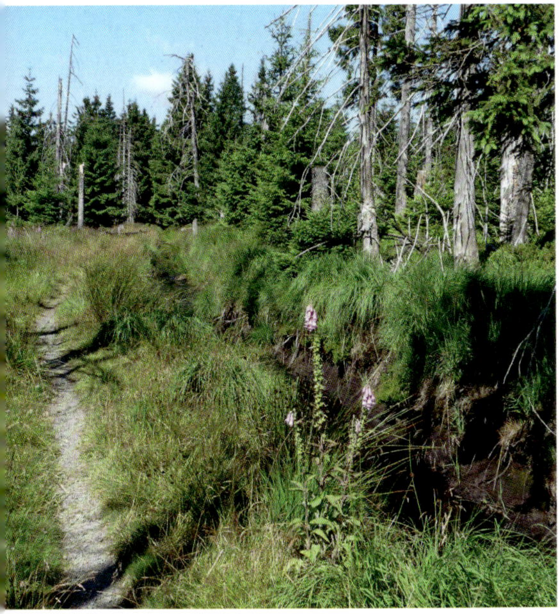

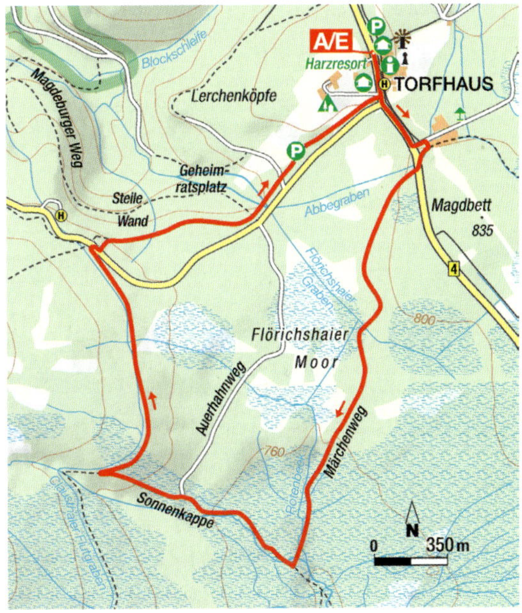

Am Clausthaler Flutgraben

Im Harzer Oderbruch Nach zwei Kilometern auf dem Märchenweg erreichen wir eine Gabelung an einem Bach namens Sonnenkappe. Nach links könnte man einen Abstecher zum Baden im Oderteich einbauen. Wir halten uns aber nach rechts und steigen im Tal der Sonnenkappe sanft hinauf, ignorieren eine Abzweigung nach rechts und haben die Steigung hinter uns, wenn wir den Clausthaler Flutgraben erreichen.

Am Clausthaler Flutgraben Am Flutgraben wenden wir uns wiederum nach rechts und genießen nun schöne Blicke über die Moorgebiete am Fuß des Brockens und auf den Gipfel selbst. Der Weg am Flutgraben (18C, blaues Dreieck) bringt uns zu einer Kreuzung, an der nach links die Wolfswarte ausgeschildert ist. Dieser Gipfel (916 m), einen Kilometer und 100 Höhenmeter entfernt, würde ebenfalls einen Abstecher lohnen.

Um die Wanderung nicht zu lang werden zu lassen, halten wir uns hier aber scharf nach rechts (18B, roter Balken), überqueren die Landstraße und folgen der Beschilderung zurück nach Torfhaus, zum Ausgangspunkt am Nationalpark-Besucherzentrum.

TorfHaus

Das Nationalpark-Besucherzentrum liegt direkt an Parkplatz und Bushaltestelle in Torfhaus. Hier präsentiert eine Ausstellung die Entwicklung des Nationalparks Harz mit seinem Motto »Natur Natur sein lassen«. Wanderführer, Karten und Literatur zu Natur im Harz gibt es hier auch. Info: www.torfhaus.info

6 Rund um den Oderteich

Ein Stück Skandinavien im Oberharz

leicht	6,5 km	60 Hm	1.45 Std.

Tourencharakter
Schotterwege und Wanderpfade verlaufen viel in offenem Gelände. Feuchtgebiete werden auf Bohlenwegen überquert. Die wenigen Steigungen sind nicht der Rede wert.

Ausgangs-/Endpunkt
Parkplatz Oderbrück Westseite
GPS: 51.775800, 10.552317

Anfahrt
ÖPNV: Bus von Bad Harzburg oder Braunlage nach Oderbrück
Auto: Über die B 4 zwischen Bad Harzburg und Braunlage oder von Clausthal-Zellerfeld über die B 242

Einkehr
Kaffeeklappe Oderbrück (Kiosk-Café mit Biergarten), www.oderbrueck.de/kaffeeklappe

Information
www.oderbrueck.de

Die Wanderung um den Oderteich lässt das Wandermuffelherz höherschlagen. Hier bietet eine moderate Runde mit wenigen Höhenmetern vielfältige Eindrücke: Moore, Wälder, Felsen und See – und das alles zu Füßen des Brockens.

Kulturdenkmal Oderteich Im Harz werden selbst größere Seen als Teiche bezeichnet. So ist auch der malerisch in die schöne Landschaft eingebettete Oderteich ein veritabler See. Im 18. Jahrhundert wurde er mit viel technischer Raffinesse geschaffen und bildete bis zum Ende des 19. Jahrhunderts den größten Stausee Deutschlands. Als Teil des Oberharzer Wasserregals wurde er über lange Gräben aus den Mooren am Fuß des Brockens gespeist und liefert auch heute noch beständig Wasser durch den Rehberger Graben an die historischen Bergwerke in St. Andreasberg. Die Seeufer laden zum Verweilen und zum Baden ein. Es gibt sogar ein paar Sandstrände.

Aus Plantagen werden Wälder Vom großen Parkplatz in Oderbrück wandern wir knapp 500 Meter immer rechts parallel zur Bundesstraße Richtung Braunlage, bis wir rechts Richtung

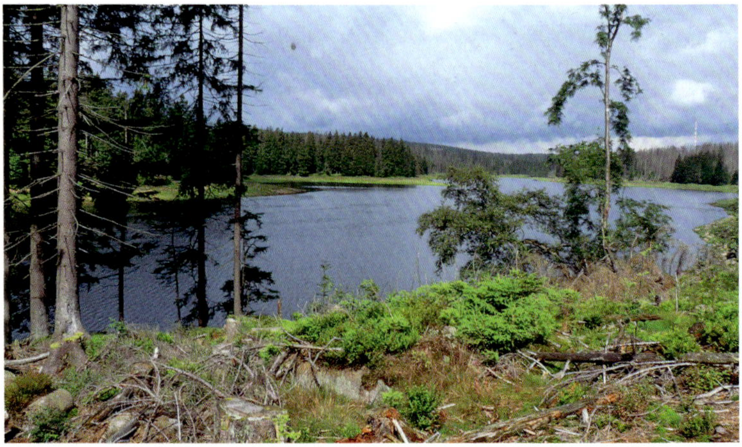

Am Ostufer des Oderteichs

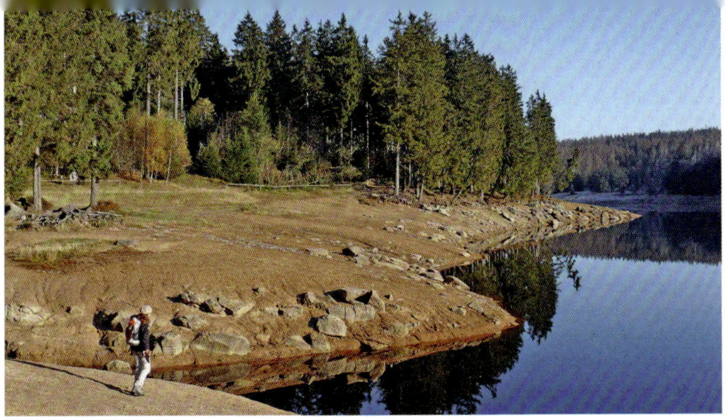

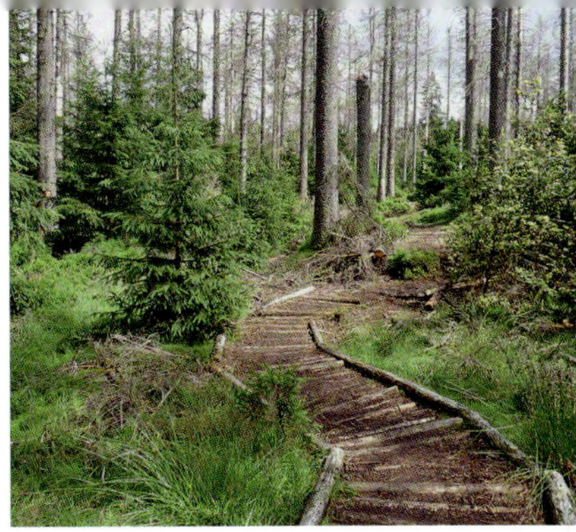

Oderteich (beschildert) abbiegen. Im Oderholz, in dem wir uns jetzt befinden, ist die Verwandlung alter Forstbestände in einen naturnahen Mischwald in vollem Gange. Frisches Grün überwuchert die silbrigen Stämme entwurzelter Fichten und lässt diese in einem üppigen Dschungel aus Birken, Erlen, Ebereschen und Bergahorn verschwinden. Unser grasbewachsener Schotterweg senkt sich sanft Richtung See hinab.
An einer Gabelung halten wir uns links Richtung Staudamm (blaues Dreieck und Hexenstiegsymbol). Der Pfad wird nun immer abenteuerlicher. Zwischen Felsen und Wurzeln schlängelt er sich am Seeufer entlang. Die offenen Flächen bieten weite Blicke über Land und Wasser. Stege aus Holzbohlen erleichtern die Überquerung der verwunschenen Sümpfe. Hier fühlt sich der Wanderer wie in einer anderen Welt.

Knüppelwege im Harzer Oderbruch

Links: Das Westufer des Oderteichs

Felsblöcke am Seeufer

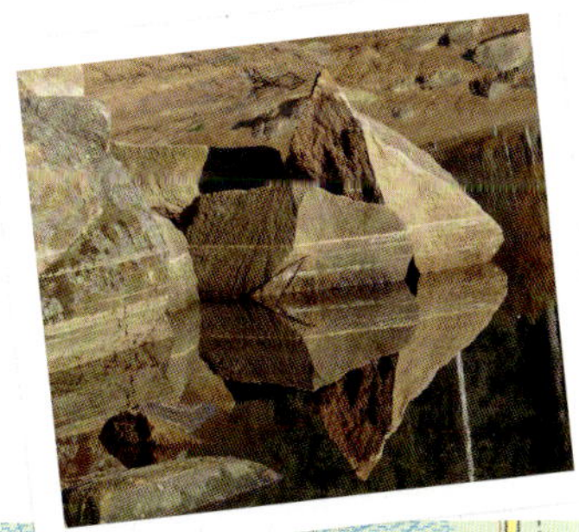

Staumauer und Sandstrand Schließlich gelangen wir an den Staudamm. Die Steinpfeiler hier stehen vor dem Überlauf des Sees und sollen im Winter verhindern, dass Eisschollen in die Gräben gespült werden. Wir folgen dem Weg auf der Staumauer nach rechts und halten uns anschließend wieder nach rechts am Ufer entlang. So stoßen wir bald auf die Badezone mit wuchtigen Granitfelsen und einem Sandstrand. Trubel herrscht hier nicht und es gibt keine Infrastruktur, aber der Platz ist schön gelegen für ein erfrischendes Bad im See. (Wer mit dem PKW unterwegs ist, der kann auch hier seine Seerunde beginnen). Anschließend immer weiter am Ufer entlang folgen wir den Pfaden, die sich schließlich nach links vom Ufer wegwenden und auf einen Forstweg stoßen. Dem folgen wir nach rechts (18E, gelber Punkt) Richtung Torfhaus bis zur Rotenbeekbrücke. Dort halten wir uns scharf rechts und lassen uns von der Beschilderung über den Weg 12C nach Oderbrück zurückführen.

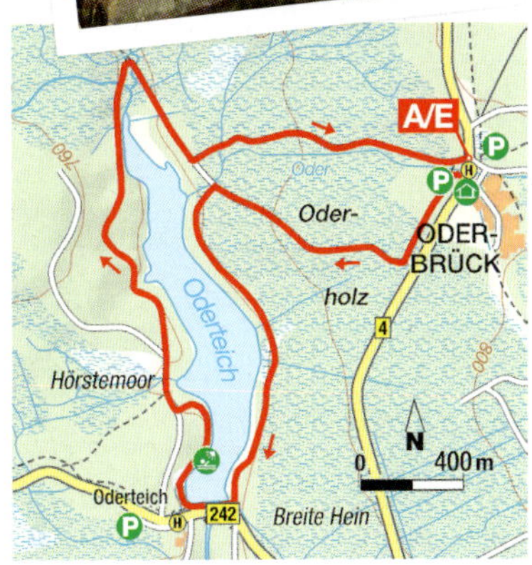

7 Über den Kaiserweg auf den Achtermann

Auf historischen Routen

mittel | 6,0 km | 130 Hm | 2.00 Std.

Tourencharakter
Wald und halboffenes Gelände wechseln sich ab. Die Wege sind Erdwege, grobe Steinpflaster oder Schotterwege. Der Bergwald ist von vielen Lichtungen und Bruchflächen durchzogen.
Die abenteuerlichen Fels- und Wurzelwege sind gut zu gehen, erfordern aber hin und wieder etwas Konzentration.

Ausgangs-/Endpunkt
Parkplatz Oderbrück Ostseite
GPS: 51.775483, 10.552117

Anfahrt
ÖPNV: Bus von Bad Harzburg oder Braunlage nach Oderbrück
Auto: Über die B 4 zwischen Bad Harzburg und Braunlage oder von Clausthal-Zellerfeld über die B 242

Einkehr
Kaffeeklappe Oderbrück (Kiosk-Café mit Biergarten), www.oderbrueck.de/kaffeeklappe

Information
www.oderbrueck.de

Hier erleben wir zwei tolle Highlights im Harz. Wir wandern ein Stück auf dem Kaiserweg, auf dem im Mittelalter gekrönte Häupter den Harz überquerten. Und vom Gipfel des Achtermanns genießen wir einen der schönsten Rundblicke des Mittelgebirges.

Auf historischen Spuren Das alte Pflaster des Kaiserweges ist teilweise noch zu erkennen. Er steigt sanft Richtung Achtermann auf, bevor er an ihm vorbeizieht. Wir erklimmen natürlich den nahen Gipfel. Der Brocken und der Wurmberg scheinen von hier zum Greifen nah und die weite Landschaft des Oberharzes mit Wäldern und Mooren liegt uns zu Füßen.

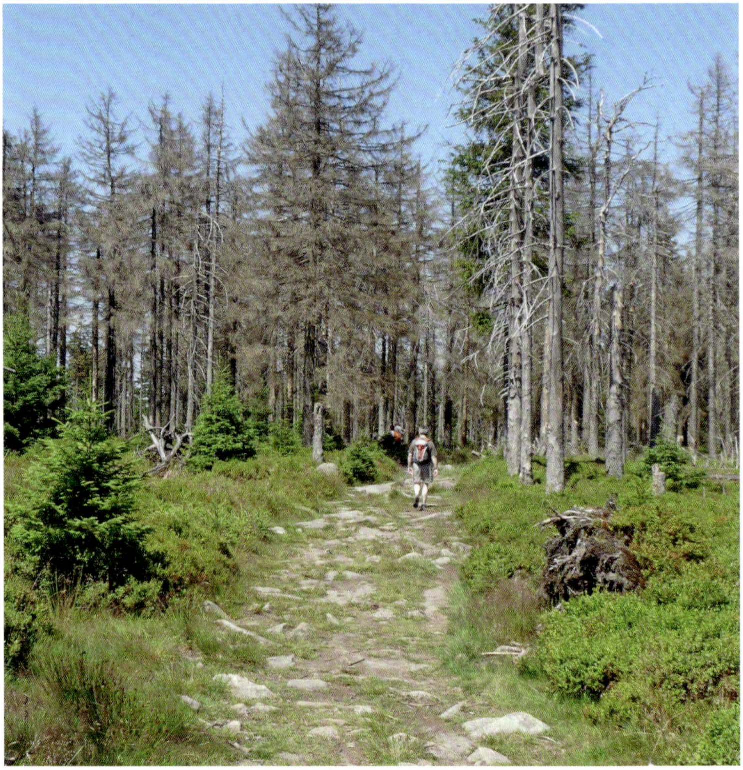

Der Kaiserweg: mal gut erhalten …

Der Kaiserweg

Der frühere Heidensteig und heutige Fernwanderweg verbindet das mächtige Kloster Walkenried am Südrand des Harzes mit Goslar und seiner Kaiserpfalz im Norden. Er wurde in Kaiserweg umgetauft, als der aus Goslar stammende Kaiser Heinrich IV. im Jahr 1073 diese Route auf der Flucht vor den aufständischen Sachsen benutzte. Vermutlich ist aber 300 Jahre vorher schon Pippin, der Vater Karls des Großen, mit seinen Rittern hier entlanggezogen. Weitere Kaiser und Könige folgten: König Philipp (1200), Otto IV. (1206 und 1208) und Friedrich II. (1219). Der Grund für so viel herrschaftliches Verkehrsaufkommen im und rund um den Harz war im Mittelalter vor allem der ergiebige Silberbergbau, der die Region zu Reichtum brachte und die Kassen der Fürsten füllte.

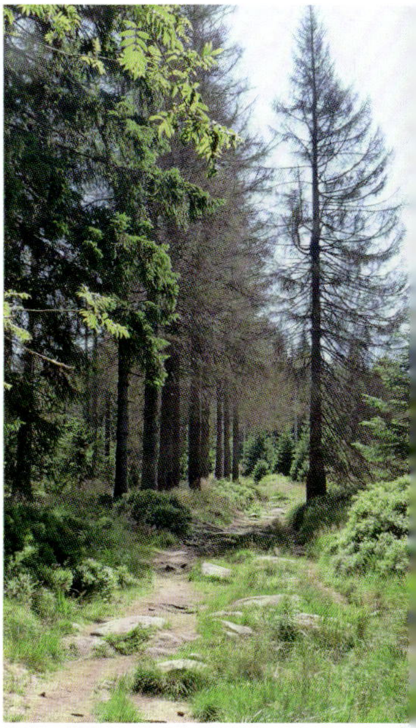

… mal nur noch als Pfad.

Einstieg in Oderbrück Die Wanderung beginnt am Parkplatz Oderbrück in Fahrtrichtung Torfhaus und Bad Harzburg. Hier biegen wir nach rechts auf den Weg 31K Richtung Achtermann ein. Der Weg ist auch mit einem grünen Dreieck oder einer Kaiserkrone markiert. Nach einiger Zeit geht die Forststraße in Erdwege mit Wurzeln und Felsstufen über. Zwischendurch wandern wir immer wieder auf dem historischen Pflaster des mittelalterlichen Kaiserweges.

Der sanfte Aufstieg wird begleitet von einer bunten Mischung aus Laub- und Nadelbäumen, Wiesen und Buschwerk. Ob Friedrich II. hier auch schon an den Blaubeeren genascht hat, ist nicht überliefert, aber wahrscheinlich. An allen Abzweigungen (wir verlassen den Kaiserweg) und Kreuzungen folgen wir dem beschilderten Weg 31K Richtung Achtermann. Links öffnen sich immer wieder Blicke auf den Brockengipfel mit seiner hoch aufragenden Antenne.

Auf den Achtermann-Gipfel Nach etwa einer Dreiviertelstunde erreichen wir einen Rastplatz unter Laubbäumen, nebenan liegt auch eine kleine Schutzhütte. Rechts hinauf bringt uns nun ein etwas steilerer Steig in wenigen Augenblicken auf den Gipfel. Oben wartet eine fantastische Aussicht auf den Brocken, den Wurmberg und die Wald- und Moorlandschaft des Oberharzes.

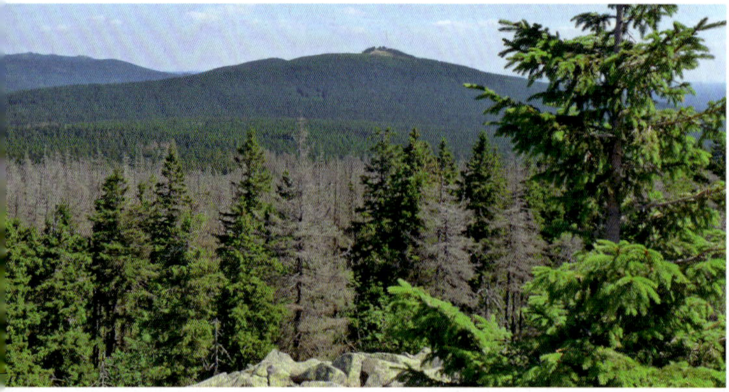

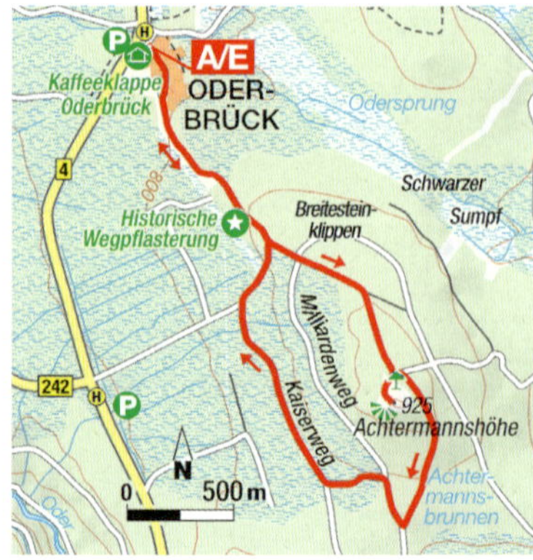

Blick vom Achtermann auf den Wurmberg

Der Achtermann, an dessen Fuß Bode und Oder entspringen, ist mit 925 Metern der vierthöchste Berg im Harz. Der Sockel des Gipfels besteht aus Granit, während der Gipfel selbst sich der Erosion durch eine harte Kappe aus Hornfels entgegenstemmt. Diese ragt weit über die umliegenden Wälder auf, so ist der Blick in alle Richtungen unverstellt. Über das Brockenmoor schauen wir auf den nahen Brockengipfel mit seinen Türmen. Auch der Wurmberggipfel ragt markant aus seinem grünen Kragen aus Wald heraus.

Gipfelaufstieg am Achtermann

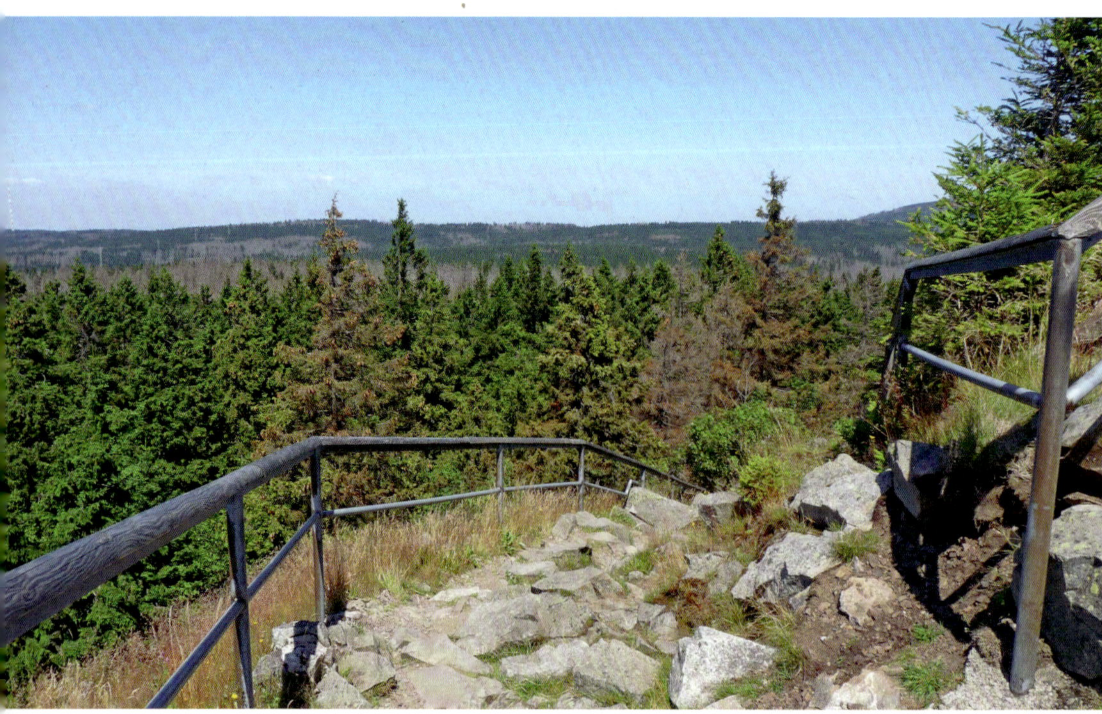

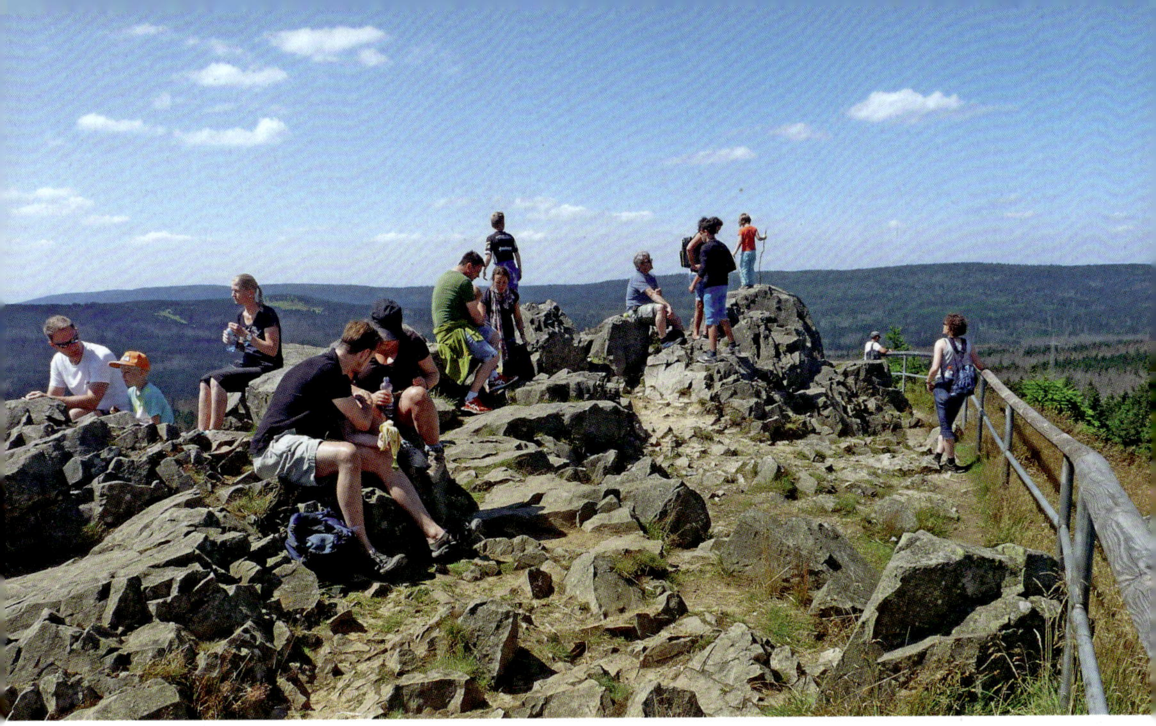

Rast auf dem Achtermann

Abstieg nach Oderbrück Nach einer Rast geht es wieder hinunter zur Schutzhütte, hinter der wir uns nach rechts wenden. Dieser Weg ist mit 31J, einem grünen Dreieck und dem Ziel Königskrug ausgeschildert. Der Hinweis »schwieriger Weg« schreckt uns nicht ab. Dafür ist der Pfad besonders schön. Wir streifen an einer Felsformation mit Namen Achtermanntor vorbei und erreichen knapp einen Kilometer hinter dem Gipfel eine geschotterte Forststraße. Hier wenden wir uns nach rechts, 250 Meter weiter unbeschildert links auf eine grasbewachsene Treckerspur. Nach weiteren 300 Metern schwingen wir rechts ebenfalls unbeschildert wieder in den Kaiserweg (hier ein Trampelpfad) ein und folgen der Lichtung und später der Beschilderung (12D) zurück nach Oderbrück.

Oderbrück

Etwas andere Unterkünfte für kleine und größere Gruppen finden sich in Oderbrück. Denn hierbei handelt es sich um ein Hüttendorf auf 800 m Höhe, es gibt Selbstversorgerhäuser, die sich z. B. für zwei Familien oder kleinere Gruppen ab sechs Leuten, aber auch für größere Gruppen eignen. Info: www.oderbrueck.de

Abstieg nach Braunlage Alternativ können wir vom Achtermann auch nach Braunlage absteigen. Dazu folgen wir hinter dem Achtermannstor auf bequemen Wegen der Beschilderung zuerst zum Königskrug und dann über den Königsweg und die Alte Harzburger Straße nach Braunlage. Insgesamt kommen so 8 Kilometer und 2.30 Std. Gehzeit zusammen.

8 Wurmberg, Grünes Band und Warme Bode

Schönster Abstieg nach Braunlage

mittel | 8,5 km | 390 Hm | 2.15 Std.

Tourencharakter
Die Wanderung beginnt mit einem recht steilen Stück, dann wandert man aber mit stetig sanftem Gefälle auf Wanderwegen und Pfaden.

Ausgangs-/Endpunkt
Braunlage, Talstation Wurmbergseilbahn; Auffahrt zur Bergstation, www.wurmberg-seilbahn.de
GPS: 51.731517, 10.612667

Anfahrt
ÖPNV: Braunlage ist aus allen Richtungen mit dem Bus gut erreichbar. Aus Richtung Schierke steigt man an der Haltestelle Elbingeröder Straße aus, sonst Haltestelle Eisstadion; von dort sind es rund 300 m zur Talstation.
Auto: Über die Hochharzstraße B 4/B 242 oder die B 27 nach Braunlage; der Großparkplatz der Seilbahn liegt mitten im Ort zwischen Eisstadion und Talstation.

Einkehr
Wurmberg-Alm, www.wurmberg-alm.de; Loipenhaus Schierke, www.schierke-am-brocken.de/erleben/wanderportal-schierke/loipenhaus; diverse Gaststätten in Braunlage

Information
www.braunlage.de

Der Wurmberg ist mit 971 Metern die höchste Erhebung Niedersachsens. Von ihm steigen wir entlang der ehemaligen innerdeutschen Grenze auf dem eindrucksvollen Grünen Band ab. Zum Schluss wandern wir entlang der munter sprudelnden Warmen Bode nach Braunlage.

Per Seilbahn auf den Wurmberg Braunlage ist ein wichtiges Tourismuszentrum im Harz und besonders für Wintersport bekannt. Im Sommer trifft man an den Seilbahnen dann die Mountainbike-Downhill-Driver und die Monsterroller, die man zur Abfahrt vom Wurmberg mieten kann. Entsprechend intensiv ist die Infrastruktur ausgebaut. In der Umgebung des Ortes besteht die Kunst des Wanderers darin, die naturnah gebliebenen Routen zu kennen und vielleicht trotzdem die Seilbahn und die Einkehrmöglichkeiten zu nutzen.

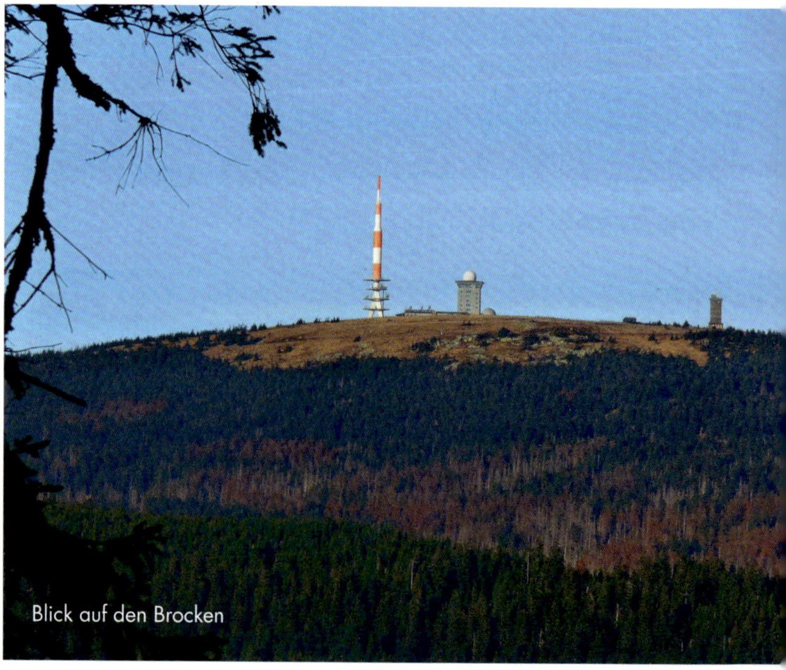
Blick auf den Brocken

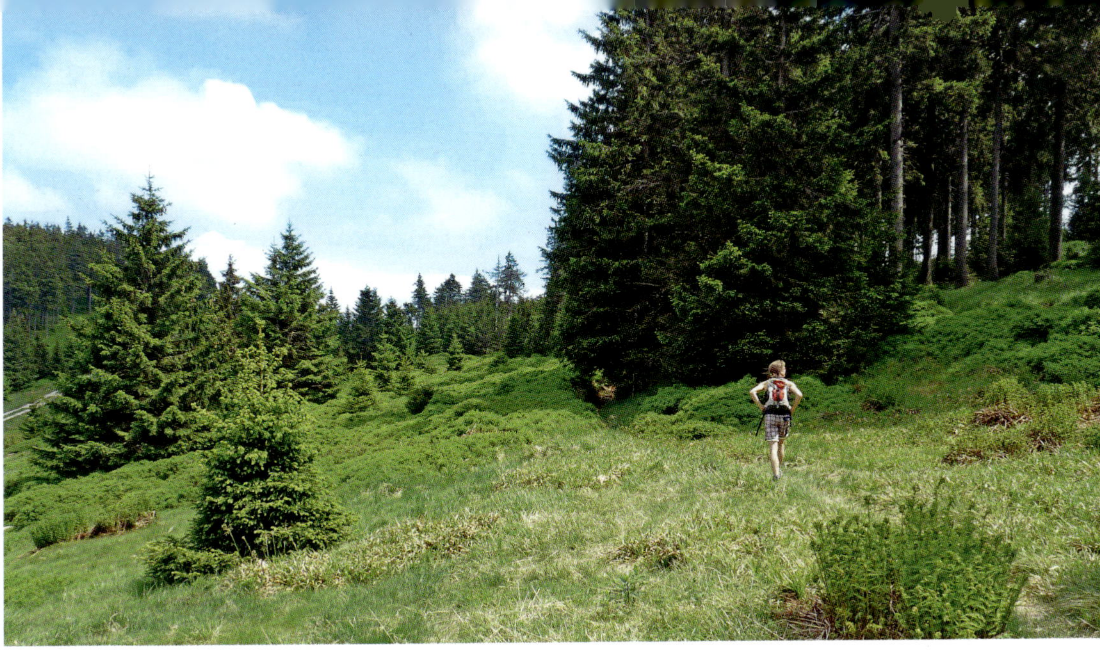

Das Grüne Band macht seinem Namen Ehre.

Und das wollen wir tun. Mit der Kabinenbahn fahren wir vom Braunlager Großparkplatz an der Eissporthalle zum Wurmberggipfel hinauf. Hier können wir zuerst einmal die tollen Ausblicke über den Harz genießen und in der Wurmbergalm etwas alpines Ambiente schnuppern.

Hinab zum Grünen Band Die eigentliche Wanderroute beginnt hinter der Wurmbergalm. Hier geht es rechts der ehemaligen Skisprungschanze über den etwas steileren Weg hinunter, den die Skispringer früher aufgestiegen sind. Im Zickzack das Gefälle überwindend führt er uns hinab zum Schierker Loipenhaus. Hier werden einfache Speisen und Getränke angeboten und es geht deutlich ruhiger zu als auf dem Wurmberggipfel, es ist aber i. d. R. nur am Wochenende geöffnet.

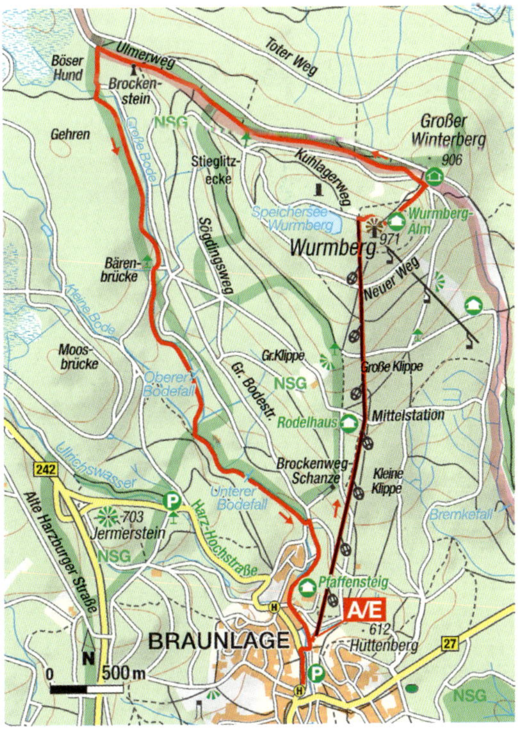

Schon kurz vor dem Loipenhaus biegt unsere Route links ab auf den sogenannten Ulmer Weg. Wir befinden uns hier auf dem Grünen Band der ehemaligen innerdeutschen Grenze. Eine kurze Rechts-Links-Kombination bringt uns schon kurz nach dem Loipenhaus auf einen schmaleren Wanderpfad, der sich traumhaft durch die abwechslungsreiche

Ganz unten: die Warme Bode

Grenzpfähle: Überbleibsel der innerdeutschen Grenze

Landschaft des einstigen Grenzstreifens zieht. Auf der linken Seite steht Wald, auf der rechten Seite vielfältiges Buschwerk, kleine Wiesen und jede Menge Heidelbeeren, die dem Wanderer den Frühsommer versüßen.

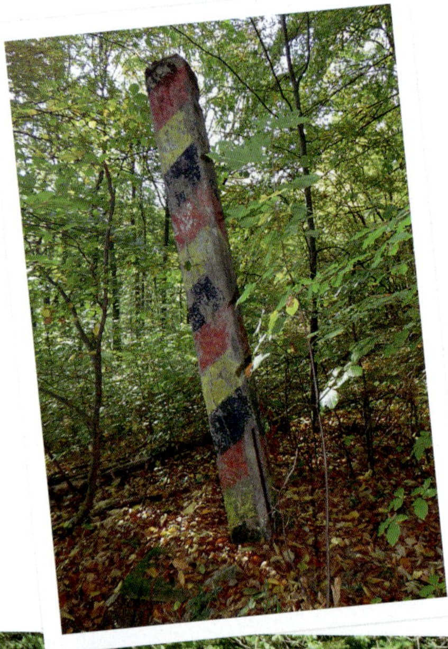

Wir folgen dem Fußpfad sanft absteigend immer geradeaus – auf der niedersächsischen Seite. Am rechts von uns liegenden Waldrand verläuft der »Grenzweg« schon in Sachsen-Anhalt. Nach etwa zwei Kilometern taucht der Pfad in den Wald ein. Wir treffen auf den Brockenstein – eine kleine Granitsäule – und noch mal 400 Meter weiter auf eine große Wanderwegekreuzung mit Rastplatz.

Entlang der Warmen Bode Der Weg Nummer 35D ist nach links Richtung Braunlage ausgeschildert. Wir folgen ihm aber nur gut 200 Meter bis zur Bärenbrücke und wechseln über selbige auf die Westseite der Bode. Kurz darauf halten wir uns links (grünes Dreieck mit 10, Schild »Bodefälle«) und fädeln in einen Weg ein, der die Warme Bode auf ihrer rechten Seite begleitet. Mal als Pfad, mal

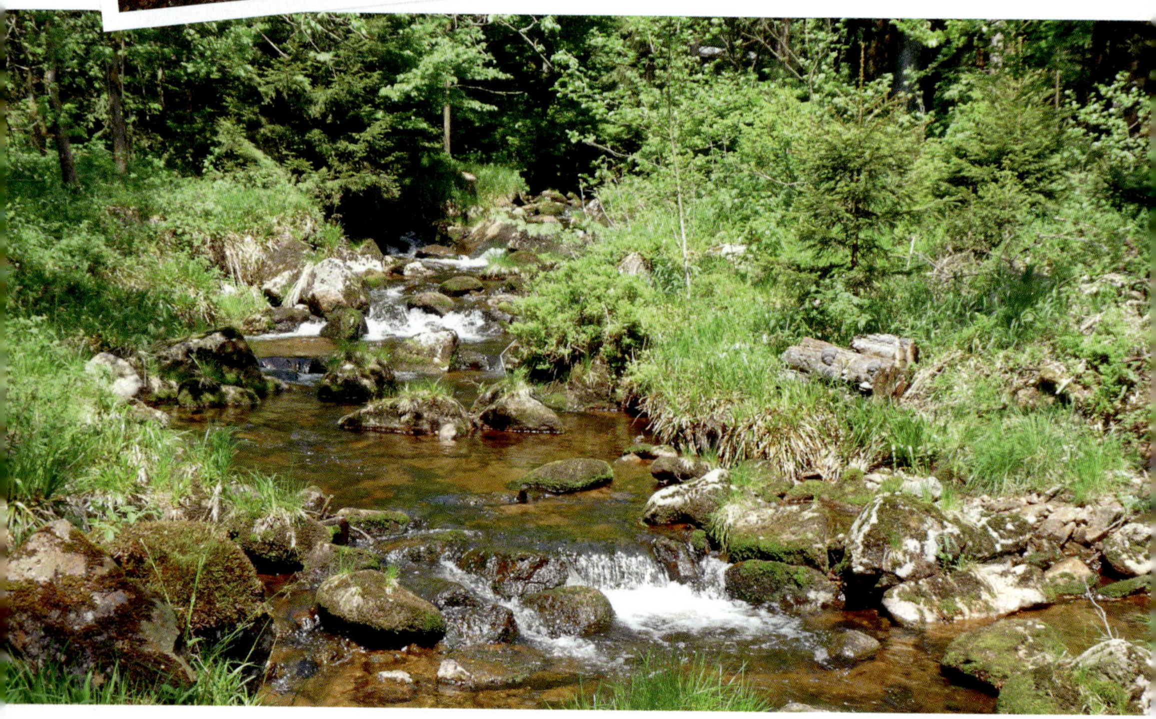

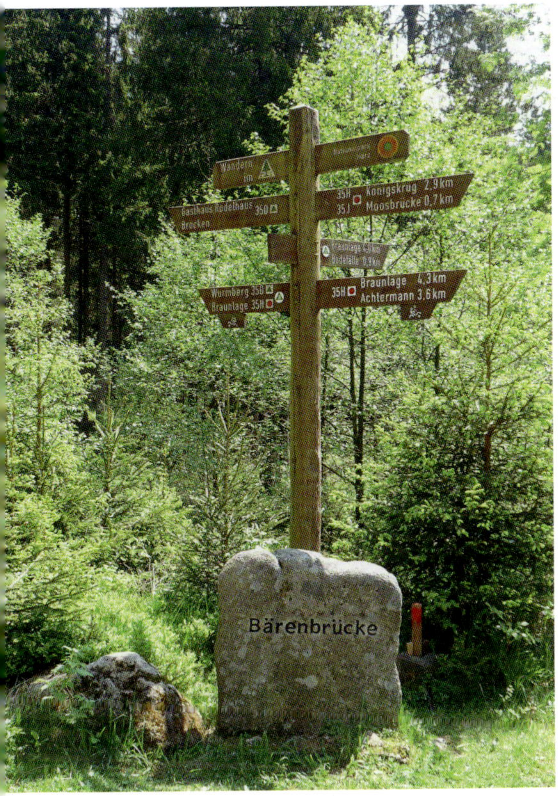

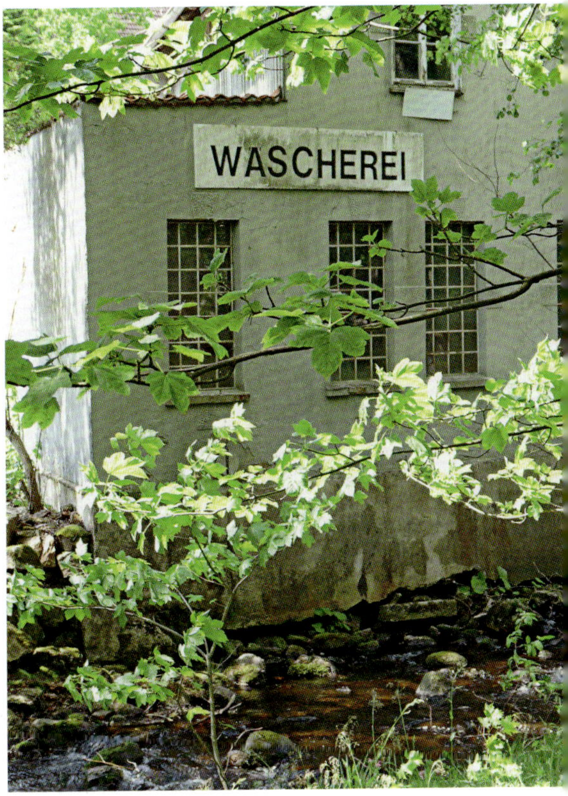

Die ersten Gebäude von Braunlage

Links: Wegweiser an der Bärenbrücke

als geschotterter Wanderweg führt dieser romantische Weg oft nah am Wasser entlang. Viele kleine Kaskaden und Badegumpen laden zum Rasten ein. Warum nicht mal kurz ins Wasser tauchen – und sei es nur mit den Füßen. Schattige und sonnige Plätze wechseln sich ab. Wir passieren die Oberen Bodefälle, schäumende Kaskaden zwischen Granitfelsen, etwas später auch die Unteren Bodefälle.

Zurück nach Braunlage Gut 300 Meter nach den Unteren Bodefällen trifft der Pfad auf einen Querweg. Hier halten wir uns links, überqueren die Bode und wenden uns sofort wieder nach rechts Richtung Braunlage. Auf Asphalt erreichen wir die ersten Gebäude Braunlages und kurze Zeit später den Großparkplatz an der Seilbahn – nach einer schönen ruhigen Wanderung hat uns der Trubel wieder zurück.

Kufenvergnügen

Wer nach der Wanderung noch nicht müde ist, der kann sich im Eisstadion Braunlage vergnügen. Das liegt direkt an Start und Ziel der Wanderung und ist ganzjährig in Betrieb. Schlittschuhe können vor Ort ausgeliehen werden. Info: www.eisstadion-braunlage.de

9 Vom Brocken nach Schierke

Abstieg durch das Eckerloch

mittel | 8,0 km | 30/480 Hm | 2.00 Std.

Tourencharakter
Der Abstieg ins Eckerloch verläuft über viele Felsen. Etwas Trittsicherheit ist hier erforderlich. Sonst ist der Weg gut zu gehen, meist auf geschotterten Wanderwegen. Die Route ist vergleichsweise sonnig.

Ausgangspunkt
Brockenbahnhof auf dem Gipfelplateau des Brockens
GPS: 51.799795, 10.617834

Endpunkt
Schierke Bahnhof oder Bushaltestelle Café Winkler
GPS: 51.765346, 10.677646 (Bahnhof Schierke)

Anfahrt
ÖPNV: Busse u. a. von Wernigerode, Blankenburg oder Braunlage nach Schierke; mit der Harzer Schmalspurbahn (HSB) direkt zum Brockengipfel, www.hsb-wr.de
Auto: Zum Hbf. Wernigerode (Start der Brockenbahn) oder über die L 100 zu den HSB-Bahnhöfen Drei Annen Hohne oder Schierke

Einkehr
Mehrere Möglichkeiten auf dem Brocken; Gastronomie in Schierke, z. B. Bahnhofsbaude oder Café Winkler an der gleichnamigen Bushaltestelle

Information
www.schierke-am-brocken.de

Der Brockengipfel ist mit 1141 Metern der höchste Punkt im Harz und liegt oberhalb der Baumgrenze. Und was Wandermuffel gern lesen: Es fährt eine Dampfeisenbahn hinauf. Um den Gipfel verläuft ein toller Rundweg und der Abstieg ist ausgesprochen abwechslungsreich.

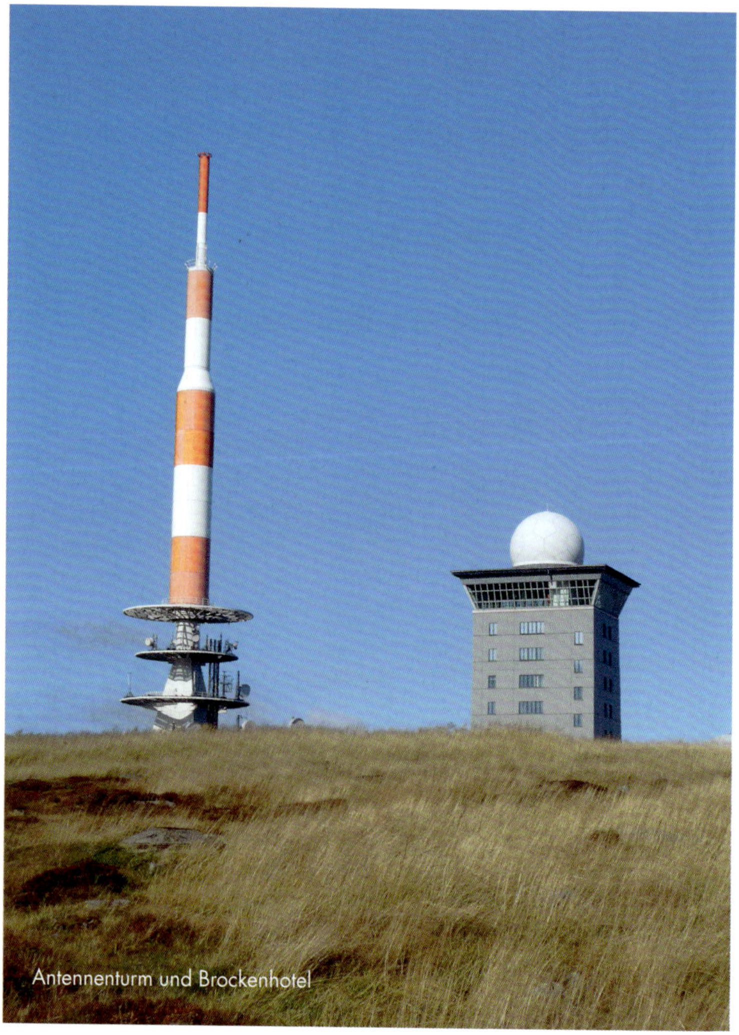

Antennenturm und Brockenhotel

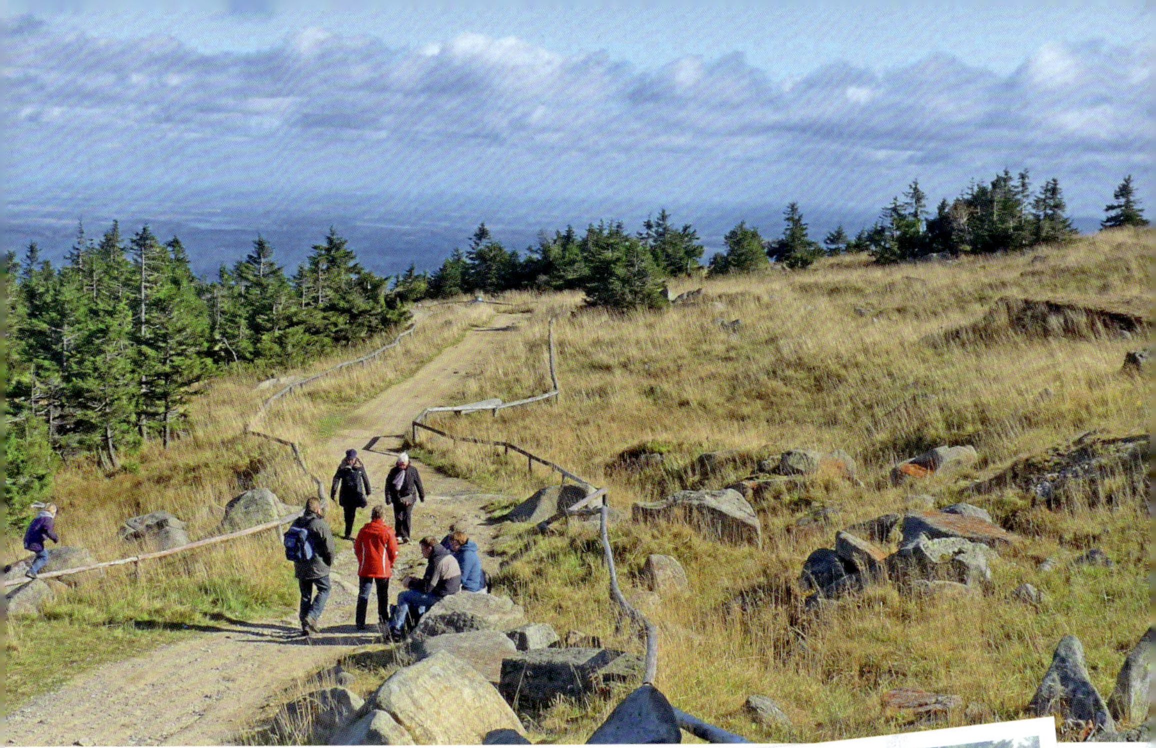

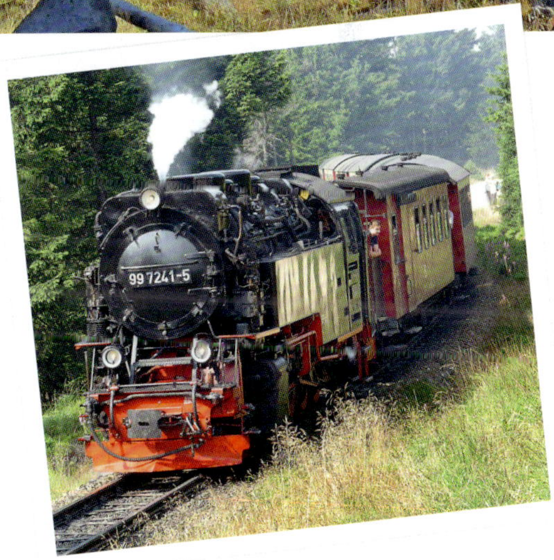

Immer unter Dampf: die Brockenbahn

Ganz oben: Der Gipfelrundweg auf dem Brocken

Hinauf mit der Brockenbahn Die Auffahrt mit der Schmalspurbahn ist schon ein Erlebnis für sich. Die schnaufenden Dampfloks ziehen mehrmals am Tag ein paar historische Waggons von Wernigerode aus über Drei Annen Hohne und Schierke auf den Brocken hinauf. Vom Buchenwald durch die Nadelwaldzone bis auf das baumlose Gipfelplateau erleben die Passagiere alle Höhenstufen des Harzes. Übrigens: Die lohnende, aber nicht ganz billige Bahnfahrt zum Gipfel kostet immer das Gleiche, egal, wo der Wanderer zusteigt.

Rund um den Brockengipfel Vom Brockenbahnhof aus gehen wir in die Richtung zurück, aus der der Zug gekommen ist. Die Gleise bleiben links liegen und wir folgen dem aussichtsreichen Rundweg um den Brockengipfel. Rechts liegen der Brockengarten und die Wetterwarte. Nach der halben Umrundung des Plateaus kommt von links der Kolonnenweg vom Eckerstausee hinauf – eine von den Grenztruppen der DDR verlegte Piste aus Betonelementen. Der mächtige Antennenturm dominiert die Szenerie. Hier biegen wir rechts ab und erreichen so den

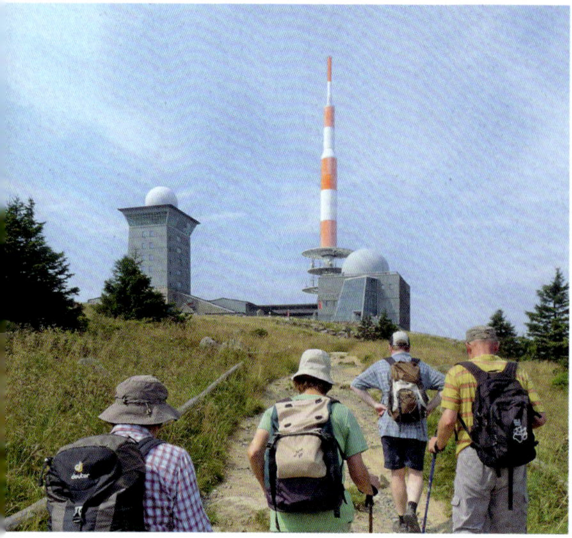

Gleich geschafft – der Gipfel ist nah.

Brockenhaus

Im Nationalpark-Besucherzentrum Brockenhaus ist eine interessante Ausstellung eingerichtet, die sich mit der Geschichte der innerdeutschen Grenze hier am Brocken und mit der Naturlandschaft und der Tierwelt im Nationalpark beschäftigt. Von Goethes Besuchen bis zum Fall der Mauer, vom Auerhahn bis zum Luchs und vom Fichtenforst bis zum Urwald werden viele Themen erklärt. Auch eine Cafeteria gibt es hier. Info: www.brockenhaus-harz.de

Gipfelfelsen. Nach dem obligatorischen Fotostopp wenden wir uns nach links, wo eine große Cafeteria und das Brockenhaus mit seinem Museum zu Besuchen einladen. Die Ausstellungen zur Natur des Nationalparks und zur Geschichte des Brockens werden sehr gut präsentiert und gefallen auch Besuchern, die sonst Museen eher meiden.

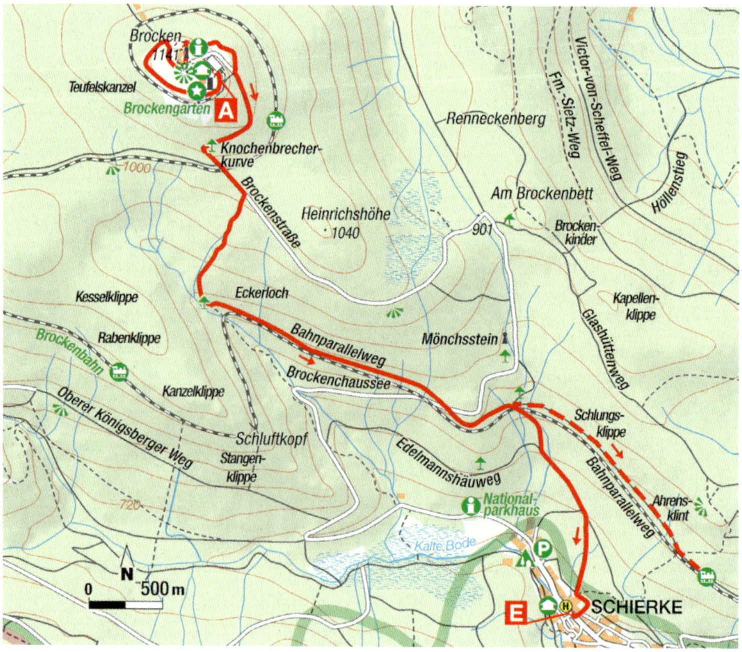

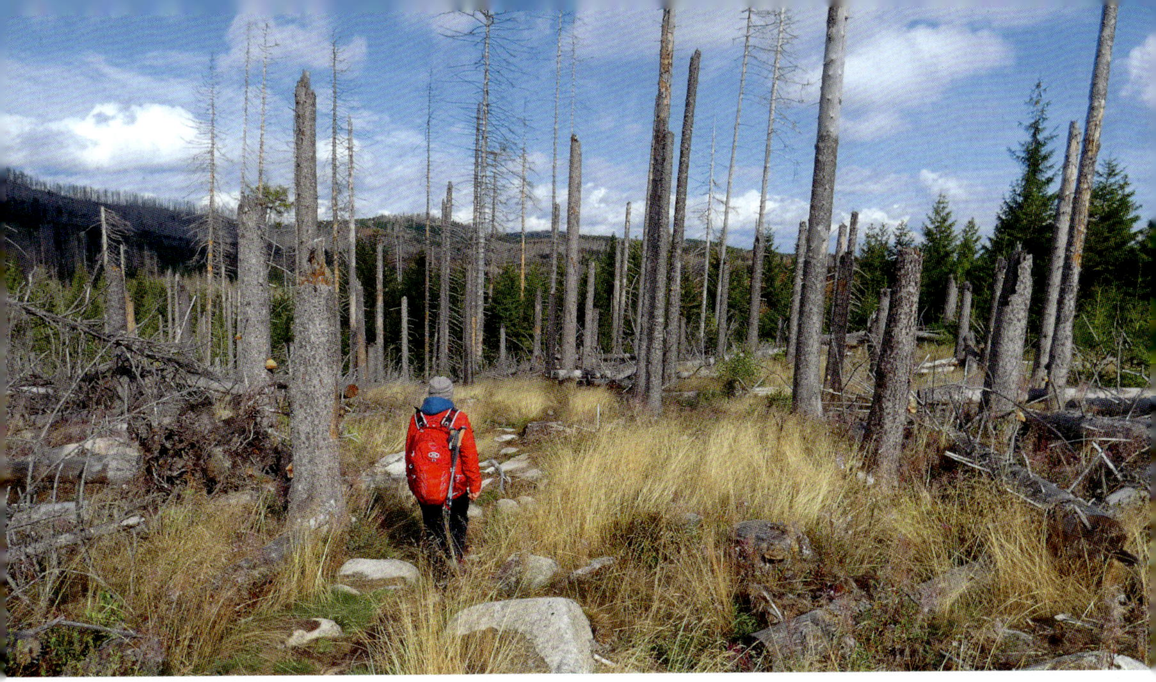

Anschließend am Brockenhaus rechts vorbei gehend und über ein paar Stufen hinab erreichen wir wieder den Gipfelrundweg, dem wir nun nach rechts folgen. Diese Route erreicht bald die Brockenstraße, an der wir die komplette Runde um den Gipfel vollendet haben.

Im Nationalpark: Aus Fichtenforst wird natürlicher Wald.

Abstieg ins Eckerloch und nach Schierke Nun geht es einen guten Kilometer über Asphalt hinab. Nach einer scharfen Linkskurve überqueren wir die Gleise, ignorieren den Abzweig nach Oderbrück, um 200 Meter danach rechts auf den Pfad ins Eckerloch (Schild »Schierke«) einzubiegen. Hier steigen wir nun auf dem Eckerlochstieg, einem abenteuerlichen felsigen Weg, etwas steiler hinab. (Wer dieses Abenteuer scheut, der kann vorerst auch weiter auf der Brockenstraße absteigen und später am Bahnparallelweg die beschriebene Route wieder treffen.)
Am Eckerloch befindet sich ein Rastplatz mit einer kleinen Schutzhütte. Hier verlassen wir den Eckerlochstieg nach links und fädeln auf den Bahnparallelweg ein. Dieser zieht sich links der Gleise mit sanftem Gefälle abwärts und überquert später die oben genannte Brockenstraße. 500 Meter weiter halten wir uns rechts hinab, überqueren die Bahnlinie und setzen unseren Abstieg auf der Alten Bobbahn fort. Die Beschilderung führt uns auf abwechslungsreichen Wegen nach Schierke hinab. Wer zurück zum Schierker Bahnhof möchte, der bleibt auf dem Bahnparallelweg.

Der Bahnhof von Schierke

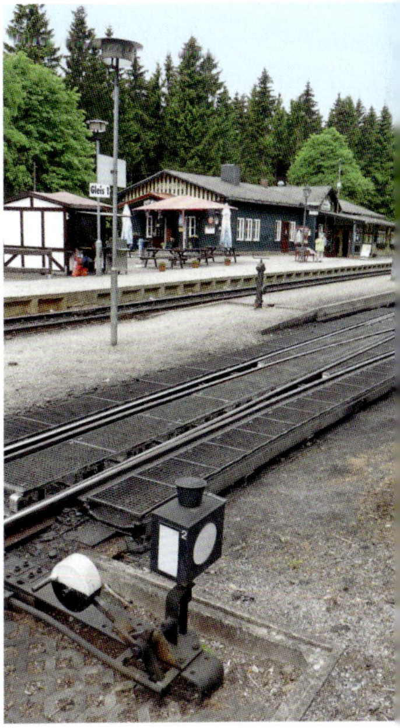

10 Durch das Elendstal

Romantische Wälder im Tal der Kalten Bode

leicht | 6,0 km | 130 Hm | 2.00 Std.

Tourencharakter
Auf bequemen Waldwegen verläuft die Route überwiegend durch schattigen Laubwald. Die erste Hälfte steigt stetig sanft bergan, die zweite Hälfte bergab.

Ausgangs-/Endpunkt
Elend, Parkplatz am Kreisverkehr oder Bushaltestelle Kirche
GPS: 51.744383, 10.685867

Anfahrt
ÖPNV: Mit dem Zug der Harzer Schmalspurbahn (HSB) oder dem Bus nach Elend
Auto: Von Braunlage oder Blankenburg über die B 27, von Wernigerode über die L 100

Einkehr
Gasthaus Villa Bodeblick, www.villa-bodeblick.de; weitere Gaststätten in Schierke und Elend

Information
www.schierke-am-brocken.de

Das obere Tal der Kalten Bode heißt auch Elendstal. Dem Namen zum Trotz findet der Wanderer hier aber alles, was eine Genusswanderung braucht: einen munteren Bergbach, romantische Waldpfade, immer wieder ein paar Felsen und einladende Gaststätten.

Ausgangspunkt Elend Der kleine Ort Elend (490 m) zählt nur gut 400 Seelen. Dafür reicht dann vielleicht auch die kleine neugotische Holzkirche auf der Kirchwiese – die kleinste Holzkirche Deutschlands (die größte Holzkirche steht auch im Harz, in Clausthal). Sie misst nur 60 qm im Grundriss und die Glocke wird noch von Hand geläutet. 1897 wurde die Kirche geweiht.

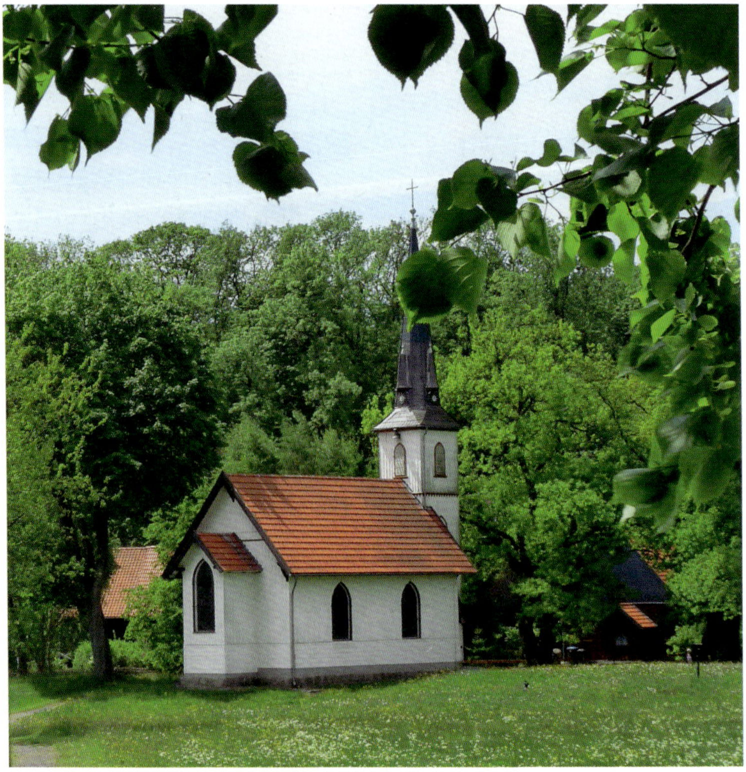

Das Holzkirchlein von Elend

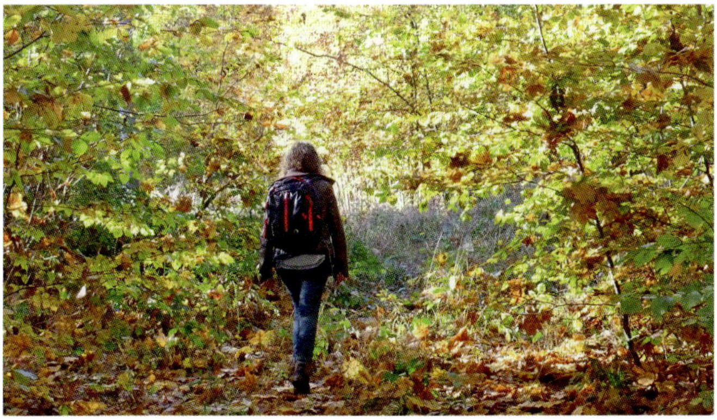

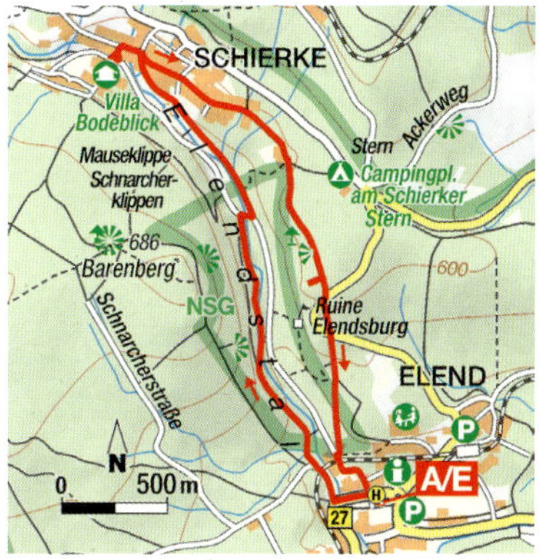

Das Elendstal im Herbst

Zweimal Schierker Feuerstein

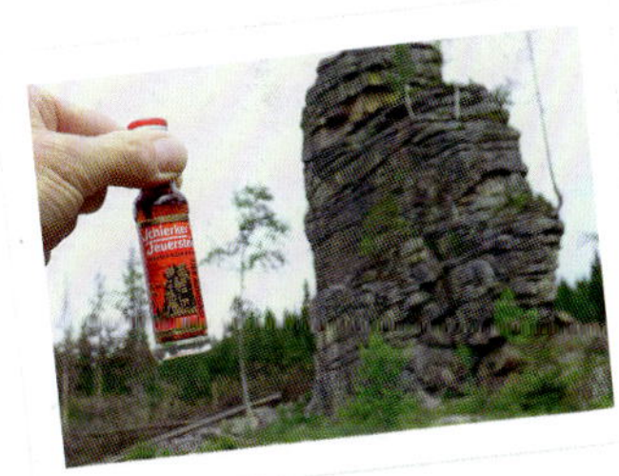

Im Tal der Kalten Bode Vom Kreisverkehr in Elend folgen wir der Straße Richtung Braunlage und biegen vor der Linkskurve am Hotel Waldmühle rechts ab. Direkt nach dem Überqueren der Bahngleise halten wir uns rechts und folgen dem Pfad parallel zur kalten Bode. Wir wandern durch lauschigen Buchenwald, rechts begleitet uns der murmelnde Wildbach.

Bergdorf Schierke An einem Rastplatz mit Schutzhütte wechseln wir die Seite, steigen aber weiter sanft im Tal auf, bis wir die Alte Dorfstraße in Schierke erreichen. Mehrere Cafés liegen in der Nähe, z. B. links an der Alten Dorfstraße das Gasthaus und Hotel Villa Bodeblick.
Nach der Einkehr folgen wir der Alten Dorfstraße nach rechts und halten uns an der Gabelung geradeaus in die Alte Wernigeröder Straße. So gelangen wir bis zur Hotelanlage Brockenblick. Auch hier kann man einkehren: im rustikalen Restaurant Zwölfender.

Abstieg über Helenenruh Halb rechts hinab weist das Schild den Weg über die Alte Rodelbahn und die Schutzhütte Helenenruh nach Elend. Der verwunschene Pfad führt durch abwechslungsreichen Buchenwald und über grasbewachsene Lichtungen hinab Richtung Elend. Zweimal wird die Landstraße gequert. Kurz vor Elend stößt der Wanderweg auf die Bahnlinie. Hier gehen wir kurz rechts und wieder links und gelangen so zur Bundesstraße und zum Ausgangspunkt am Kreisverkehr in Elend zurück.

Schierke bitter oder rasant

Der Schierker Feuerstein, ein Kräuter-Halbbitter, ist das bekannteste Getränk im Harz und kann natürlich am stilvollsten in Schierke probiert werden. Info: www.schierker-feuerstein.de
Jüngere und Junggebliebene zieht es in Schierke aber vielleicht eher zum Brocken-Coaster, einer ganzjährigen Bob- und Rodelbahn. Info: www.brocken-coaster.de

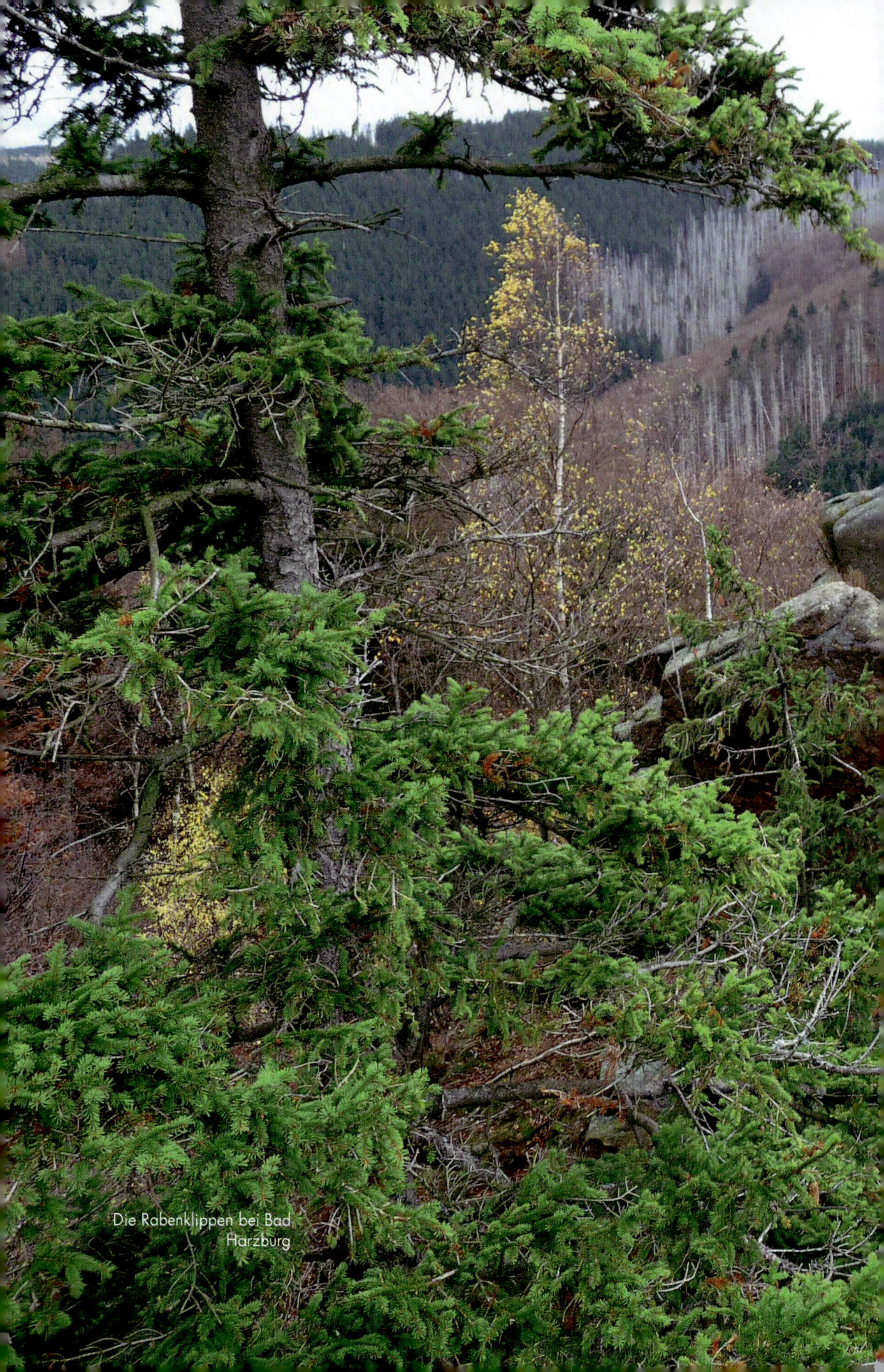

Die Rabenklippen bei Bad Harzburg

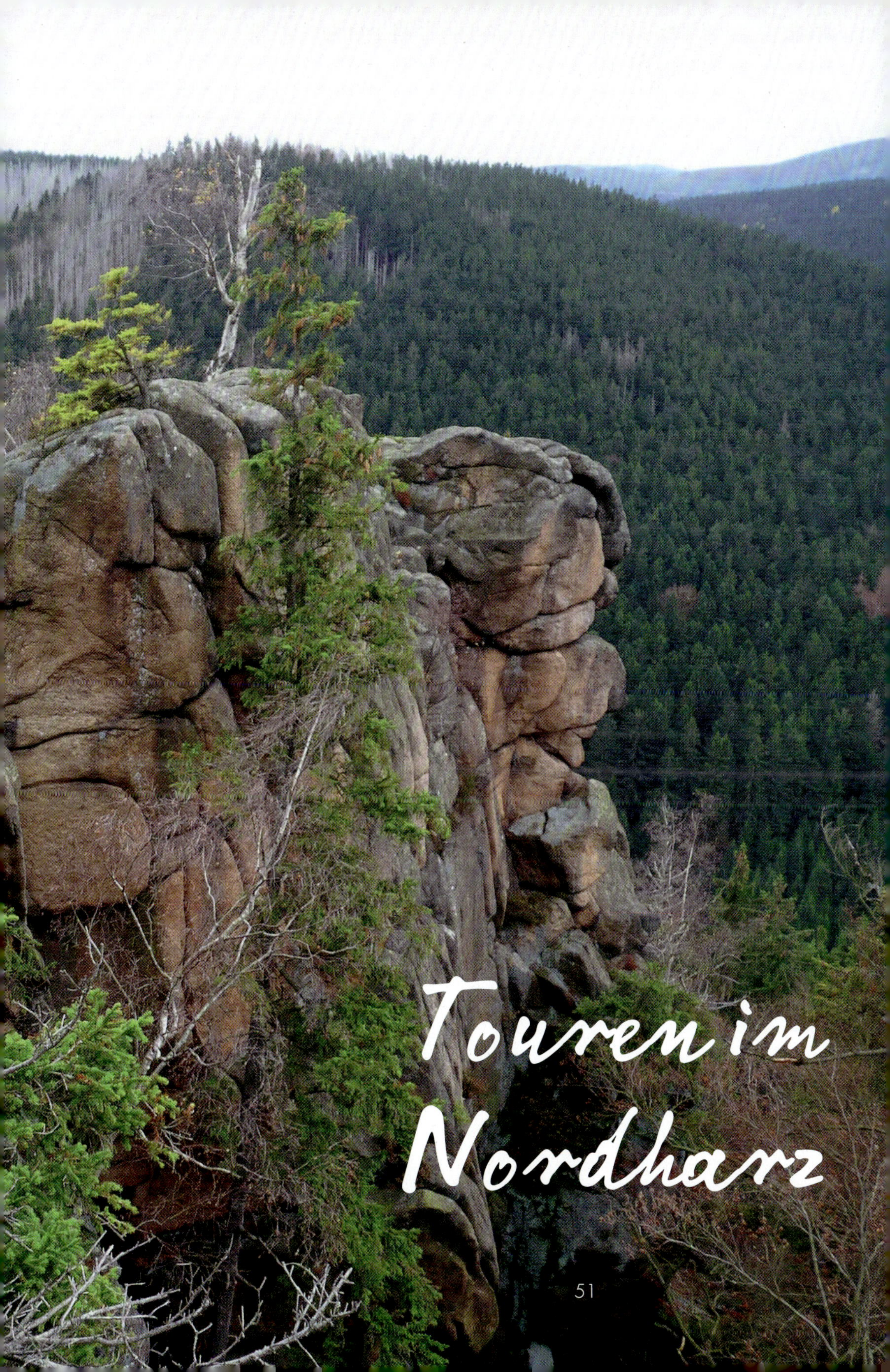

Touren im Nordharz

11 Oker, Schlafender Löwe und Adlerklippen

Romantisch und spektakulär

mittel | 8,5 km | 150 Hm | 2.30 Std.

Tourencharakter
Die Tour führt an der munteren Oker meist durch Wald sanft bergauf. Zurück geht es dann oberhalb auf einem Panoramaweg. Es gibt ein paar Waldpfade, meist läuft man aber auf geschotterten oder grasbewachsenen Wegen. Höhenmeter kommen dabei nur vergleichsweise wenige zusammen.

Ausgangs-/Endpunkt
Hotel Waldhaus im Okertal
GPS: 51.884967, 10.472550

Anfahrt
ÖPNV: Bus ab Goslar oder Altenau zur Haltestelle Goslar Waldhaus
Auto: Über die B 498 von Goslar oder Altenau zum Hotel Waldhaus; dort gibt es in der Straße Am Pfennigsteich ein paar Parkplätze. Sind diese belegt, ist der Start in Romkerhalle aufgrund der dortigen Parkmöglichkeiten eher zu empfehlen.

Einkehr
Waldhaus im Okertal, www.harzhotel-waldhaus.de; Hotel romantisches Jagdschlösschen im Königreich Romkerhall, www.koenigreich-romkerhall.eu

Information
www.goslar.de/tourismus/natur-erleben

Diese gemütliche Wanderung im Okertal ist mit mächtigen Felsformationen nur so gespickt. Gleichzeitig strahlt der Wanderweg am Fluss entlang eine große Ruhe und Idylle aus. Und nach dem Wasserfall kommen auch noch schöne Aussichten dazu.

Imposante Felsformationen Adlerklippen, Schlafender Löwe und Teufelskanzel sind nur die ersten der vielen Fels-Monumente, die heute unseren Weg zieren. Auf dem romantischen Aufstieg entlang der munteren Oker passieren wir sie zu ihren Füßen. Die mächtigsten Felsen bestehen aus Granit. Aber auch Sandsteine und eine insgesamt vielfältige Geologie sind im 300 Meter tief in den Harzrand eingeschnittenen Okertal zu finden. Nach dem Romkerhaller Wasserfall wandern wir dann etwas oberhalb von Fluss und Talstraße. Entspannt geht es zu Füßen von Treppenstein, Studentenklippen und Ziegenrückenklippe zurück mit tollen Blicken auf die Felslandschaften.

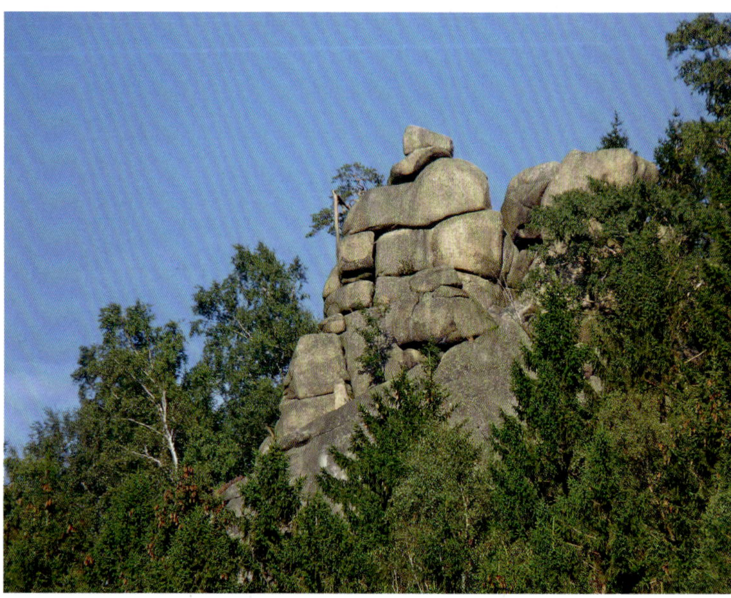

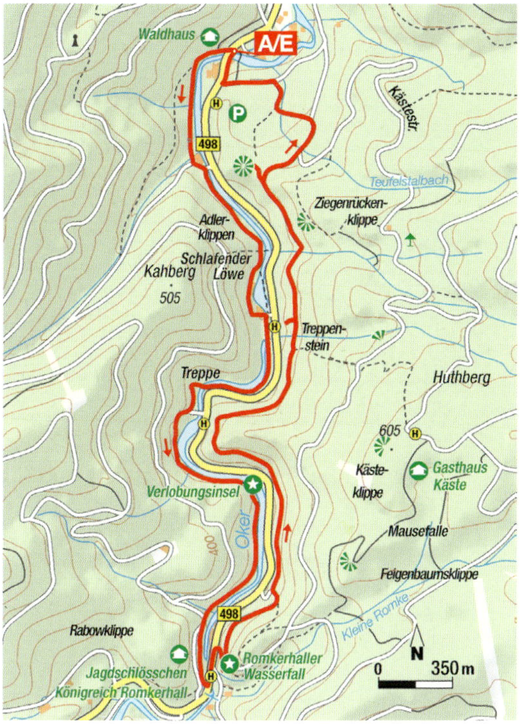

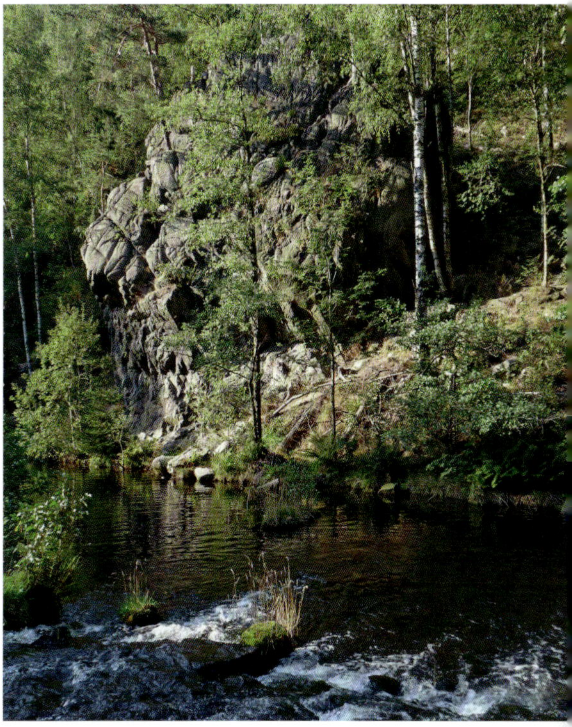

Felsen an der Oker

Die Okerschlucht Die Wanderung beginnt am Hotel Waldhaus, das nach Jahren des Leerstandes erfreulicherweise wieder geöffnet ist. Vom Hotelparkplatz folgen wir bis Romkerhalle dem Rundwanderweg 2, der mit einem roten Dreieck markiert ist. Wir folgen der Oker, die uns links begleitet, gegen die Strömungsrichtung. Wir umgehen ein kleines Anwesen und stoßen bald auf das erste Highlight der Tour, die Adlerklippen, und kurz darauf auf den Schlafenden Löwen. Die Felswände sind auch zum Klettern sehr beliebt, und besonders an Wochenenden hängen hier bunt gekleidete junge Leute an langen Seilen von den Felsen herab.

Wir wechseln über eine Brücke auf die andere Seite der Oker. Der Pfad verläuft gut 500 Meter in der Nähe der Landstraße, mit tollen Aussichten auf Marienwand, Teufelskanzel und Forellenkanzel, die sich im Wasser des Bergbaches spiegeln. Hinter den Felswänden wechselt der Pfad wieder auf die Westseite der Oker. Dort sperrt bald eine Staumauer das Tal. Dahinter liegt, in den Schluchtwald eingebettet, der Kleine Okerstausee und an dessen Ende die malerische Verlobungsinsel. Sie ist über eine Brücke zu erreichen und bietet sich mit Tisch und Bank zur Rast an.

Linke Seite: Klippen an der Käste über dem Okertal

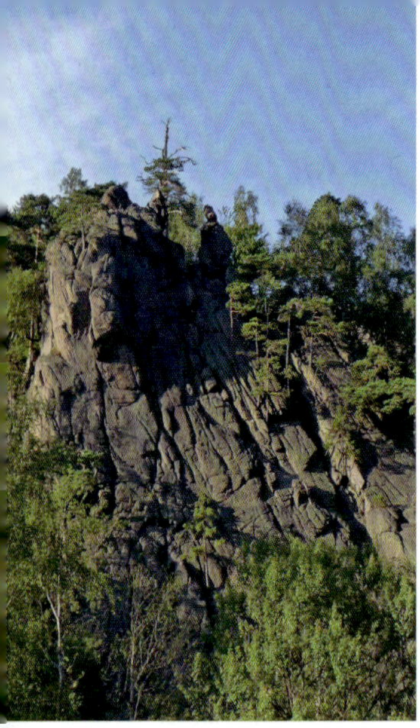

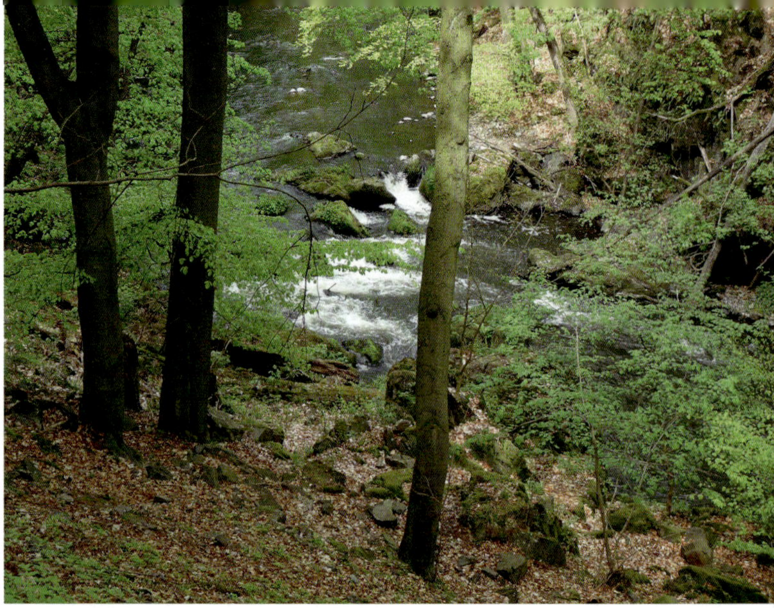

Die Marienwand ist auch Klettergebiet.

Rechts: Fels, Wasser und Wald prägen den Harz.

Jagdschloss und Wasserfall Im weiteren Verlauf passieren wir viele einladende Badegumpen. Das Wasser der Oker ist aber ziemlich erfrischend, so ist für viele Wanderer ein Fußbad das höchste der Gefühle. Vorsicht ist jedoch geboten. Zu unterschiedlichen Zeiten wird aus dem großen Oker-Stausee oberhalb mehr oder weniger Wasser abgelassen, das kann zu plötzlichen Anstiegen des Wasserspiegels führen. Umgekehrt saß so mancher Wildwasserpaddler – wie der Autor – schon mal unerwartet auf dem Trockenen, als die Auslässe der Staumauer geschlossen wurden.

Immer entlang der Oker folgen wir dem Wanderweg weiter, bis wir hinter dem Hotel Jagdschlösschen Romkerhall die Bundesstraße am Romkerhaller Wasserfall erreichen. Zugegeben, der Wasserfall ist nicht natürlichen Ursprungs und wurde wie das Königliche Jagdschloss erst 1862 im Auftrag des Hannoverschen Königs Georg V. erbaut. Dazu leitete man einen Gebirgsbach etwas um und ließ ihn über die Klippen stürzen. Ein schöner Anblick ist das aber allemal, und auch das ehemalige Jagdschloss ist nicht nur wegen seines gastronomischen Angebots sehenswert.

Die Alte Harzstraße Nach einer Tasse Kaffee und einem Stück Kuchen im Sonnenschein steigen wir direkt gegenüber der Gaststätte, links vom Wasserfall zu dessen Ursprung hinauf. Von oben blicken wir fast senkrecht hinunter auf das Jagdschlösschen. Die weitere Route über die Alte Harzstraße führt wenige Meter oberhalb als Schottersträßchen nach links (Wegnummer 6J, Oker). An zwei bald aufeinander folgenden Gabelungen halten wir uns jeweils rechts (6J). Auf bequemen Wegen wandern wir nun immer oberhalb des Talgrundes gut drei Kilometer Richtung Norden. Der Untergrund wechselt mehrfach zwischen Schotter und Gras. Rechts über uns, auf der gegenüberliegenden Talseite oder direkt am Weg tauchen immer wieder Klippen auf. Mehrfach können die Felsklötze links des Weges leicht erklettert werden. Oben bieten sich tolle Aussichten und schöne Plätze zum Rasten. Die höheren und steileren Rückseiten der Felsen werden von Klettersportlern genutzt, Bohrhaken zum Sichern und Abseilen weisen darauf hin.

Wassergraben am Schlafenden Löwen

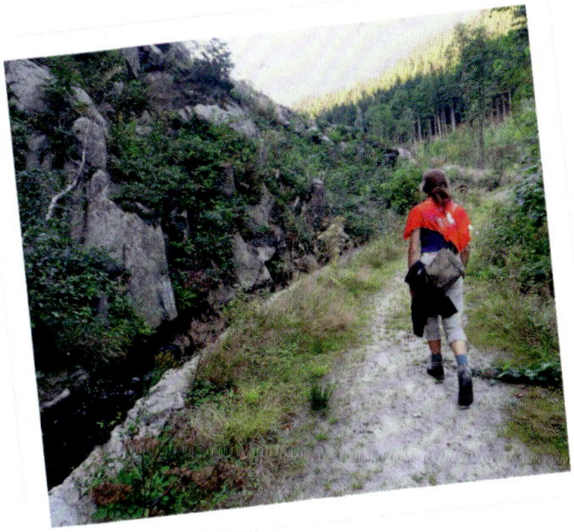

Abstieg nach Oker Später öffnet sich der Blick links hinunter auf die Wasserleitung und die Felsformationen, die wir vom Hinweg kennen. Von rechts plätschert ein Bergbach steil durch Felsblöcke zu uns herunter.
Schließlich treffen wir auf eine Schotterforststraße und folgen ihr nach halb links hinunter (Richtung »Schützenhaus Oker«). An der nächsten Gabelung nach knapp 200 Metern, die Beschilderung hier ist etwas unübersichtlich, wenden wir uns links (nicht geradeaus der Kästestraße 6J folgen). Wir ignorieren weitere 200 Meter danach den Steinbruchsweg und folgen der Forststraße weiter rechts hinab. Nach weiteren 130 Metern halten wir uns links, hier ist das Waldhaus Oker ausgeschildert. So erreichen wir die Wendespur des Busses und die Landstraße. Wenige Meter rechts liegen die Bushaltestelle und das Hotel Waldhaus.

Welterbe in Goslar

Wenn Sie schon in der Nähe sind, sollten Sie in Goslar unbedingt die Fachwerkaltstadt mit ihren Gassen und die alte Kaiserpfalz (www.kaiserpfalz.goslar.de) besuchen. Und wenn Sie noch mehr Zeit haben, auch das historische Silberbergwerk im Rammelsberg (www.rammelsberg.de). Das Museum-Besucherbergwerk liegt 2,5 km südlich von Goslar. Alles zusammen gehört zum Welterbe der UNESCO, worüber das Welterbe-Infozentrum im historischen Rathaus am Marktplatz von Goslar informiert.

12 Kästeklippen, Treppenstein und Romkerhalle

Zwischen Felsen und Wasserfall

schwer | 5,5 km | 280 Hm | 2.00 Std.

Tourencharakter
Schöne schmale Bergpfade wechseln sich ab mit Schotterpisten. Viele kleine Abstecher auf Felsbastionen erfordern Trittsicherheit, aber auch auf den schmalen Pfaden muss man sich an den steileren Stellen manchmal etwas konzentrieren. Wald und offenes Gelände bieten Licht und Schatten.

Ausgangs-/Endpunkt
Romkerhaller Wasserfall
GPS: 51.858717, 10.471200

Anfahrt
ÖPNV: Bus ab Altenau oder Goslar zur Haltestelle Romkerhalle
Auto: Von Goslar Oker oder Altenau über die B 498 zum Parkplatz Romkerhalle

Einkehr
Hotel romantisches Jagdschlösschen im Königreich Romkerhall, www.koenigreich-romkerhall.eu

Information
www.goslar.de/tourismus/natur-erleben

Jede Menge Felsen ragen hoch über das Okertal auf – Feigenbaumklippe, Mausefalle, Habichtsklippe oder Hexenküche sind nur einige von ihnen. Und im Tal erwartet uns der Romkerhaller Wasserfall und ein märchenhaftes Jagdschloss.

Jagdschloss und Wasserfall Diese Tour ist kurz, jedoch für einen Wandermuffel-Führer recht knackig. Dafür steigen wir hier durch eine der beeindruckendsten Felslandschaften im Harz und können auf kurzen Abstechern immer mal wieder in den Felsen herumkraxeln. Schmale Bergpfade erschließen dieses Gebiet und zum Schluss, am Fuß des Wasserfalls, winkt die Einkehr in einem ganz besonderen Gebäude. In Romkerhalle (auch Romkerhall) steht nämlich ein prächtiges Hotel-Restaurant, das 1862 in der typischen Harzer Holzbauweise errichtet wurde und das

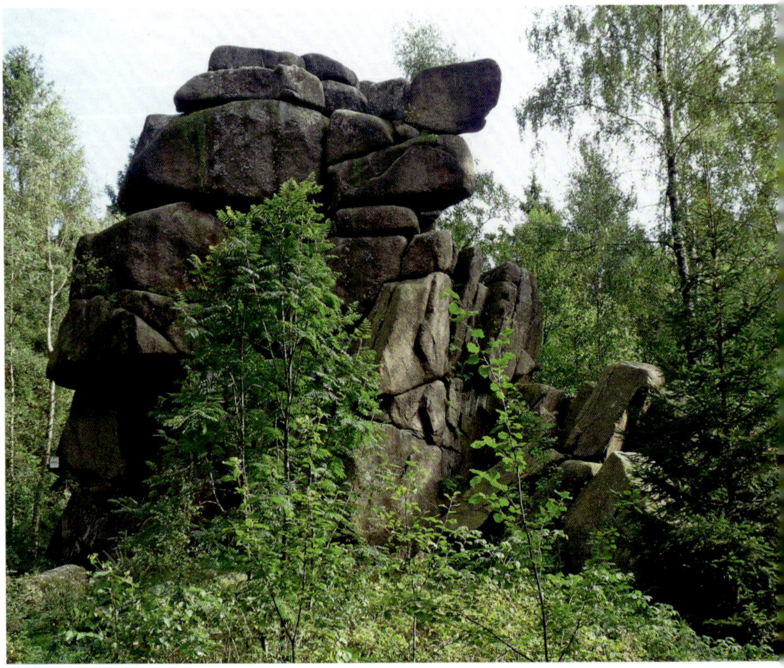

An den Felsformationen Feigenbaum und Mausefalle

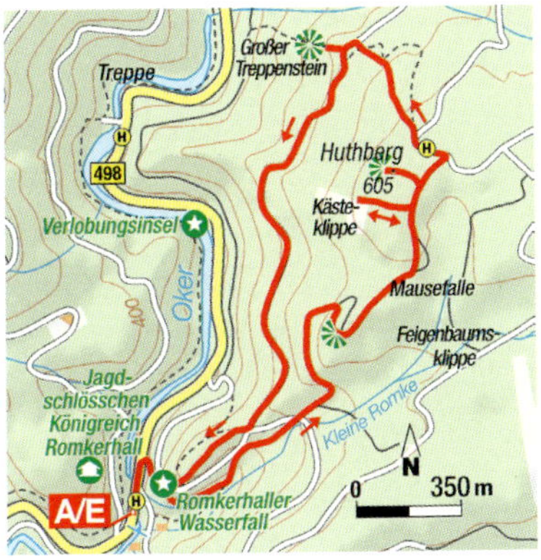

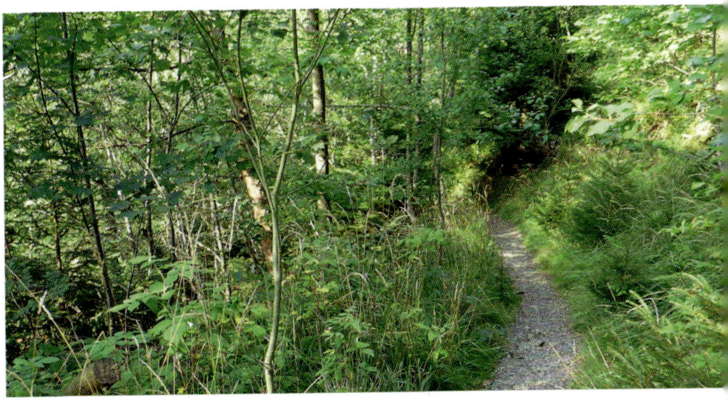

Romantische Pfade im Okertal

für sich schon einen Besuch wert ist. Ob das Gebäude von König Georg V. von Hannover als Jagdschloss benutzt wurde, scheint umstritten und wird an den Tischen der Gaststätte häufig und intensiv diskutiert.

Wir aber starten erst einmal zur Wanderung und steigen gegenüber vom Hotel links des künstlichen Wasserfalls hinauf. Schnell entkommen wir dem Trubel, der an sonnigen Sommerwochenenden rund um das Ausflugsziel herrscht. Oben halten wir uns rechts und folgen dem Zulauf der Kaskaden, der Kleinen Romke. Der Bach wurde beim Bau des Hotels durch einen Kanal umgeleitet, um das Gewässer spektakulär über die Felsen stürzen zu lassen. Die so entstandenen Schleierfälle lockten schon im 19. Jahrhundert tausende Besucher an.

Im Land der Felstürme und Klippen Immer geradeaus weiter wandern wir, geleitet von der Markierung mit dem blauen Dreieck (6K), Richtung Feigenbaumklippe und Käste. Nach einer Weile taucht die mächtige Feigenbaumklippe zwischen den Baumwipfeln auf, ein erstes Statement der urtümlichen Felsenburgen. Hier haben wir dann auch schon die meisten Höhenmeter hinter uns. Nun folgen Schlag auf Schlag weitere Felsformationen mit tollen Ausblicken und idyllischen Picknickplätzen.

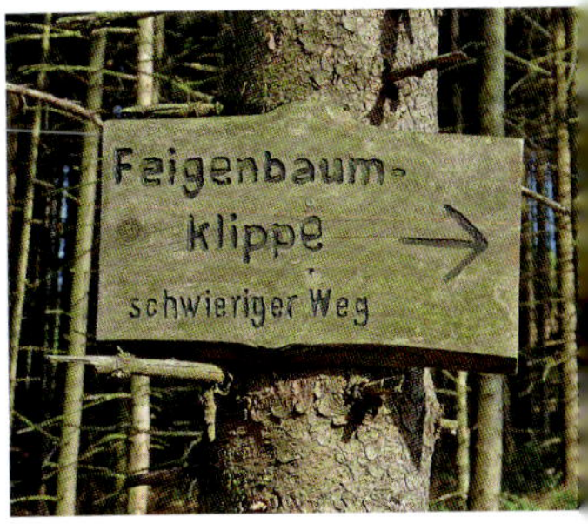

Schwierig ist relativ …

Ausflugsziel Kästehaus Am höchsten Punkt der Wanderung stand rechts des Weges früher das Ausflugsrestaurant Kästehaus. Ob es wieder aufgebaut wird, ist zur Zeit der Recherche noch unklar. Gegenüber jedenfalls bietet sich ein kurzer Abstecher auf die Kästeklippe an. Hier belohnt uns ein fantastischer Blick über das Okertal, der weitere Felsenburgen bewundern lässt.

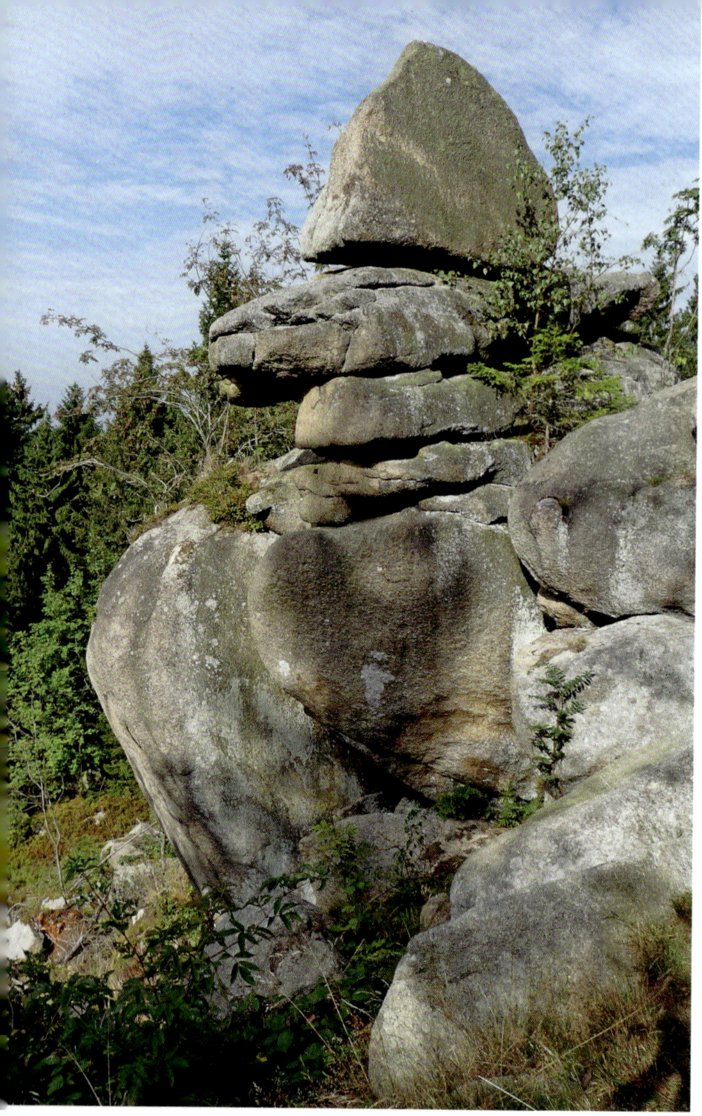

Abstieg ins Okertal Zurück auf dem Hauptweg halten wir uns links und an der nächsten Verzweigung mit Bushaltestelle (hier fährt hin und wieder ein kleiner Wanderbus nach Bad Harzburg) wieder links Richtung Oker (Weg 6L, gelbes Dreieck). Direkt nach der darauffolgenden Rechtskurve der Forststraße zweigt links ein Pfad hinab Richtung Treppenstein, dem wir folgen. Hier ist etwas Trittsicherheit erforderlich. Ein Wegweiser zum Treppenstein hängt erst ein paar Meter unterhalb der Forststraße. Seit hier 2021 nach den Trockenjahren viele Bäume gefällt wurden, sind einige Markierungen verschwunden, der Pfad ist aber leicht zu finden. Er führt geradeaus in der Mitte einer Lichtung hinunter, auf der frisches Grün die Landschaft zurückerobert. Links bietet sich zwischendurch ein kurzer Abstecher zur Hutbergsklippe an.

Die Kästeklippen

Am Treppenstein Ca. 350 Meter und 80 Höhenmeter weiter unten biegen wir in eine Forststraße nach links ein, um dann gleich rechts den Abstecher zum Treppenstein zu wagen. Links des Schildes »Treppenstein« führt der Stichweg im Uhrzeigersinn halb um die Felsenburg herum. Die mächtigen abgerundeten Formen des Granitmassivs und die skurrilen Bäume rundherum versetzen den Wanderer in eine andere, märchenhafte Welt. Von der anderen Seite steigen wir dann über einen durch Geländer gesicherten Felsenpfad hinauf auf den höchsten Punkt. Auch von hier aus werden die Mühen mit abermals ausgesprochen beeindruckenden Aussichten belohnt. Wir schauen über die Wipfel der umgebenden Birken, Buchen und Fichten hinweg und weit über das Tal.

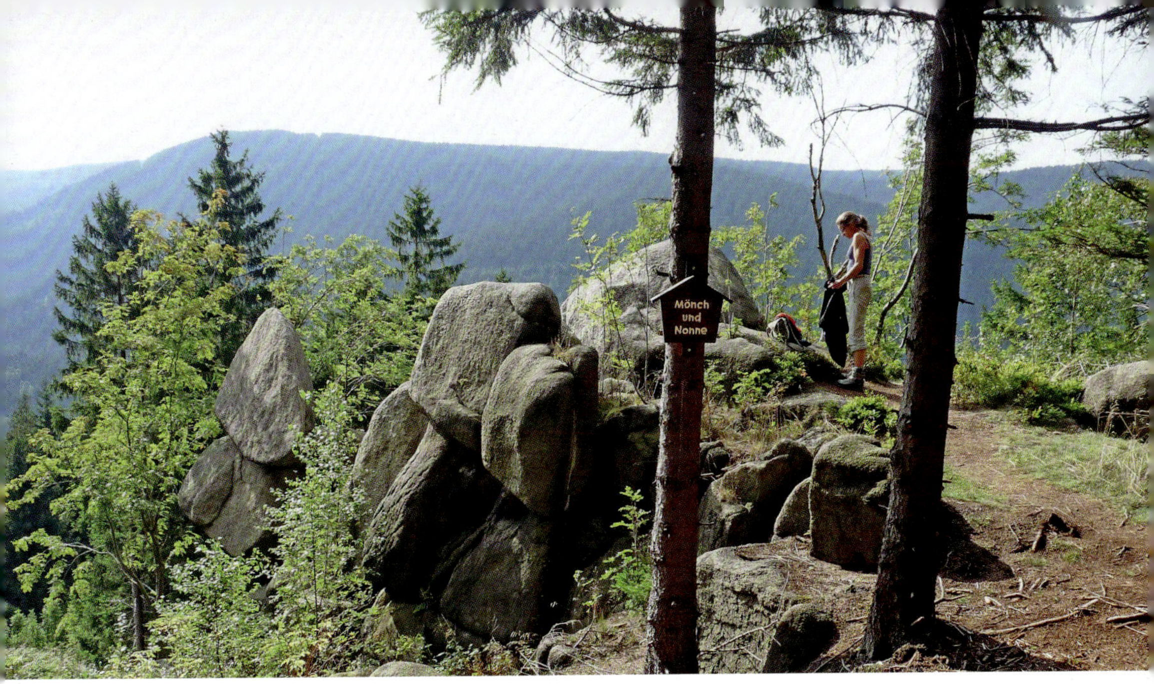

Diese Felsen heißen Mönch und Nonne.

Zurück zum Wasserfall Nach dem Abstecher folgen wir weiter der Forststraße, vom Treppenstein aus gesehen nach rechts Richtung Romkerhalle. Fast 1,5 Kilometer weiter an einer markanten Stelle gabelt sich die Forstpiste. Wir folgen ihr halb rechts hinunter, links tut sich die tiefe Romkeschlucht auf. Nach wenigen Minuten Abstieg ist der Kopf des Romkerhaller Wasserfalls erreicht. Den Gästen auf der Terrasse unten am Jagdschlösschen können wir von oben in die Kaffeetassen und auf die Kuchenteller schauen. Von solchen Aussichten beflügelt steigen wir rechts des Falls auf dem bekannten Pfad ab und erreichen bald das Jagdschlösschen und den Parkplatz Romkerhall.

Tiefblick vom Romkerhaller Wasserfall auf das Jagdschlösschen

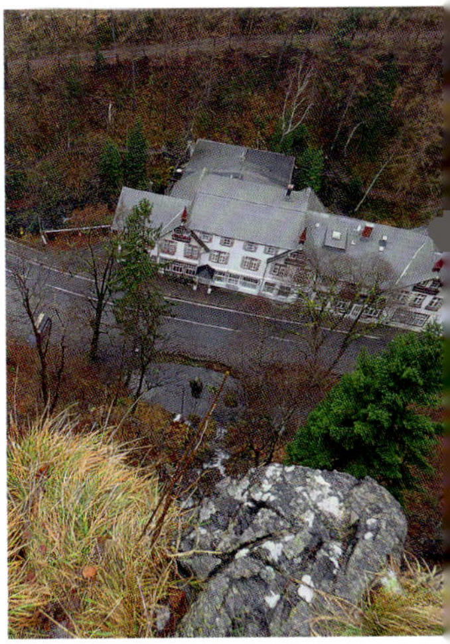

Königreich Romkerhall

Romkerhall nennt sich »das kleinste Königreich der Welt«. Es wurde 1988 »ausgerufen«, nachdem das Areal im Zuge der Gebietsreform in den 1970er-Jahren keiner Gemeinde zugeordnet wurde. Das ehemalige Jagdschlösschen von König Georg V. im Harzer Holzbaustil ist auch schon eine Sehenswürdigkeit für sich. Das heutige Hotel liegt direkt gegenüber des Romkerhaller Wasserfalls an der wilden Oker. Die prächtige Einrichtung und die königlichen Zimmer mit Himmelbetten und viel Gold sind unbestreitbar originell. Info: www.koenigreich-romkerhall.eu

13 Harzburg, Rabenklippen und Luchsgehege

Die Fütterung der Raubtiere

leicht | 9,0 km | 140/330 Hm | 2.30 Std.

Tourencharakter
Auf gut gepflegten Wanderwegen und breiten Pisten absolvieren wir nur wenige Aufstiege. Dafür bringt uns ein sanftes Gefälle wieder ins Tal hinab. Mit der Harzburg, den Rabenklippen und dem Luchsgehege finden wir hier drei sehenswerte Highlights am Weg.

Ausgangs-/Endpunkt
Bad Harzburg, Talstation der Burgberg-Seilbahn; Auffahrt zur Bergstation, www.bad-harzburg.de/wanderland/burgberg-seilbahn
GPS: 51.870933, 10.560817

Anfahrt
ÖPNV: Mit der Bahn nach Bad Harzburg; mit dem Bus aus Richtung Bad Harzburg oder Braunlage zur Bushaltestelle Burgbergbahn
Auto: Über die B 4 Bad Harzburg–Torfhaus zum Burgbergparkplatz

Einkehr
Gast- und Logierhaus Aussichtsreich auf dem Burgberg, www.plumbohms.de; Waldgaststätte Rabenklippe, www.rabenklippe.de; diverse Gastronomie am Ende der Wanderung in Bad Harzburg

Information
www.bad-harzburg.de

Die Ruinen der Harzburg thronen oberhalb der gleichnamigen Kurstadt. Per Seilbahn und auf bequemen Wanderwegen geht es zu einer urigen Berghütte an mächtigen Felsen und zur Fütterung der Luchse.

Hinauf zur Harzburg Heute schwingen wir uns mit der Seilbahn auf den Berg hinauf. Oben erwartet uns mit den Ruinen der mächtigen kaiserlichen Harzburg gleich eine geballte Portion Geschichte – und fantastische Ausblicke.

Die Talstation der Burgberg-Seilbahn liegt direkt im Kurpark von Bad Harzburg. In drei Minuten bringt uns die Gondel auf den 483 Meter hohen Burgberg hinauf. Nachdem wir die Bergstation verlassen haben, halten wir uns links zur Canossasäule. Hier können wir die weite Aussicht genießen. Infotafeln erläutern auf dem gesamten Burgberg die historischen Gegebenheiten – vom

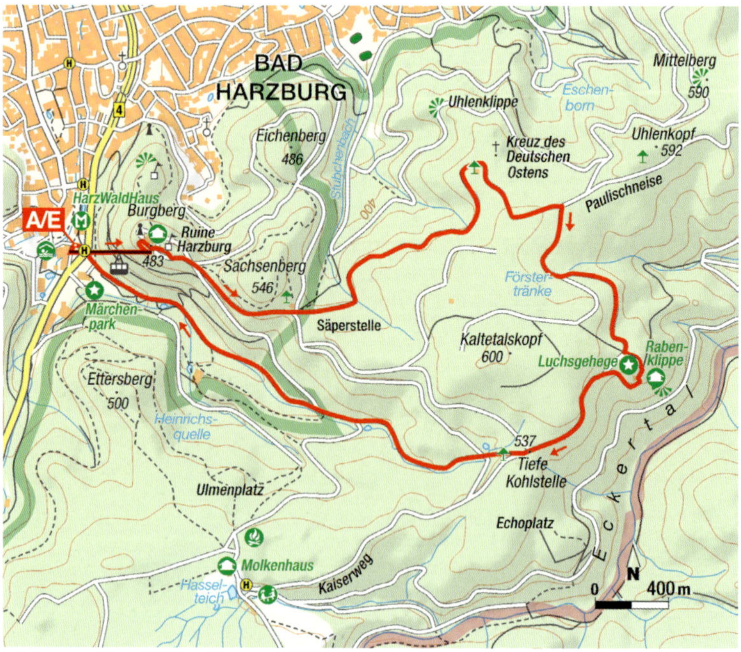

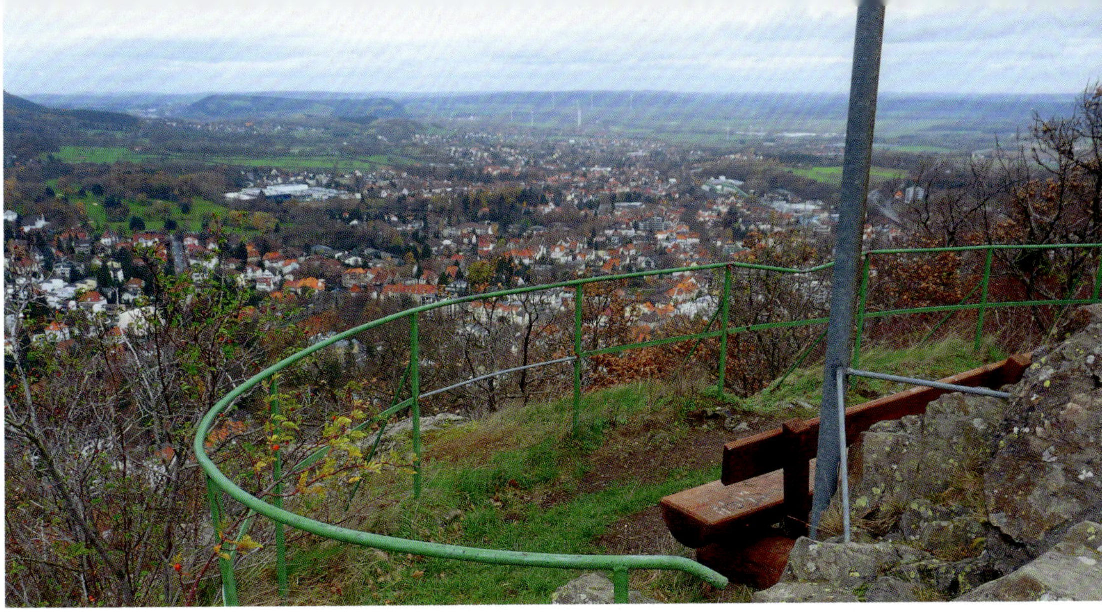

Blick von der Ruine Harzburg auf den Ort

sächsischen Gott Krodo über die deutschen Kaiser Heinrich IV., Barbarossa und Otto IV. bis in die heutige Zeit. Prominent und einladend thront das Gast- und Logierhaus Aussichtsreich auf dem Gipfel und fügt sich trotzdem harmonisch in das Ensemble der Harzburg aus mittelalterlichen Ruinen, steingewordenem kaiserlichen Großmachtstreben und touristischer Infrastruktur ein. Es fällt schwer, hier nicht gleich den ersten Kaffee zu bestellen – zumal das »Aussichtsreich« seinem Namen alle Ehre macht. Der Burgberg wäre für sich schon ein Wanderziel. Besonders interessant ist die Geschichte der mittelalterlichen Kaiserzeit mit ihren verfallenen Mauern und Türmen und die fast 1000 Jahre alte Wasserversorgung über Fernleitungen aus Ton. Es gibt schöne Picknickplätze unter Bäumen im Gras und die Aussichten reichen bis zum Brocken.

Von der Burg auf den Kaiserweg Zurück von der Canossasäule passieren wir das »Aussichtsreich« und stoßen auf den quadratischen Sockel eines Turms, den wir links liegen lassen. Geradeaus über die Brücke betreten wir den östlichen Teil der Burg mit einem runden Turmsockel. Halb rechts führt eine Treppe hinunter auf den »Kaiserweg« (Markierung Gelbe Krone), dem wir nach links (Osten) zu einer romantischen Wegspinne unter Eichen (»Antoniusplatz«) folgen. Dort nehmen wir den zweiten Weg von rechts Richtung Rabenklippen.

Herbst auf dem Weg zu den Rabenklippen

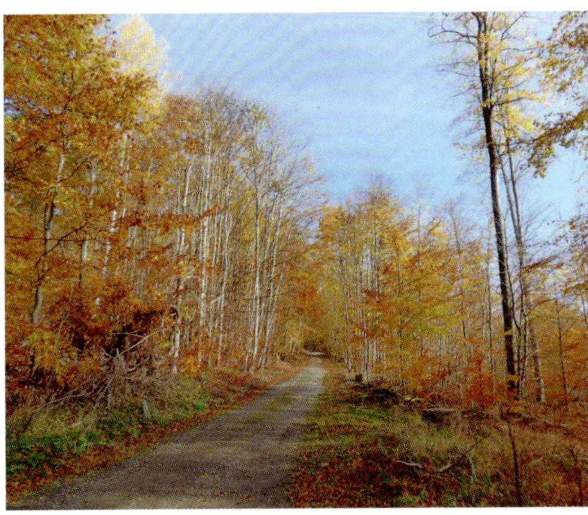

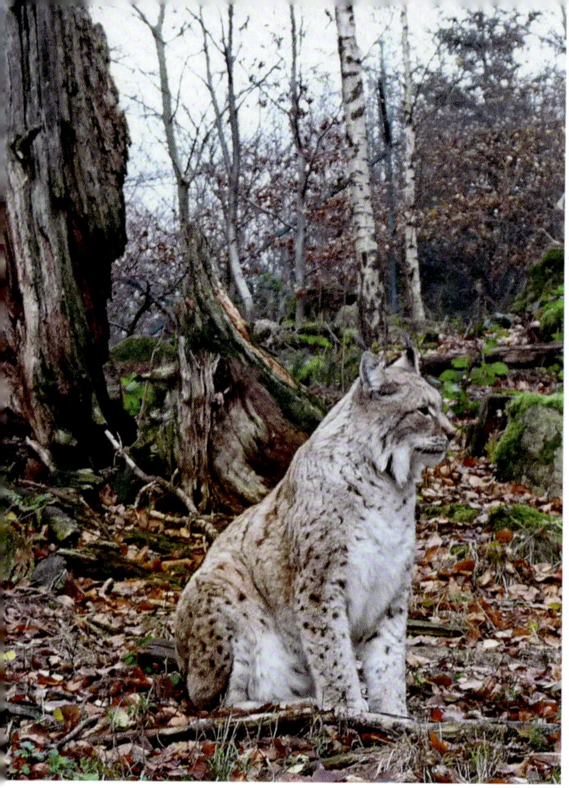

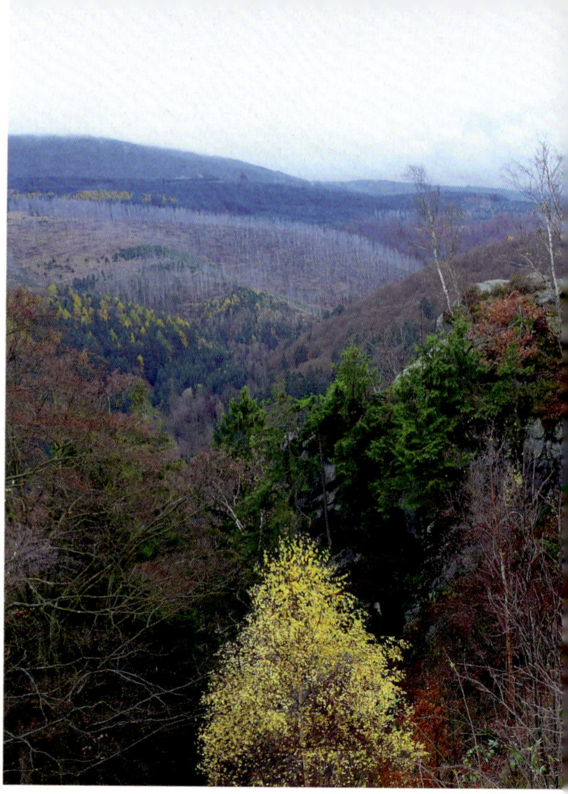

Luchse sind im Harz wieder heimisch.

Zu den Rabenklippen Der Kaiserweg bringt uns zu einem weiteren Wegstern mit Schutzhütte am Sachsenbrunnen, einem Teil der mittelalterlichen Wasserversorgung der Burg. Hier verlassen wir den rechts abbiegenden Kaiserweg und folgen geradeaus dem geschotterten, später aussichtsreichen Wanderweg (Markierung mit einem Luchskopf bis zur Rabenklippe). Das Kreuz des Deutschen Ostens (Schutzhütte), das bald auf der Uhlenklippe auftaucht, erinnert an die Vertreibungen nach dem Zweiten Weltkrieg, fordert aber auch Frieden und Versöhnung ein. Auf zehn im Halbkreis aufgestellten Granitblöcken finden sich die Wappen der früher deutschen Regionen im heutigen Polen.

Wir folgen dem »Luchs« und dem Forstweg, bis wir eine querende Schotterforststraße erreichen. Zur Rabenklippe geht es hier nach rechts. An der nächsten und übernächsten Gabelung gehen wir jeweils links hinunter (Schilder »Rabenklippe«) und erreichen das wunderbar auf einer Felsterrasse zwischen Luchsgehege und Eckertal gelegene Gasthaus Rabenklippe.

Luchsgehege

Das Auswilderungsprojekt für Luchse im Harz ist sehr erfolgreich. Ein besonderes Erlebnis sind die Luchsfütterungen im Gehege an den Rabenklippen, die mittwochs und samstags um 14.30 Uhr stattfinden. Wissenswertes zu den Luchsen und zum Wald präsentiert in einer interaktiven Ausstellung das HarzWaldHaus Bad Harzburg. Info: www.nationalpark-harz.de/de/naturerleben/luchsgehege

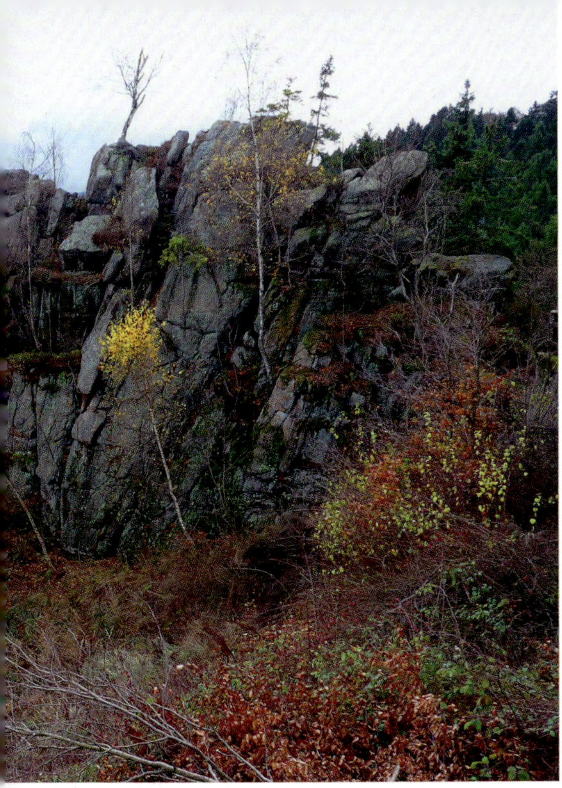

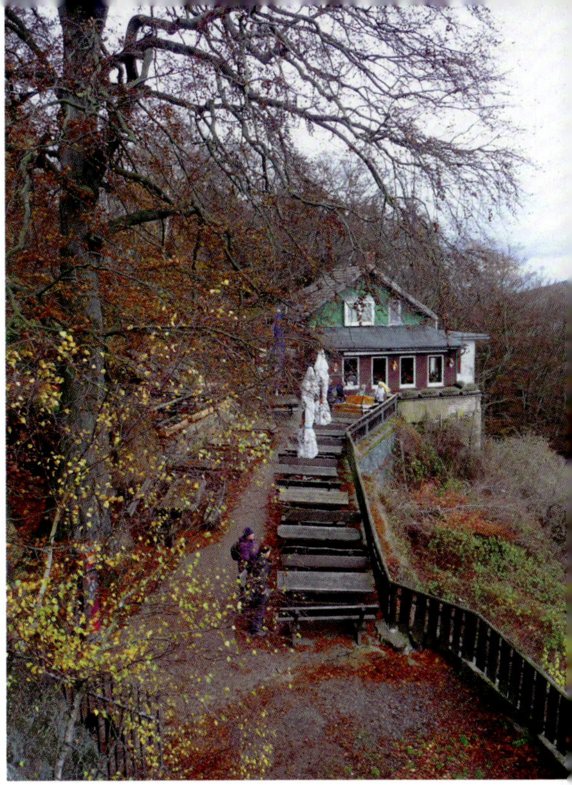

Direkt hinter dem Gasthaus liegen die knorrigen Granitklippen mit einer Aussichtskanzel. Die Blicke schweifen weit über das Eckertal und auf den Brocken. Anschließend von der Kanzel aus gesehen halb links am Luchsgehege entlang, erreichen wir bald die dazugehörige Aussichtsplattform, wo auch zweimal wöchentlich die Fütterung stattfindet.

Waldgaststätte Rabenklippe

Mitte: Die Rabenklippen

Abstieg durch das Kalte Tal Danach links haltend folgen wir an der Bushaltestelle des Saisonbusses vorbei der Forststraße Richtung Molkenhaus bis zu einer Kreuzung namens »Tiefe Kohlstelle« mit einer Köhlerköte und einer Schutzhütte. Kurz hinter der Schutzhütte zweigt unser Weg halb rechts ab. Wir folgen nun dem Kalte-Tal-Bach nach Bad Harzburg hinunter und ignorieren alle Abzweigungen.
Schon recht weit unten bietet sich mit dem links der Forstpiste verlaufenden Baumwurzelpfad eine schöne Alternative (Schild »Bad Harzburg / Wanderweg«), aber beide Abstiegsrouten führen parallel zueinander zur mächtigen Kuppel des Baumwipfelpfades. Hier liegen auch ein Hochseilgarten, ein Märchenwald und andere touristische Attraktionen. Ein Stück weiter führt eine Fußgängerbrücke über die Bundesstraße 4 zurück zur Talstation der Seilbahn.

14 Über den Kaiserweg zum Radaufall

Harzer Hochland auf historischen Wegen

leicht | 11,0 km | 60/460 Hm | 3.00 Std.

Tourencharakter
Die Streckenwanderung ist leicht, aber abwechslungsreich, mit einem einladenden Waldgasthaus nach etwa zwei Drittel der Tour.

Ausgangspunkt
Torfhaus, Parkplatz bzw. Bushaltestelle am Nationalpark-Besucherzentrum
GPS: 51.802550, 10.536917

Endpunkt
Radauwasserfall, Bushaltestelle

Anfahrt
ÖPNV: Bus von Bad Harzburg oder Braunlage nach Torfhaus und zurück zum Radauwasserfall
Auto: Torfhaus und der Radauwasserfall mit ihren Parkplätzen liegen an der B 4 zwischen Bad Harzburg und Braunlage.

Einkehr
Waldgasthaus Molkenhaus, www.molkenhaus-harzburg.de; Waldgaststätte Radau-Wasserfall, www.radau-wasserfall.de

Information
www.bad-harzburg.de, www.torfhaus.info

Die Wanderung über den historischen Kaiserweg zur Waldgaststätte Molkenhaus durchquert auf uralten Routen das Hochland nordwestlich des Brockens. Wald, Bruchflächen und Wiesen wechseln sich ab. Vom Molkenhaus steigen wir entlang einiger Klippen zum Radauwasserfall hinab.

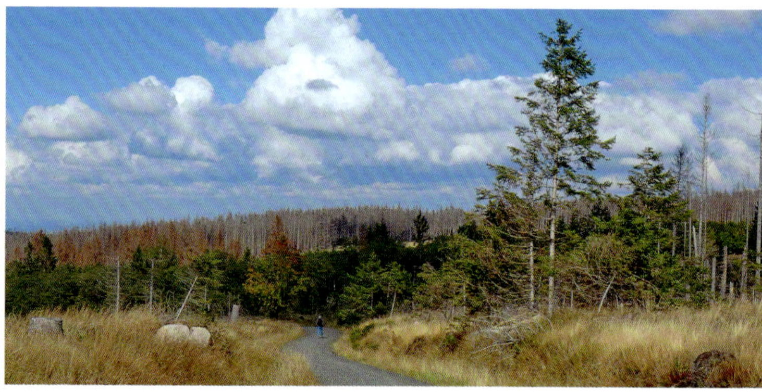

Oben: Auf dem Kaiserweg

Rechte Seite: Radauwasserfall und Waldgasthaus Molkenhaus

Auf dem Kaiserweg In Torfhaus beginnt direkt hinter dem Besucherzentrum des Nationalparks ein Wanderweg Richtung Brocken. Wir steigen hinab, halten uns im Tal rechts (»Brocken«) und bleiben auf dem Weg, der mit einem blauen Punkt markiert ist. Später stoßen wir auf den mit einer Krone markierten Kaiserweg. Dem folgen wir Richtung Bad Harzburg auf einem naturnahen Wanderweg.

Am Ende des Felsenweges überqueren wir eine Forststraße und folgen etwas später zweimal rechts und einmal links dem nun geschotterten und gut beschilderten Kaiserweg (blauer Punkt). Nach einer längeren Geraden führt der Kaiserweg im spitzen Winkel nach rechts von der Forststraße weg. So erreichen wir die Luisenbank. Auch an dieser Kreuzung mit Bushaltestelle weist das Schild mit dem blauen Punkt den Weg zum Molkenhaus. Rechts erblicken wir den Eckerstausee und dahinter den Gipfel des Scharfensteins (698 m).

Molkenhaus und Radaufall Einen Kilometer weiter ist die beliebte Ausflugsgaststätte Molkenhaus erreicht, die 1976 nach einem Brand neu errichtet wurde. Neben einem romantischen Teich und einem Grillplatz befindet sich hier auch ein Spielgelände. Wer bei Besuch des schönen Biergartens seine Motivation zum Wandern verliert, der kann von hier aus während der Wandersaison auch mit dem Bus nach Bad Harzburg fahren.

Die unverdrossenen Wanderer setzen den Weg fort und biegen hinter dem Molkenhaus links ab. Hier ist der Radauwasserfall über den Weg 19D ausgeschildert. Zuerst auf einem Forstweg geht es dann geradeaus in einen spannenden Waldpfad hinein. Zwischen den Buchen taucht bald rechts die Rudolfklippe auf. Der Wald wechselt sich mit offenem Gelände immer wieder ab.

Wir passieren die Winterbergklippe. Nun windet sich der Pfad zwischen Buchen und Felsen hinab und trifft auf einen Rastplatz. Hier geht es kurz nach rechts, dann sofort wieder links und über Serpentinen hinunter zum Radauwasserfall. Im Garten oder in der Stube der gleichnamigen Waldgaststätte lässt es sich bestens auf den nächsten Bus warten, der nach Bad Harzburg oder zurück nach Torfhaus fährt.

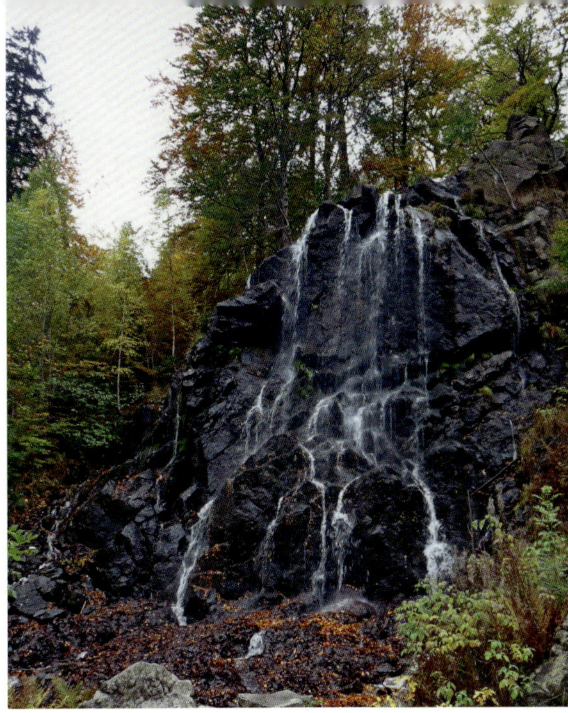

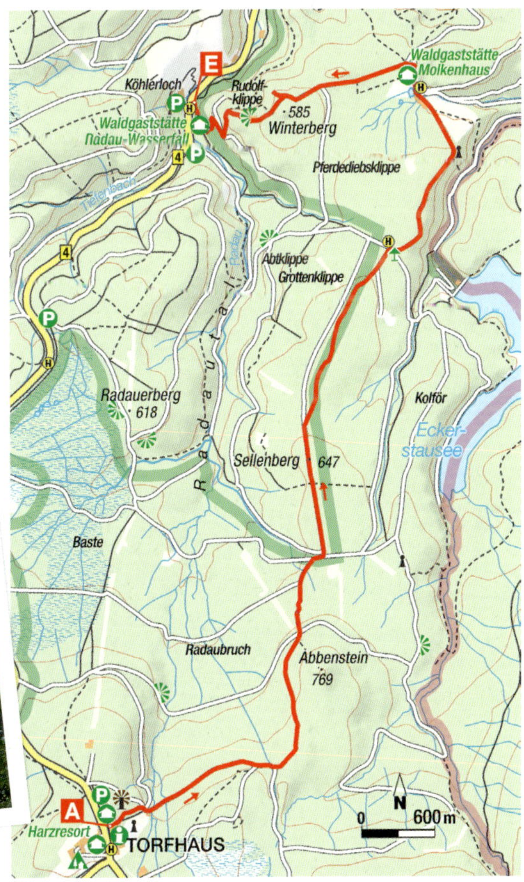

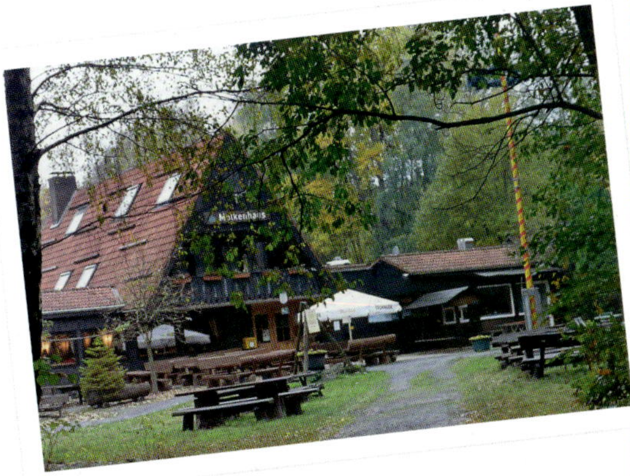

15 Riefenbach, Bleichetal und Café Winuwuk

Runde mit zauberhafter Einkehr

leicht | 8,0 km | 300 Hm | 2.30 Std.

Tourencharakter
Gut begehbare Pfade im Buchenwald und geschotterte Forstwege in offenem Gelände wechseln sich ab.

Ausgangs-/Endpunkt
Bad Harzburg, Parkplatz am Kurhaus, Kurhausstraße
GPS: 51.873000, 10.559000

Anfahrt
ÖPNV: Mit der Bahn nach Bad Harzburg; vom Bahnhof wandert man durch die Bismarckstraße und ihre Verlängerungen knapp 2 Kilometer immer geradeaus, bis man den Kurhausparkplatz erreicht. Bus Linie 873 fährt vom Bahnhof zur Haltestelle Papenbergstraße in der Nähe des Ausgangspunkts.
Auto: Über die B 4 nach Bad Harzburg; vom Berliner Platz über die Papenbergstraße zum Kurhausparkplatz in der Kurhausstraße

Einkehr
Café Winuwuk,
www.winuwuk.de

Information
www.bad-harzburg.de

Die Rundtour beginnt im Traditionskurort Bad Harzburg, der viele touristische Attraktionen zu bieten hat. Gegen Ende der abwechslungsreichen Wanderung sollte man unbedingt im Café Winuwuk einkehren, das aussieht, als stamme es aus einer Märchenkulisse.

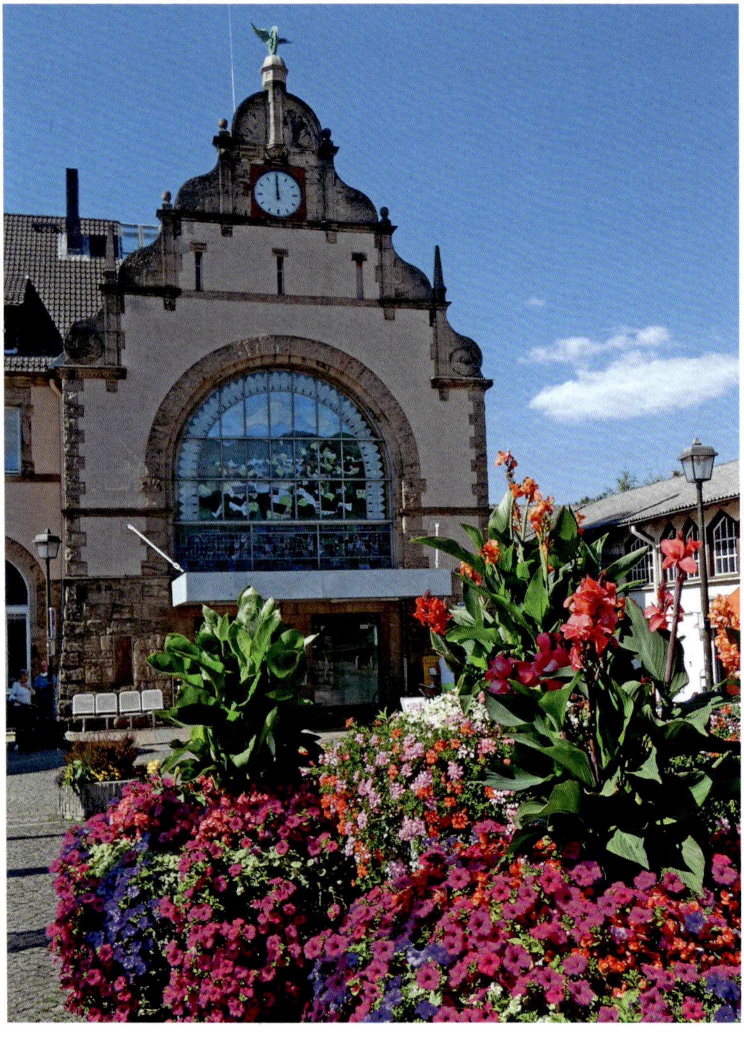

Der Bahnhof von Bad Harzburg

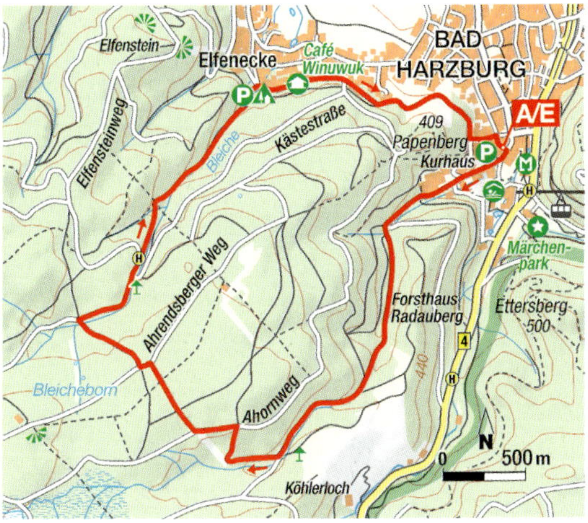

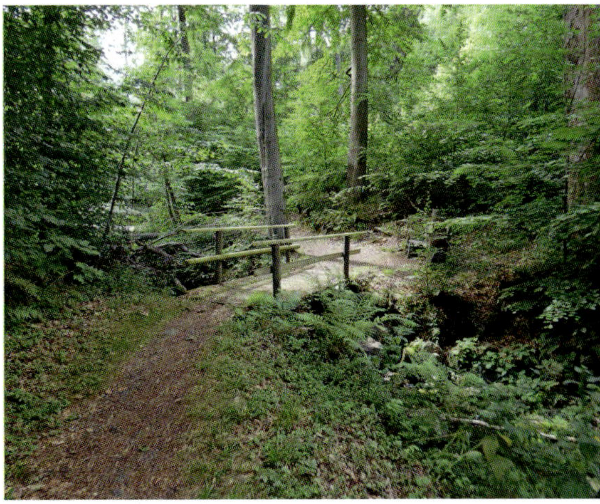

Im Riefenbachtal

Ausgangsort Bad Harzburg Bad Harzburg ist eine der lebendigsten Städte im Harz mit einer reichen Geschichte und einer sehr guten touristischen Infrastruktur. Unsere Wanderung beginnt und endet in der Nähe vieler attraktiver Freizeitangebote und führt gegen Ende am schönsten Café des Harzes vorbei. Im Anschluss an die Wanderung ist eine Auffahrt mit der Seilbahn auf den Burgberg besonders zu empfehlen (siehe Tour 13).

Durch das Riefenbachtal Vom Parkplatz am Kurhaus – gegenüber liegen das Kurhaus und der Kurpark – wandern wir durch die Kurhausstraße aufwärts. Es geht immer geradeaus, wir befinden uns im Riefenbachtal und der gleichnamige Bach wird uns eine ganze Weile begleiten. Die Straße geht in einen Waldweg über. Dieser überquert 500 Meter weiter den Bach. Hier am Wegstern nehmen wir den Pfad, der rechts direkt am Ufer des munteren Gewässers aufwärtsführt. Die Schilder weisen Richtung Torfhaus.

Üppig grüner Buchenmischwald begleitet uns auf lauschigen Pfaden und dazu murmelt der Bach. Der Pfad wechselt zweimal die Talseite, überquert die Schotterstraße an einer Brücke, überwindet ein paar Treppenstufen, wechselt erneut die Seite und mündet dann endgültig auf die Forstpiste. Nun wird das Gelände offener. Himbeeren, Brombeeren und Blaubeeren wachsen rechts und links des Weges, und auf den Flächen blühen im Sommer Weidenröschen und Johanniskraut. Nach Windbruch und Trockenheit erobert sich die Natur das Gelände mit Macht zurück und schafft im wahrsten Sinne blühende Landschaften.

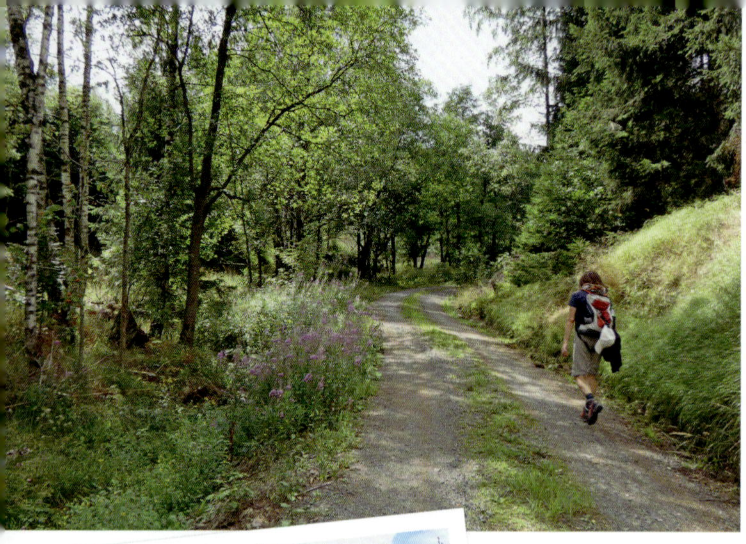

An einer Gabelung geht es links über eine Brücke zu einer Schutzhütte, die sich zur Picknickpause anbietet. Wir bleiben aber auf der (in Gehrichtung) rechten Seite des Tales. Ein Schild weist zum Ahrendsberger Weg. Die Piste beschreibt bald eine Rechtskurve und stößt dann auf eine querende Schotterpiste, den Ahornweg, dem wir nach links folgen. Bald biegen wir aber wieder rechts ab. Wenn wir uns umdrehen, bekommen wir einen schönen Blick auf den Brocken mit seinen markanten Türmen.

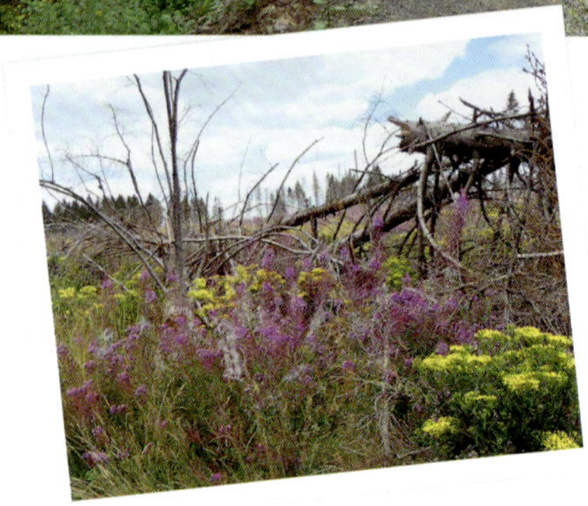

Windbruch schafft Platz für Blütenpflanzen.

Ganz oben: Aufstieg am Riefenbach

Abstieg durch das Bleichetal Die nächste Querstraße ist der Ahrendsberger Weg. Wir folgen ihm kurz nach links Richtung Torfhaus, dann geht es wieder rechts – und von nun an bergab. Erst genießen wir noch weite Ausblicke, dann tauchen wir in das nächste Tal hinab. Weiter unten erreichen wir den Oberen Bleicheweg, dem wir nach rechts durch das Bleichetal abwärts Richtung Bad Harzburg folgen. Den Namen trägt das Tal noch aus der Zeit, als es keine Waschmaschinen gab und die Wäsche an den Ufern des Bleichebaches gewaschen und in der Sonne gebleicht wurde. Immer am Wasserlauf bleibend lassen wir einen kleinen Stauteich rechts liegen und gelangen an einen Rastplatz mit Bänken und Tisch und an die Bushaltestelle Schlackenplatz (Wanderbus 866 Kästeklippen–Bad Harzburg). Für uns geht es nun auf einer Treckerspur geradeaus hinunter, weiter Richtung Bad Harzburg Wildpark (nicht Richtung Kurpark!).

Café Winuwuk und Sonnenhof Wanderweg und Bleichebach erreichen ca. 1,3 Kilometer hinter dem Rastplatz die ersten Gebäude von Bad Harzburg und einen kleinen Parkplatz. Hier schwingen wir nach rechts in die Waldstraße und erblicken nach 200 Metern links unterhalb das Café Winuwuk. Im Café gibt es auch ein paar warme Speisen, insbesondere aber leckeren Kuchen. Das Gebäude ist zusammen mit dem unterhalb gelegenen

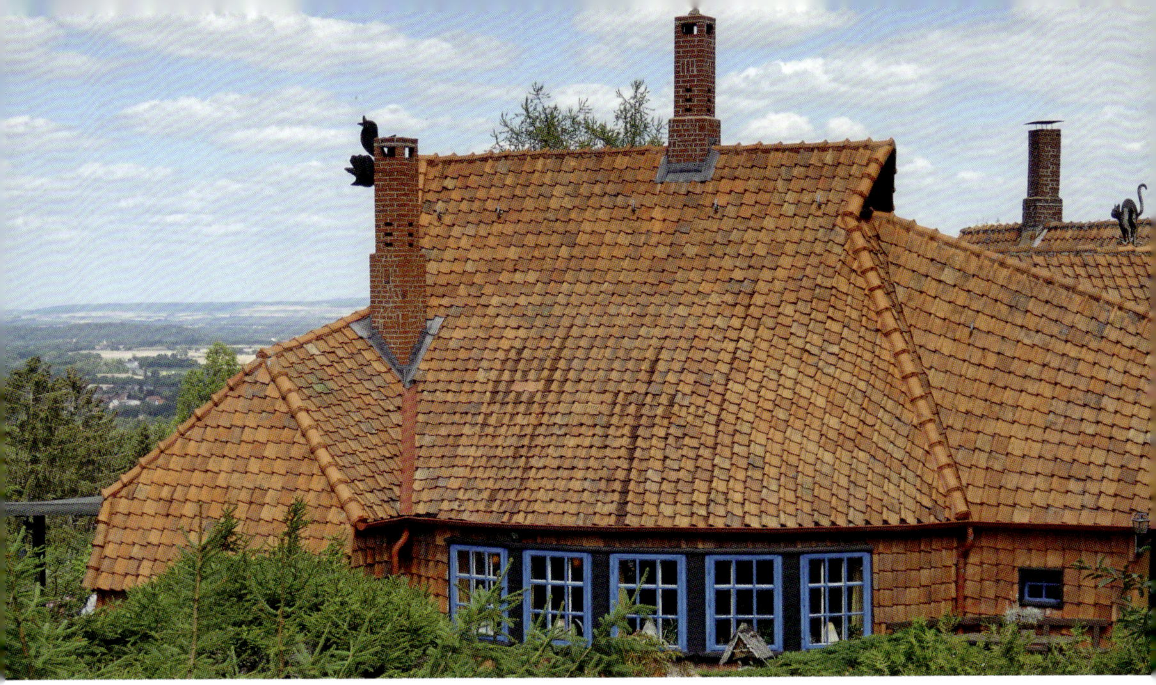

Das märchenhafte Café Winuwuk

Sonnenhof eine Sehenswürdigkeit. Nach dem nahen Elfenstein wird dieses Ensemble auch Elfenecke genannt. In den 1920er-Jahren von Künstlern erbaut wirkt es von innen und außen wie aus dem Märchenland. Kunst, Harmonie und Begegnung werden hier gefeiert. Besonders schön sitzt man auf der Terrasse mit Blick auf den Garten und den Sonnenhof. In diesem bieten Kunsthandwerker ihre Produkte an.
Ein Tipp für Wandermuffel, die nach zu viel Kuchen nicht mehr wandern wollen: In der Straße unterhalb des Sonnenhofs liegt die gleichnamige Bushaltestelle, die stündliche Verbindungen zum Bahnhof in Aussicht stellt.

Zurück zum Kurhaus Nach der Stärkung und vielleicht mit einem kleinen Souvenir im Rucksack folgen wir weiter der Waldstraße. Sie geht in einen Waldweg über, der uns einen waldreichen Kilometer weiter im Bogen rechts um den Papenberg herumführt. Dann noch 200 Meter geradeaus, und wir biegen nach links auf den Weg ab, der von hinten links unten heraufkommt. Dieser mündet in die Papenbergstraße. Die nächste Straße (Am Kurpark) rechts, und wir erreichen ca. 1,7 Kilometer hinter dem Café Winuwuk wieder den Kurhausparkplatz.

Freizeit in Bad Harzburg

In der Nähe des Start- und Endpunktes der Wanderung locken weitere Erlebnisse. Hier liegen ein besuchenswerter Baumwipfelpfad, die Seilbahnstation zur Auffahrt auf die geschichtsträchtige Harzburg, ein Märchenwald, die Soletherme, ein Hochseilgarten, das Waldhaus des Nationalparks und vieles mehr. Der Kurpark mit seinen Wasserläufen und schönen Cafés lädt zum Entspannen ein.

16 Ilsetal, Plessenburg und Ilsestein

Bergbäche und Felsmonumente

mittel | 10,0 km | 300 Hm | 3.00 Std.

Tourencharakter
Auf naturnahen Waldpfaden geht es entlang der Ilse, später kommen geschotterte Wanderwege und auch mal stückweise Forstpisten dazu. Nach der Plessenburg wandern wir viel durch offenes Gelände mit weiten Aussichten.

Ausgangs-/Endpunkt
Großer Wanderparkplatz im Ilsetal
GPS: 51.854733, 10.671483

Anfahrt
ÖPNV: Per Bahn nach Ilsenburg und mit dem Bus zur Haltestelle Kurpark
Auto: Durch Ilsenburg ins Ilsetal bis zum Wanderparkplatz

Einkehr
Waldgasthaus Plessenburg, www.plessenburg.de; Raststätte Ilsestein (Kiosk); Nagelschmiede, https://nagelschmiede-restaurant.de; Cafés und Restaurants in Ilsenburg

Information
www.ilsenburg-tourismus.de

Die Wanderung durch das Ilsetal und über den Ilsestein bietet neben einem munteren Wildbach mehrere mächtige Felsformationen und eine verlockende Wandergaststätte mitten im Wald. Vor oder nach der Wanderung lohnt sich ein Besuch in Ilsenburg.

Im Ilsetal Unsere Tour beginnt am Wanderparkplatz Ilsetal, hier liegt auch die Bushaltestelle Ilsetal Kurpark. Vom Stadtzentrum kommend biegt vor (!) dem Parkplatz und gegenüber dem Nationalparkhaus im spitzen Winkel links eine kleine Stichstraße zum Kurpark ein. Der folgen wir kurz, um dann vor einem Wanderwegweiser links in Richtung einer Wiese mit Schutzhütte zu gelangen. Davor zweigen wir dann auf den Wanderweg nach rechts ab, den Heinrich-Heine-Weg (Schild). Informationstafeln erklären auf dem weiteren Weg die Rolle des Wassers beim Betrieb der Hammerwerke und Sägemühlen. Entlang der Ilse wandern wir nun, bis wir an der Prinzessin-Ilse-Quelle wieder auf die Talstraße gelangen.

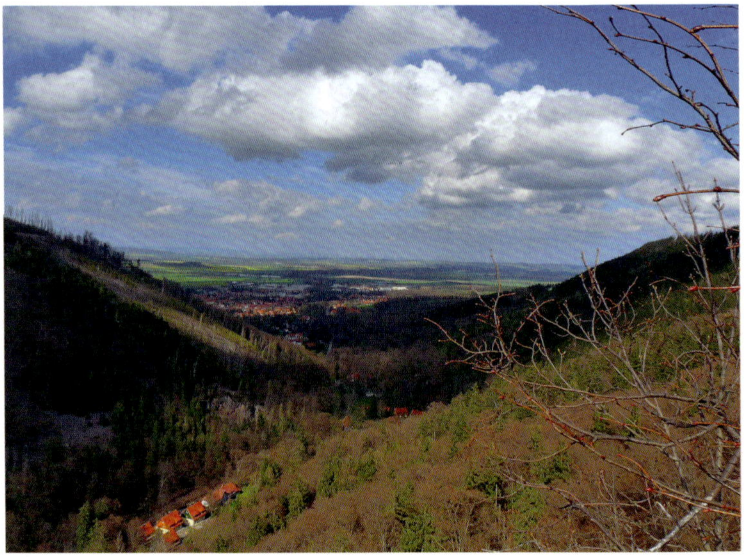

Blick vom Ilsestein auf Ilsenburg

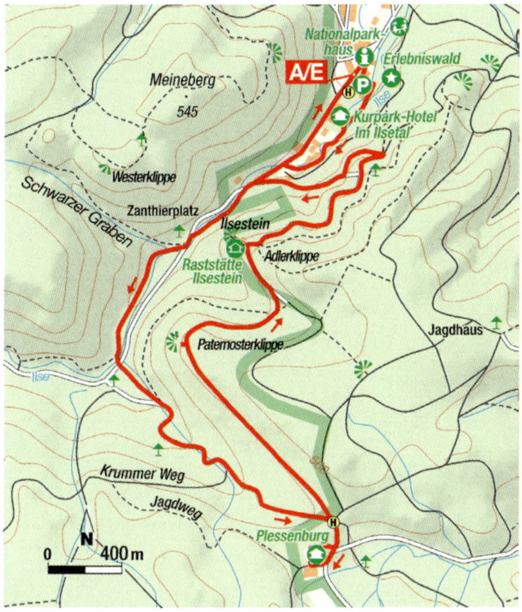

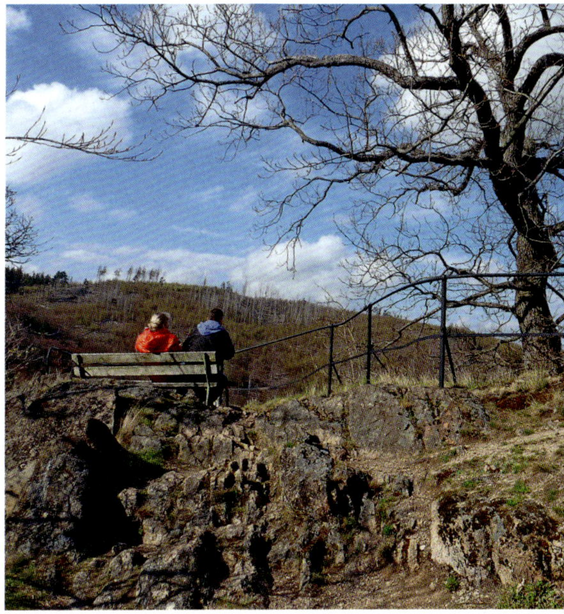

Ruhe auf dem Ilsestein

Nach einem kurzen Stück Straße, vor der Brücke am Waldhotel am Ilsestein, heißt es aufpassen. Anstatt auf der Forststraße weiterzugehen, nehmen wir den schmalen Waldpfad (Schild »Heinrich-Heine-Weg«) auf der linken Seite des Flusses. Entlang der munter sprudelnden Ilse tief im grünen Talgrund kommt der Wanderer dem Wasser und Wald besonders nahe. Junge und alte Kinder finden viele schöne Plätze zum Spielen am Bach oder zum Kühlen der Füße.

Auf einer Brücke queren wir die Ilse und kommen zum Zanthierplatz mit einer kleinen Schutzhütte. Hier überqueren wir im spitzen Winkel die Forststraße, um weiter den Schildern »Heinrich-Heine-Weg« zu folgen. An der zweiten Brücke nach dem Zanthierplatz weist ein Schild nach links auf den Weg 25E zum Waldgasthaus Plessenburg. Wir wechseln auf die gegenüberliegende Flussseite und steigen geradeaus in den aufwärtsführenden Pfad ein.

Aufstieg zur Plessenburg Der Pfad stößt auf eine Forststraße, die im Tal weiter bergauf führt. Nach etwa 150 Höhenmetern Steigung erreichen wir oben einen Wegstern. Hier lohnt es sich, nach rechts zum nahegelegenen Gasthaus Plessenburg (ausgeschildert) abzubiegen. Die Plessenburg ist eine typische Ausflugsgaststätte, hier gibt es einen tollen Picknickplatz samt Biergarten.

Ganz unten: Gipfelkreuz des Ilsesteins

Die Paternosterklippe

Bei schlechtem Wetter kann der Wanderer auch im Gasthaus schön einkehren. Leckere hausgemachte Speisen und Getränke holt man sich per Selbstbedienung. Der Milchreis, die Suppen und der Kuchen haben mir immer besonders gut geschmeckt.

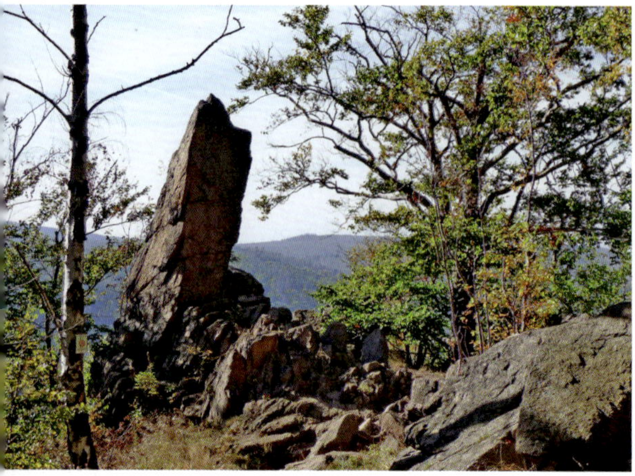

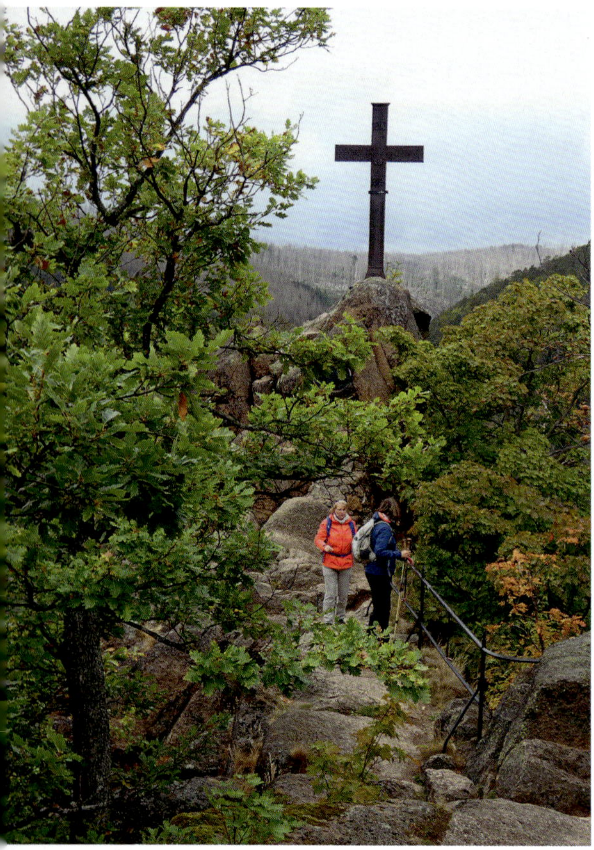

Zum Ilsestein Nach einer ausgiebigen Pause wandern wir zurück zum Wegstern (Bushaltestelle). Hier folgen wir der Route 22A, die sich geradeaus und parallel zum Hang durch offenes Gelände zieht. Es eröffnen sich tolle Aussichten über die nördliche Harzlandschaft. Wo früher dichte Fichtenforste standen, hat der Wanderer heute einen freien Blick. Überall wächst frisches Grün, die Natur erobert die offene Landschaft. Bald erreichen wir die Paternosterklippe, die hoch über dem Ilsetal aufragt. Sie ist nach einem Felsen benannt, der wie ein Mönch erscheint, der das Paternoster (Vater unser) betet. Ein senkrecht stehender Fels sieht aus wie ein Hinkelstein von Obelix.

Weiter entlang der Route lässt die nächste Kreuzung nicht lange auf sich warten. Wir wandern geradeaus (22A) zum Ilsestein, einer weiteren gewaltigen Felsbastion. Der Ilsestein ist die mächtigste Klippe auf unserem Weg heute. Hier stand früher eine Burg, von der aber kaum noch ein paar Grundmauern zu erkennen sind. Ein Abstecher nach links führt auf die Felsen. Hier stehen ein paar Bänke mit fantastischen Aussichten – ein perfekter Picknickplatz. Sogar ein Gipfelkreuz gibt es und spektakuläre Aussichten hinunter ins Ilsetal und über Ilsenburg hinweg ins Harzvorland. Direkt am Wanderweg steht ein kleiner Kiosk, der kleine Speisen und Getränke anbietet. So muss man sein Picknick nicht einmal selbst herauftragen. Allerdings sind die Öffnungszeiten sehr unregelmäßig.

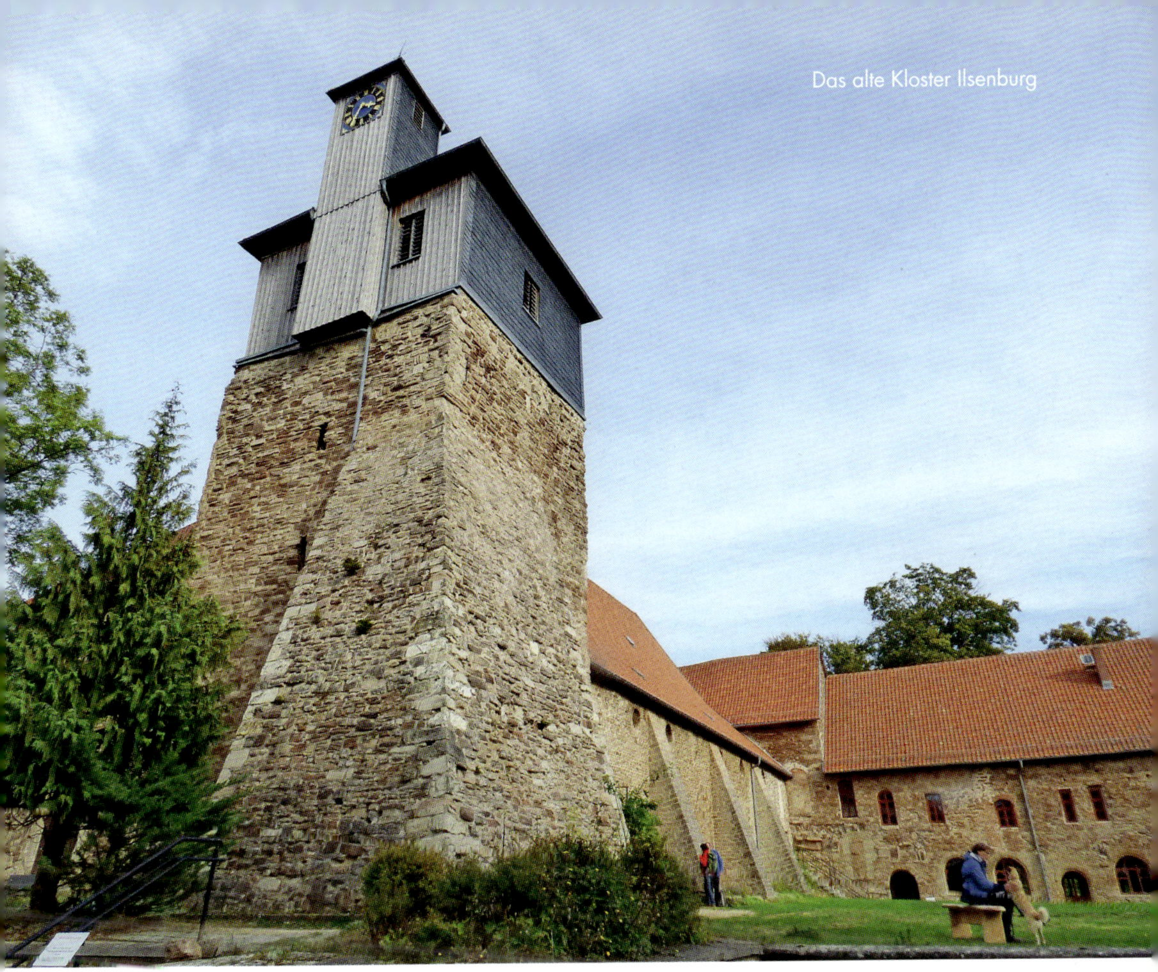

Das alte Kloster Ilsenburg

Abstieg ins Ilsetal Nach diesem Erlebnis folgen wir weiter dem Wanderweg, bis wir auf der linken Seite eine Nurdachhütte stehen sehen. Um diese Hütte herum führt eine Haarnadelkurve. Wir folgen dieser und dem Hauptweg hinunter ins Ilsetal. Dort treffen wir wieder auf die Fahrstraße im Ilsetal, der wir nach rechts zurück zum Wanderparkplatz folgen.

Zur Einkehr nach der Wanderung empfiehlt sich die idyllisch gelegene Nagelschmiede, mit kreativer regional-saisonaler Küche. Hinter dem Haus sitzt man wunderbar an einem Stauteich der Ilse, die unter den Bäumen murmelt. Dazu gehen wir vom Wanderparkplatz 350 Meter Richtung Ilsenburg, wo wir das Restaurant rechter Hand finden.

Ilsenburg

Ilsenburg ist ein verträumtes Städtchen am nördlichen Harzrand. Hier mündet die Ilse, die als Wildbach den Harz durchfließt, in die Ebene. In Ilsenburg gibt es mehrere Teiche, schöne alte Fachwerkhäuser und ein paar nette Cafés und Restaurants. Zwischen dem Wanderparkplatz und der Innenstadt thronen über dem Kurpark das alte Benediktinerkloster und das Schloss Ilsenburg. Im Schloss ist ein Kunstmuseum untergebracht, die Anlage kann mit Führungen besichtigt werden. Und ein schönes Café-Restaurant lädt zur Einkehr ein.

17 Armeleuteberg und Harburg

Tolle Blicke auf Wernigerode von zwei Aussichtstürmen

mittel | 7,0 km | 230 Hm | 2.30 Std.

Tourencharakter
Schöne Waldwege und Wanderpfade prägen die Tour im Eichen- und Buchenwald. Ein paar kürzere Passagen erfordern beim Abstieg eine gewisse Trittsicherheit. Wer weniger gut auf den Beinen ist, kann vom Kaiserturm auf demselben Weg zurückwandern.

Ausgangs-/Endpunkt
Wernigerode, Kreuzung am Westerntor am Rand der Altstadt
GPS: 51.832267, 10.780450

Anfahrt
ÖPNV: Bus vom Hbf./ZOB Wernigerode zum HSB-Bahnhof Westerntor mit der gleichnamigen Bushaltestelle
Auto: Über die A 36, Abfahrt Wernigerode Mitte; Parkmöglichkeiten findet man entlang der Salzbergstraße.

Einkehr
Waldgasthaus Armeleuteberg, www.armeleuteberg.de; Harburg, www.harburg-wernigerode.de

Information
www.wernigerode-tourismus.de

Aus der bezaubernden Fachwerkstadt Wernigerode kann man direkt schöne Wanderungen starten. Diese Tour besticht mit lauschigen Buchen- und Eichenwäldern, aber auch mit zwei hoch aufragenden Aussichtstürmen und zwei empfehlenswerten Waldgasthäusern.

Zum Armeleuteberg Von der Kreuzung Westerntor wandern wir durch die Salzbergstraße aufwärts, bis sie in den Wald übergeht (Schild »Salzbergtal–Armeleuteberg«). Wir befinden uns im Buchenwald, der von schönen Lichtungen unterbrochen wird. Stetig aufwärts der Beschilderung folgend geht es bis zum beliebten Waldgasthaus Armeleuteberg, das neben der bodenständigen Küche auch leckeren Kuchen anbietet.
Von hier (Schild »Kaiserturm«) ist es nicht mehr weit zum Gipfel des Berges, auf dem ein historischer Turm steht. Von oben genießt man tolle Ausblicke, z. B. auf das Schloss Wernigerode, die Harburg oder den Brocken.

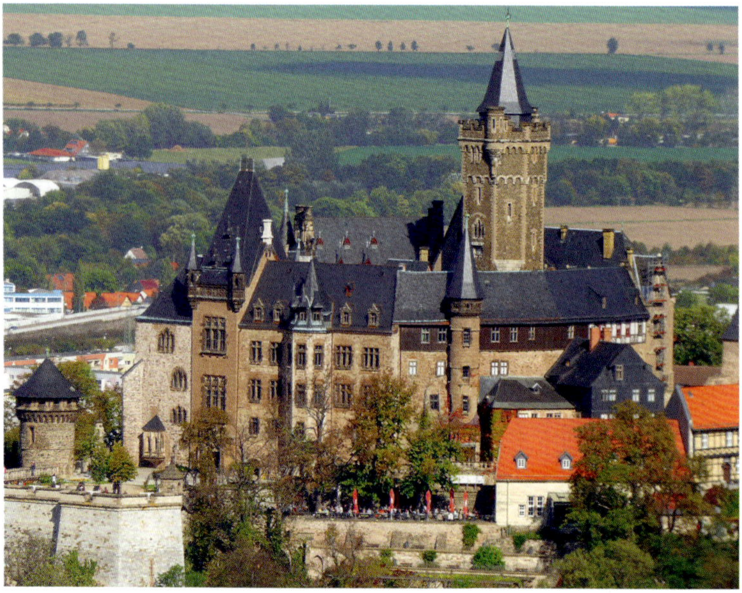

Auf einer Anhöhe über der Stadt thront Schloss Wernigerode.

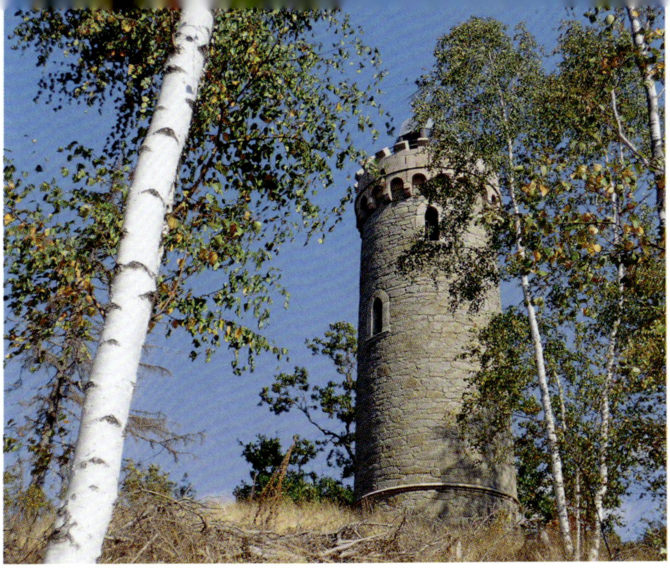

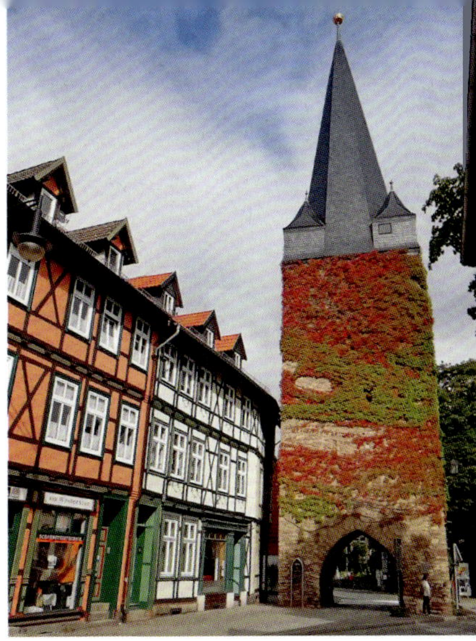

Das Westerntor von Wernigerode

Links: Der Kaiserturm auf dem Armeleuteberg

Zur Harburg Nun wenden wir uns auf dem Pfad Richtung Südosten hinab, um dann auf der Forststraße an einer Bank links abzubiegen. Schilder weisen zur Harburg. Am Ende einer alten Skipiste halten wir uns links (Schild) einen etwas steileren Abstieg hinunter, der ein wenig Trittsicherheit erfordert. Der Waldpfad stößt auf eine Zufahrt, der wir halb rechts zum Aussichtsturm und zur Gaststätte Harburg, mit einladender Caféterrasse, folgen. Von der Dachterrasse und vom Turm bieten sich beeindruckende Rundblicke auf Brocken, Kaiserturm und Wernigerode.

Abstieg zur Altstadt Nach dem Abstecher marschieren wir auf der Zufahrt einige Meter zurück, um dann links in einen schmalen Pfad (Schild »Zur Stadt«) einzufädeln. An der Kreuzung zweier Pfade halten wir uns geradeaus und an der folgenden Gabelung halb links. Durch einen tollen Eichenwald wandern wir, wieder ein etwas steileres Stück überwindend, bis links durch die Bäume Sprungschanzen erkennbar sind. Hier könnte man links hinunter abbiegen.

Wir nehmen aber den Pfad, der sich in einem weiten Bogen rechts um den Berg windet. Dort, wo der Pfad auf die ersten Häuser trifft, beginnt eine Treppe aus Holzbohlen, die links abwärtsführt. Wir laufen auf dem Weg hinab, der nach einem Spielplatz in die Mettestraße übergeht. An deren unterem Ende rechts abgebogen und über Am Großen Bleek und Degenerstraße geht es hinunter bis zur Promenade. Nach links folgen wir dem Bach, den wir zweimal überqueren, bis wir die Salzbergstraße und das Westerntor wieder erreicht haben.

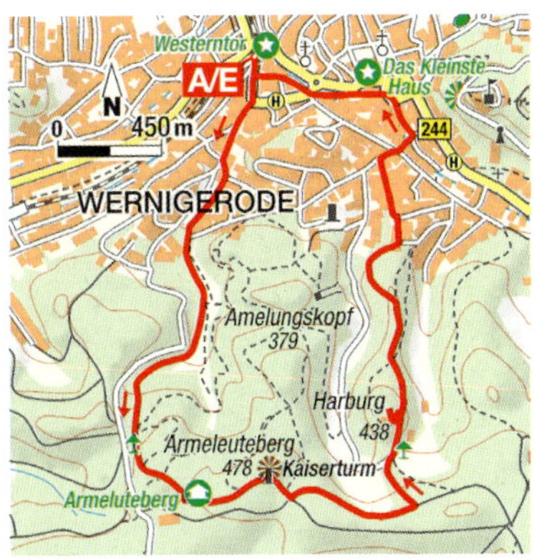

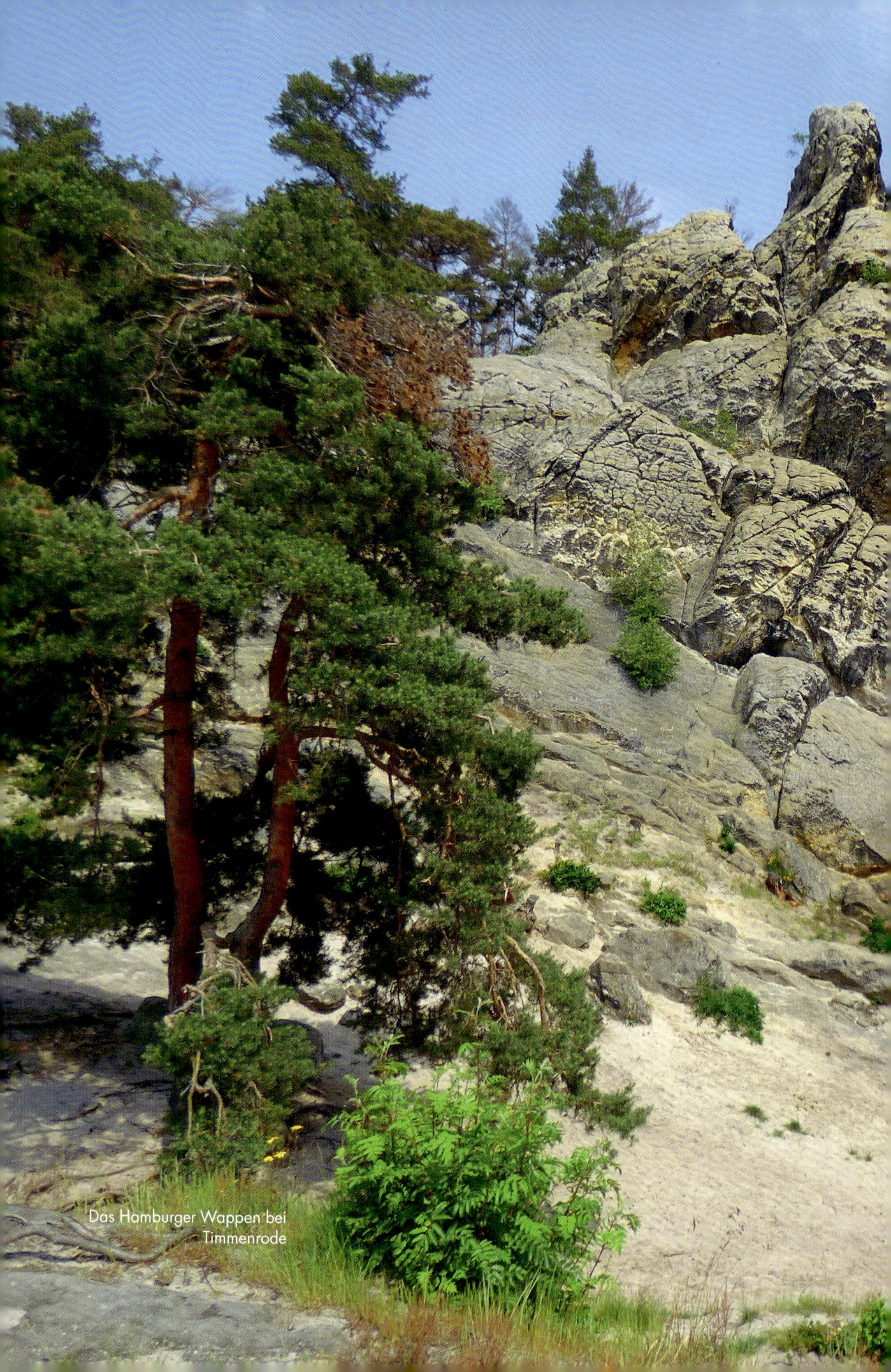

Das Hamburger Wappen bei Timmenrode

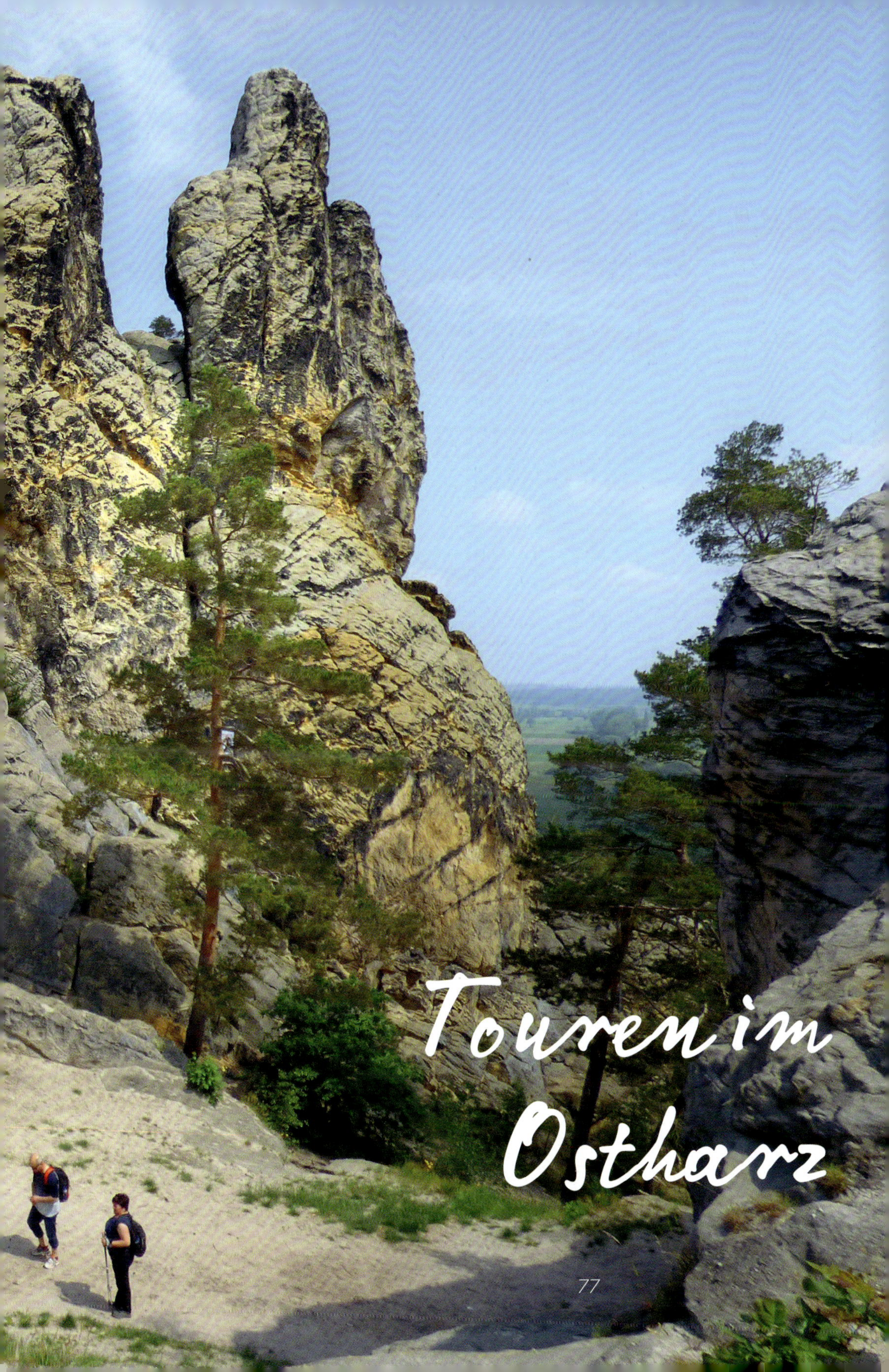

Touren im Ostharz

18 Über Kammwege zum Schloss Wernigerode

Karstlandschaft und Buchenwald

mittel | 12,0 km | 320/280 Hm | 3.30 Std.

Tourencharakter
Zuerst wandern wir auf sonnigen Hügelkämmen, später im artenreichen Buchenmischwald. Highlight der Tour ist Schloss Wernigerode.

Ausgangspunkt
Heimburg, Bushaltestelle Wilhelm-Pieck-Straße
GPS: 51.824233, 10.911717

Endpunkt
Wernigerode, Altstadt

Anfahrt
ÖPNV: Bus Linie 230 vom Hbf./ZOB Wernigerode in 15 Min. nach Heimburg
Auto: Harzrandautobahn A 36, Abfahrt Wernigerode Mitte, kostenloses Parken in der Feldstraße hinter dem Hbf. Wernigerode; oder über die A 36, Abfahrt Halberstadt/ Heimburg nach Heimburg (zum Start oder zurück zum Auto per Bus)

Einkehr
Zum Lindenhof in Benzingerode, www.lindenhof-wr.de; mehrere Cafés und Restaurants auf dem Schlossgelände; zahlreiche Einkehrmöglichkeiten in Wernigerodes Altstadt

Information
www.wernigerode-tourismus.de

Auf dieser Wanderung lernen wir die charakteristische Karstlandschaft der Harzränder kennen. Hier locken artenreiche Magerwiesen, aussichtsreiche Pfade, üppiger Buchenwald und das prächtige Schloss Wernigerode am Schluss der Tour.

Start in Heimburg Von der Bushaltestelle in Heimburg wandern wir durch die Straße Oberdorf auf die Kirche zu. Wir folgen dem Oberdorf in die Elbingeröder Straße und halten uns nun links. Die Straße beschreibt eine ansteigende Linkskurve, in der wir geradeaus auf einen schmalen Pfad (R auf grünem Grund) einfädeln.

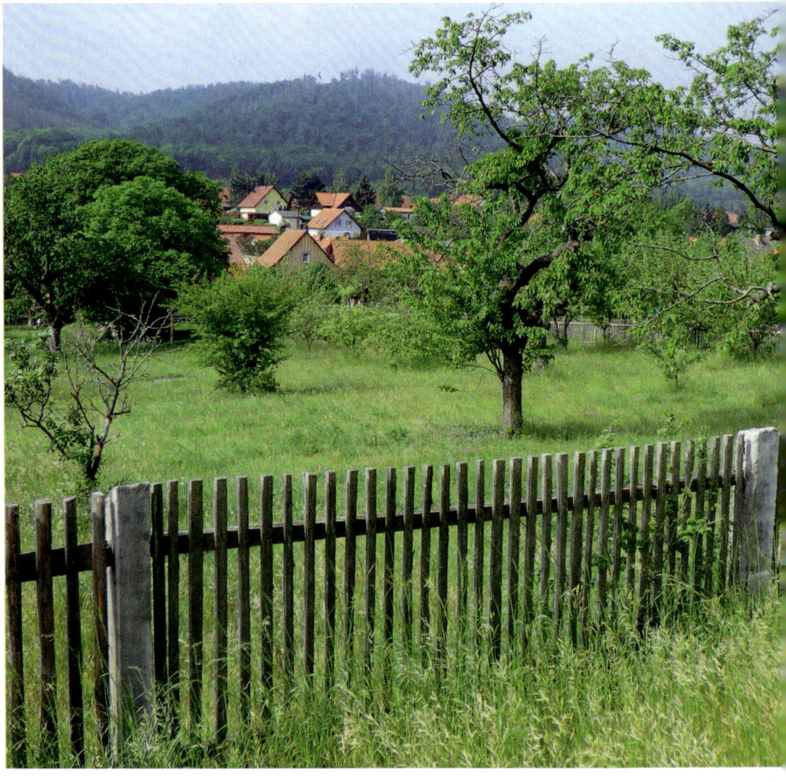

Dorfidylle unter dem Austberg

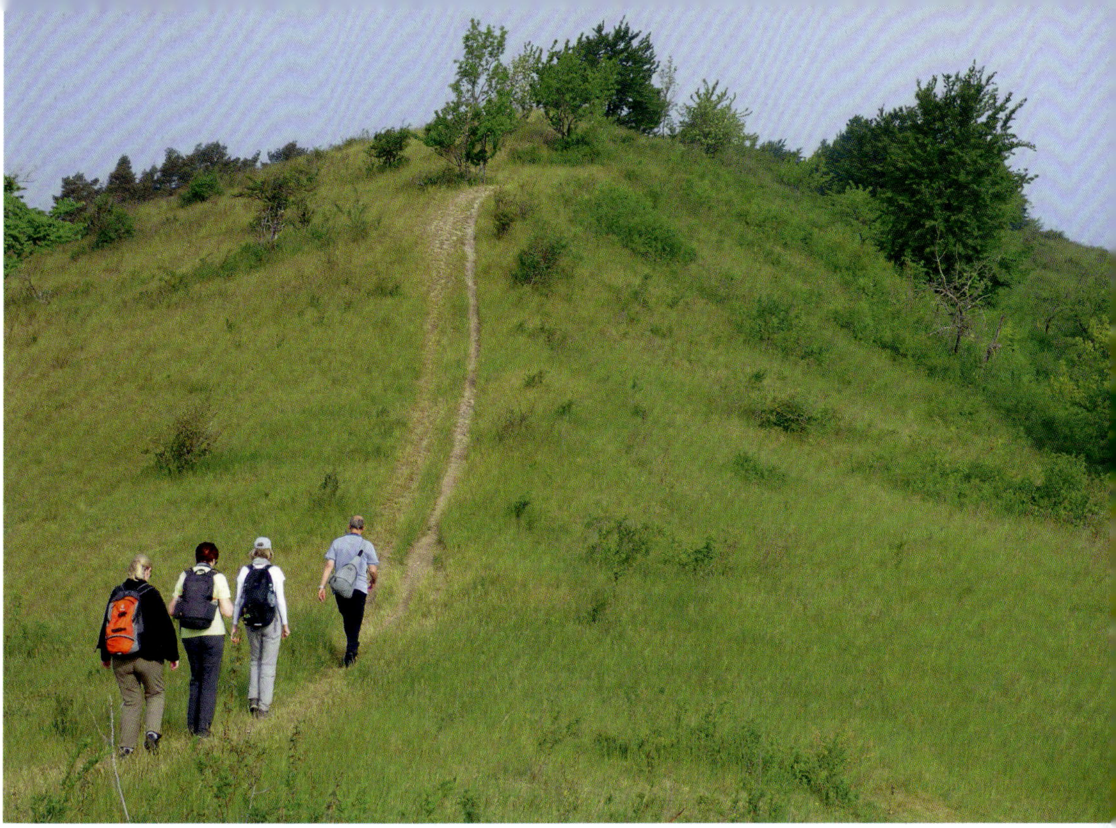

Über den Ziegenberg nach Benzingerode

Über Karstkuppen nach Benzingerode Der Pfad bildet eine weite Rechtskurve und gelangt aus dem Dickicht heraus in eine offenere Wiesenlandschaft. An einer Dreifachgabelung folgen wir dem mittleren Pfad, der auf eine mit einzelnen Kiefern bestandene Hügelkuppe hinaufläuft. Von hier oben bieten sich erste tolle Aussichten, und von nun an geht es spannende 5 Kilometer

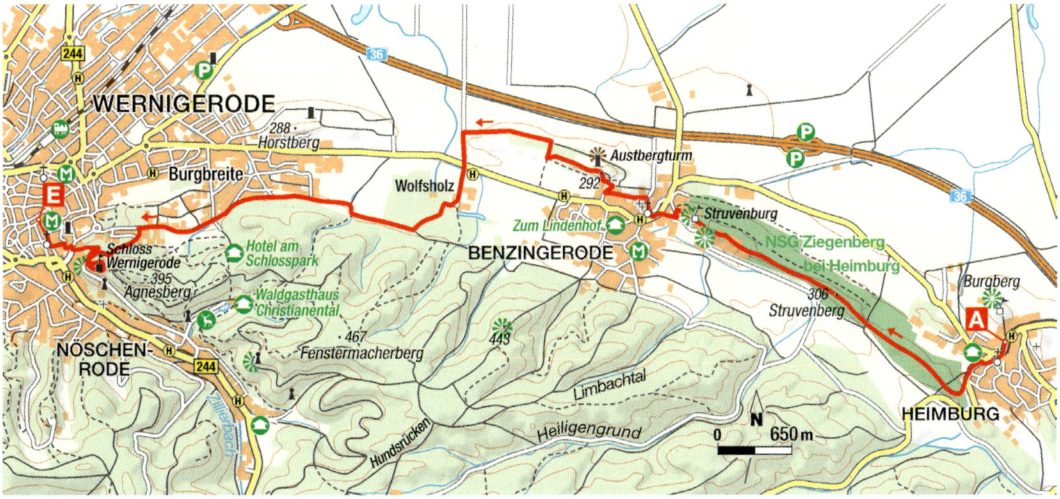

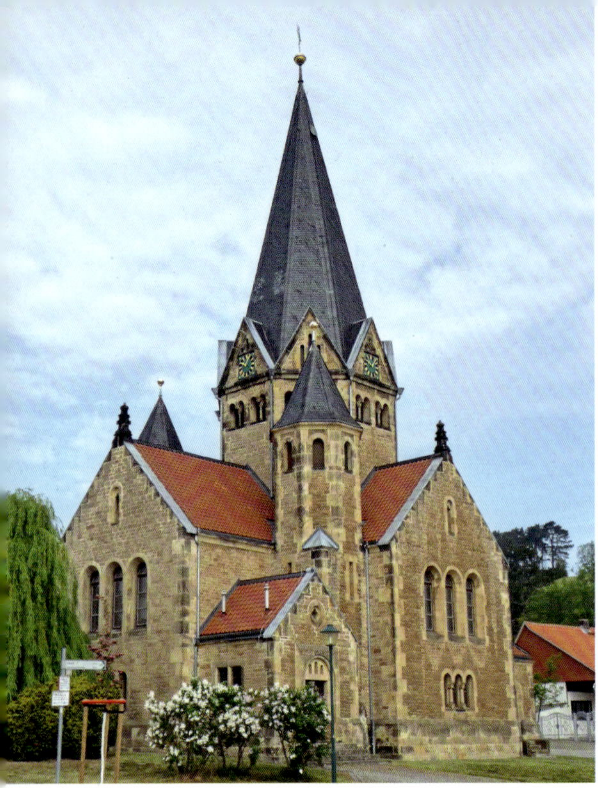

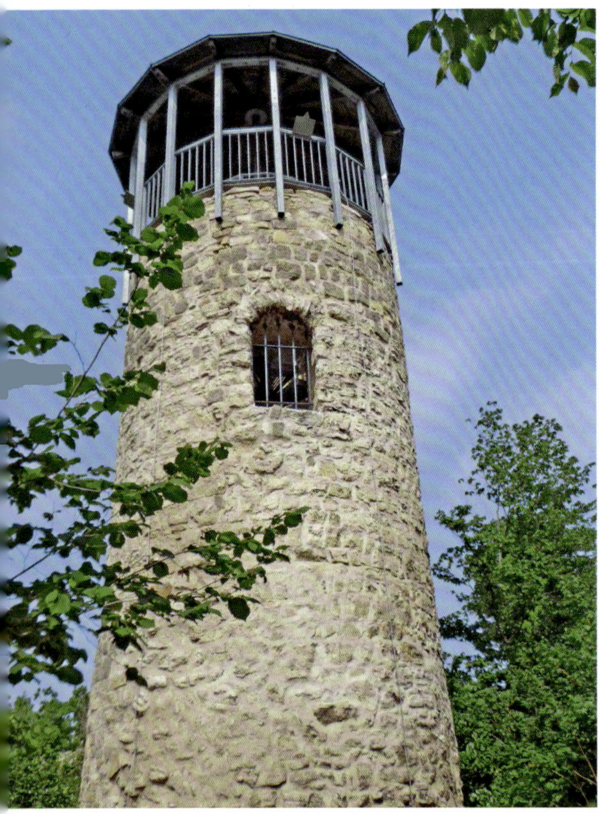

geradeaus. Wir wandern auf der Kuppe eines langgestreckten Kammes durch halboffenes Gelände. Kalkstein prägt die Landschaft. Die Aussichten gehen nach rechts weit in das Harzvorland und nach links auf das Gebirge. Zwischen Ziegenberg (316 m) und Struvenberg (306 m) senkt sich der Pfad kurz etwas hinab in einen Pass mit einer Bank. Wir folgen dem wieder ansteigenden Pfad weiter geradeaus. Zunehmend gelangen wir auch auf bewaldete Passagen, die von urigen Kiefern dominiert werden. Nach einem weiteren Ziegenberg (286 m) bieten sich halb links erste Aussichten auf Benzingerode. Am Ende des Kammes wird der hinunterführende Pfad etwas steiler und stößt auf einen Zaun. Vor diesem geht es links hinab und dann nach rechts in die Ziegeleistraße. Wir sehen nun schon die beeindruckende Kirche von Benzingerode. Auf sie zu und dann rechts an ihr vorbei wandern wir in die kleine Straße Plan. Hinter den letzten Häusern weist uns ein Schild nach links hinauf zum Austbergturm. Wir folgen der Treckerspur entlang von Wiesen und Gärten. Achtung: Hinter der Kuppe nehmen wir an einer Kreuzung den beschilderten Weg scharf rechts.

Via Austbergturm nach Wolfsholz Bald geht es dann scharf links und wieder rechts hinauf zum Turm, alles gut beschildert. Vom vorbildlich renovierten Austbergturm bieten sich fantastische Blicke in alle Richtungen. Der Turm wurde ursprünglich im 13. Jahrhundert von den Grafen der Burg Regenstein erbaut und diente als ein der Burg Regenstein vorgelagerter Signalturm. Eine Sitzgruppe lädt zur Pause ein. Nach der Turmbesteigung folgen wir dem Pfad

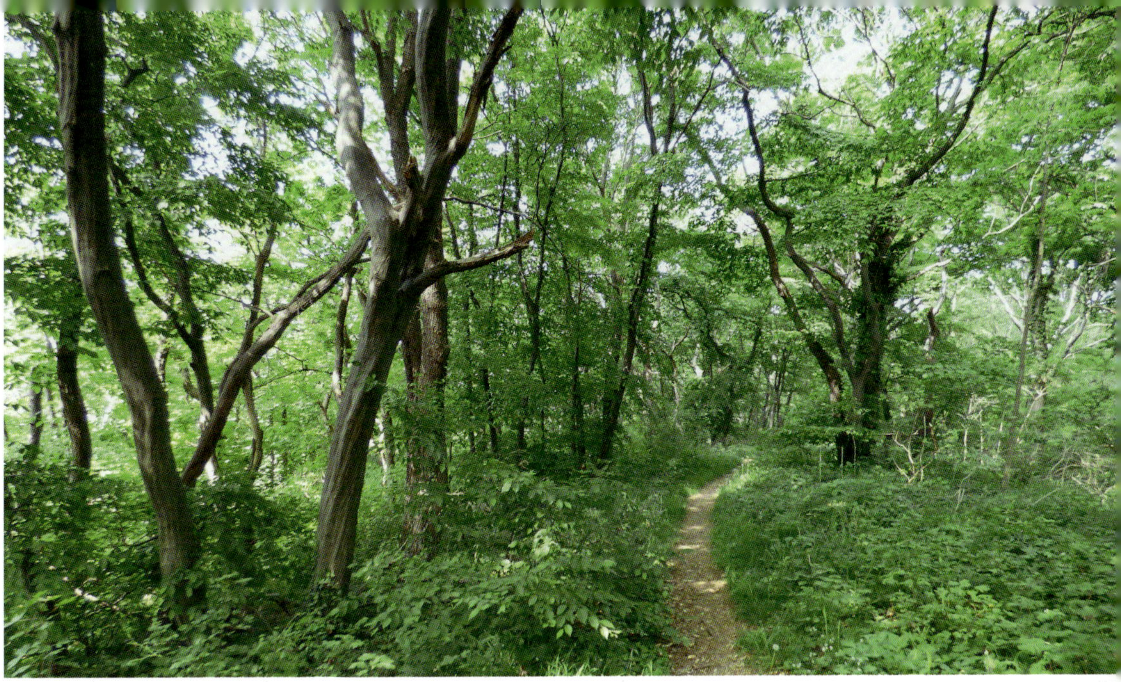

Pfade im Laubwald prägen die zweite Hälfte der Tour

in Gehrichtung an der Sitzgruppe vorbei. Wir wandern wieder auf einer langgestreckten Kalkkuppe, die diesmal aber von Laubmischwald geprägt ist. Nachdem sich der Pfad etwas senkt, folgen wir ihm vor einer großen Kiefer nach links und dahinter gleich wieder rechts. An der unmittelbar folgenden Verzweigung halten wir uns wieder rechts, ein Schild weist zum »Horstberg-Kammweg«. Gut 100 Meter weiter tritt der Weg in den Wald, und einige Schritte danach biegt er im Wald nach links ab (Schild »Austberg-Rundweg«). Rechts öffnen sich bald urige Streuobstwiesen, und die Autobahn ist recht nahe.

Wir halten die Richtung, erreichen dann eine querende befestigte Fahrspur, der wir wie der markierte Klosterweg nach links folgen. Wir überqueren die Landstraße 85 an der Bushaltestelle Wolfsholz (Verbindung nach Wernigerode und Heimburg) und folgen dem Betonplattenweg geradeaus. Die Straße nennt sich Wolfsholz, führt durch den gleichnamigen Weiler und ist weiter als Harzer Klosterweg markiert.

Im Buchenwald Hinter den Häusern halten wir uns halbrechts, dann wieder rechts. Der Klosterweg und wir biegen ca. 80 Meter weiter links in den Wald ein und passieren eine grün-weiße Schranke. Hier im Buchenmischwald blühen im Frühsommer prächtige Bärlauchwiesen. So erreichen wir einen quer verlaufenden Forstweg, dem wir nach rechts folgen (Schild »Wernigerode 2 km«, etwas versteckt).

Linke Seite oben: Die Kirche von Benzingerode

Linke Seite unten: Der restaurierte Austbergturm

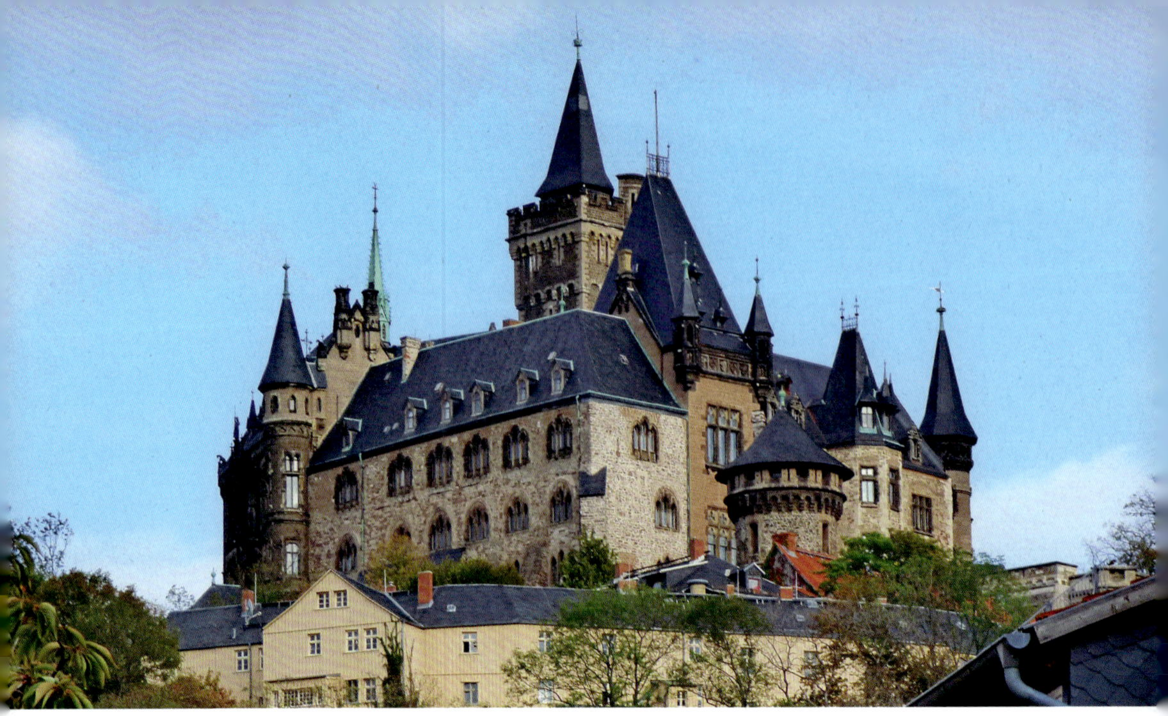

Blick auf das Schloss aus der Altstadt Wernigerodes

Knapp 600 Meter weiter befindet sich eine Gabelung, an der wir eine Entscheidung treffen müssen: Ambitionierte Naturen wählen den Aufstieg nach links durch das Gebrannte Eichental zum Schloss. Wir Wandermuffel aber halten uns halb rechts und nach knapp 100 Metern wieder halb links. Von hier folgen wir den Wegen ca. zwei Kilometer (30 Min.) immer geradeaus zum alten Marstall. Der Wanderweg wird zur Straße Am Lustgarten, der wir weiter folgen, bis hinter dem alten Marstall die Schlosschaussee nach links zum Schloss führt.

Schloss Wernigerode

Das prächtige Schloss auf dem Bergrücken über Wernigerode gilt als ein Leitbau des norddeutschen Historismus und vielen als »Neuschwanstein des Nordens«. Ursprünglich im 12./13. Jh. als mittelalterliche Schutzburg errichtet, erhielt die Schlossanlage nach mehrfachen Umbauten über die Jahrhunderte hinweg ihre jetzige Gestalt im späten 19. Jh., veranlasst durch Graf Otto zu Stolberg-Wernigerode. Diese Ära des Hochadels wird heute in über 40 Ausstellungsräumen mit Originalmobilar lebendig. Info: www.schloss-wernigerode.de

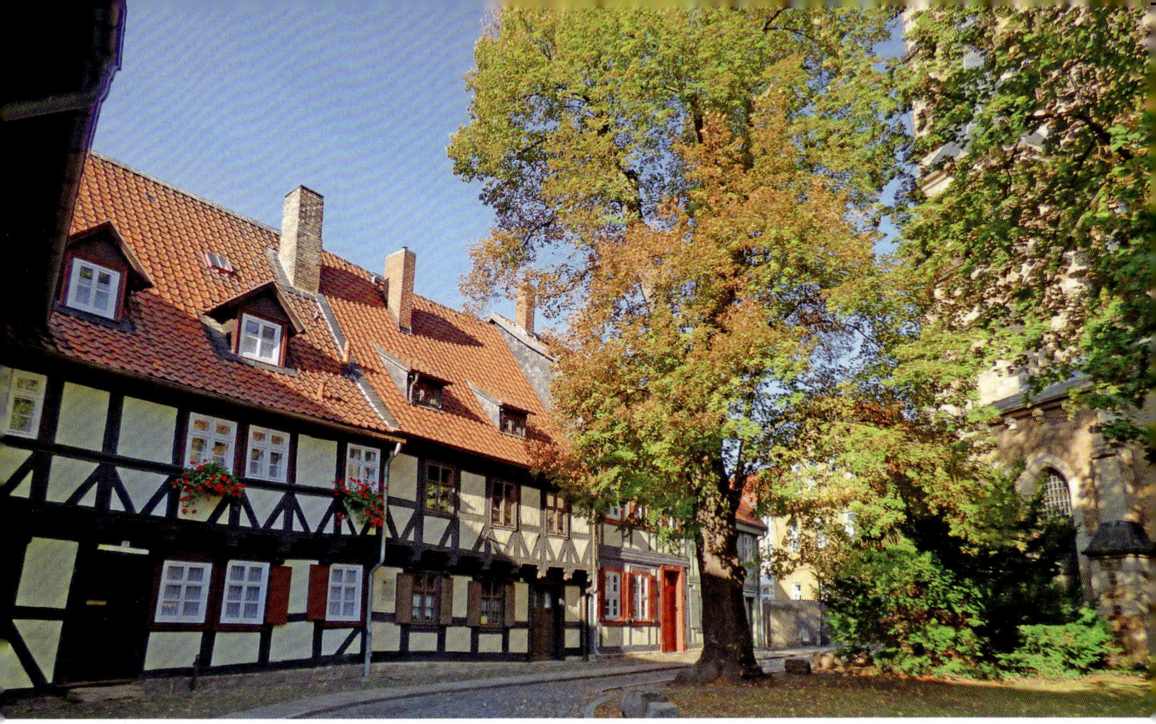

Der Klint ist die Keimzelle Wernigerodes.

Schloss und Altstadt Wernigerode Wenn wir das Schlossgelände erreicht haben, halten wir uns links hinauf und wieder rechts. So erreichen wir die höchsten Ebenen des Geländes mit dem Eingang ins Schloss und den Café-Restaurants. Nach einer ausgiebigen Stärkung und/oder einer (lohnenden) Schlossbesichtigung können wir mit der gelben Bimmelbahn nach Wernigerode hinabfahren. Wer laufen möchte, steigt rechts am Restaurant Schlossterrassen vorbei über Treppen hinab, durchquert einen Fußgängertunnel und trifft wieder auf die Zufahrtsstraße. Nun geht es links und sofort wieder rechts und unmittelbar hinter dem Gebäude wieder links über ein paar Stufen hinab.

Von hier führt ein gepflasterter und beleuchteter Fußweg nach Wernigerode hinunter. An einer alten Quelle mit Sitzbank gibt es eine scharfe Linkskurve. Hier folgt man dem gepflasterten Weg entlang des Stahlgeländers abwärts. Sobald man den Stadtrand von Wernigerode erreicht hat, weisen rote Schilder den Weg. Die Bahnhöfe sind nun genauso ausgeschildert wie das Rathaus und andere markante Orte in Wernigerode.

Wernigerodes berühmtes Rathaus

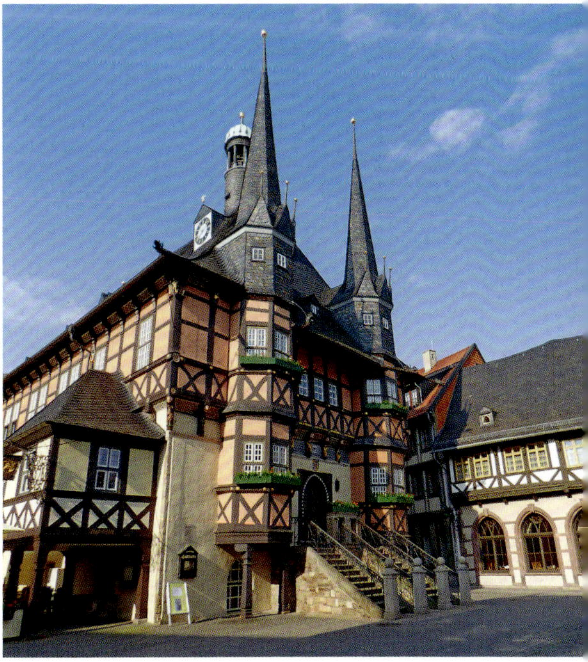

19 Trageburg und Trautenstein

Seeumrundung im Rappbodetal

Mittel | 8,5 km | 40 Hm | 2.30 Std.

Tourencharakter
Es gibt nur wenige Höhenmeter und bequeme Schotterwege, aber auf den schmalen Wurzelpfaden braucht man hin und wieder eine gewisse Trittsicherheit. Das Gelände ist seit den Trockenjahren 2018–2020 offen und sonnig.

Ausgangs-/Endpunkt
Trautenstein, Parkplatz Dorfgemeinschaftshaus
GPS: 51.687117, 10.785717

Anfahrt
ÖPNV: Bus von Benneckenstein, Blankenburg oder Hasselfelde nach Trautenstein Busbahnhof
Auto: Von Braunlage oder Hasselfelde über die B 242 nach Trautenstein; mitten im Ort hinter dem Hotel Druidenstein liegt der Startpunkt am Wanderparkplatz (kostenlos).

Einkehr
Hotel-Restaurant Druidenstein, www.hoteldruidenstein.de (serviert deutsche und holländische Küche)

Information
www.oberharzinfo.de

Wir umrunden den idyllischen See bei Trautenstein und folgen dem Hexenstieg über den Burgberg der verfallenen Trageburg. Am Ende der Wanderung warten eine sehenswerte Barockkirche und direkt daneben der heidnische Druidenstein.

Rund um den See Wir starten am Wanderparkplatz hinter dem Restaurant Druidenstein. Gegenüber des Dorfgemeinschaftshauses überqueren wir die Rappbode auf einer Brücke und folgen rechts der Sägemühlenstraße bis zu ihrem Ende, einem weiteren Parkplatz. Hier geht es rechts hinunter und im Bogen nach links. Auf einer Schotterpiste folgen wir dem Rappbodetal. Rechts liegen zuerst Wiesen, durch die sich der Fluss windet. Später taucht der See auf. Es handelt sich hier um die Vorsperre der großen Rappbodetalsperre, gleichwohl wirkt der See natürlich und sehr idyllisch. Die Ufer sind meist von Schilf eingefasst und über dem See ragen hohe Felsen auf. Unsere Schotterpiste folgt dem Ufer, rechts an einer Schutzhütte vorbei und um einen Seitenarm des Sees herum.

Rechte Seite: Herbst bei Trautenstein

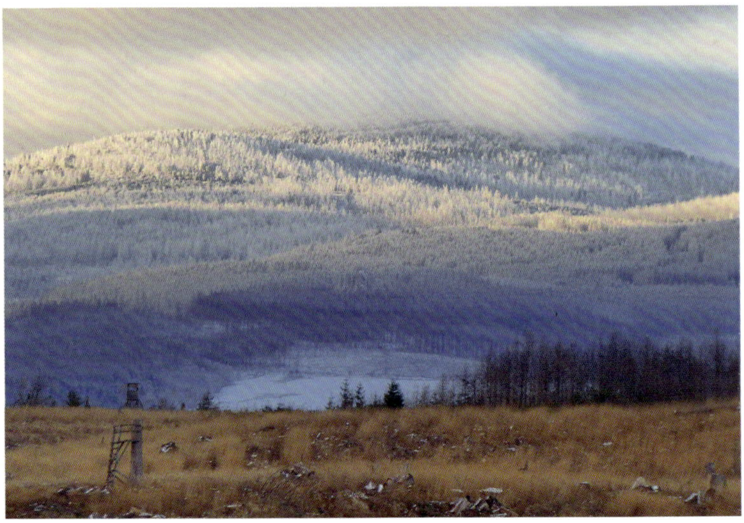

Brockenblick von der Trageburg

Pfade am Nordufer Wir halten uns an Gabelungen immer rechts, bis wir an die Weiße Brücke gelangen, die den Zufluss des Allerbachs überquert. Direkt hinter der Brücke folgen wir rechts dem beschilderten urigen Fußpfad (Rundweg Rappbode-Vorsperre), der uns zum Seeufer zurückbringt. Tolle Blicke über das Wasser belohnen uns für die manchmal etwas wurzelige Route. So gelangen wir zur Staumauer, die wir überqueren.

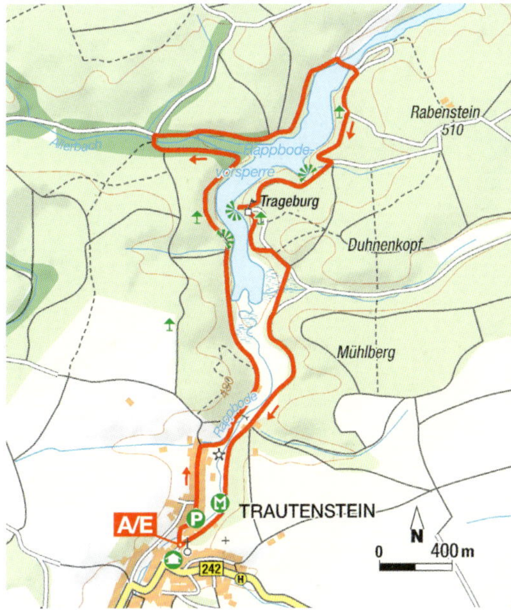

Blick auf Brocken und Wurmberg Auf der anderen Seite halten wir uns rechts sanft hinauf und folgen dem Hexenstieg. An einer Nurdachhütte führt dieser als schmaler Pfad rechts hinauf. Wir gewinnen an Höhe und genießen bald tolle Blicke hinunter auf den See und hinüber bis zum Wurmberg und zum Brocken. Weiter über den Waldpfad treffen wir in einer scharfen Linkskurve auf einen weiteren lohnenden Aussichtspunkt. Anschließend geht es wieder abwärts. Der Pfad wird zu einer grasbewachsenen Treckerspur und steigt erneut sanft an.

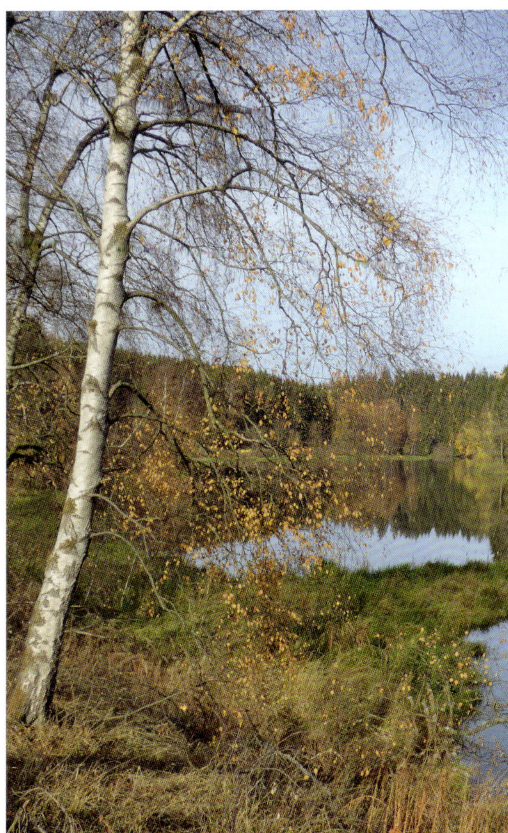

Auf der Trageburg Am Ende der Steigung erreichen wir die Schutzhütte mit Infotafel an der Trageburg. Hier biegen wir nach rechts auf den Pfad ein und bekommen umgehend einen freien Blick auf den tief unten gelegenen See. Zwei Bänke laden zum Verweilen ein. Dem Pfad weiter hinab in einen Graben folgend betreten wir die historischen Anlagen der Trageburg. Wälle und Gräben sicherten früher die innere Burganlage. Von der Ruine sind heute aber kaum noch ein paar Grundmauern zu sehen. Trotzdem verströmt dieser Ort durch die spektakuläre Lage auf einem hohen Felsen über dem See eine ganz besondere Atmosphäre. Geschützte kleine Grasflächen laden zum Picknick ein.

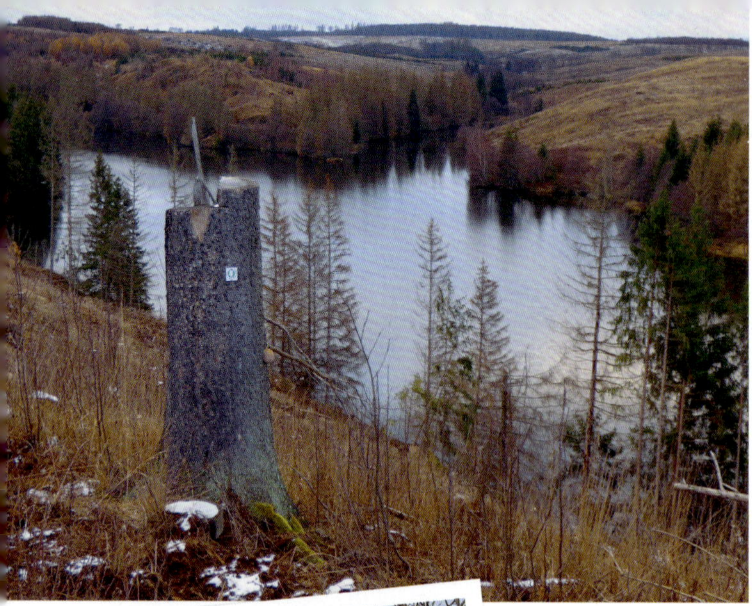

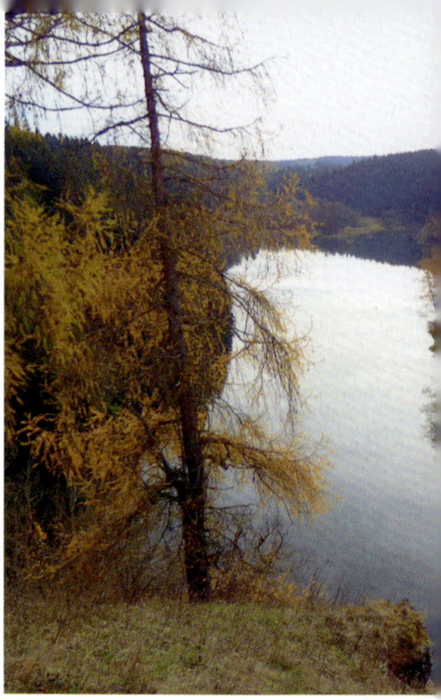

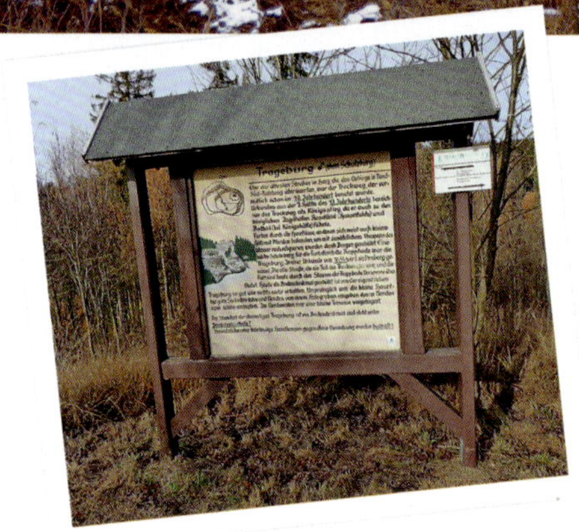

Die Geschichte der Trageburg

Ganz oben: Rappbode-Vorsperre von der Trageburg

Die Geschichte der Trageburg ist so geheimnisvoll wie ihre Ruinen. Sie wurde vermutlich im 13. Jahrhundert errichtet und diente zum Schutz einer mittelalterlichen Handelsroute. Der Trockweg überquerte den Harz von Nord nach Süd. Er kreuzte am Fuß der Trageburg die Rappbode. An der Furt lag ein kleines Gehöft, das zusätzliche Pferde zum Vorspannen bereit hielt, wenn ein Fuhrwerk den Fluss durchqueren wollte. Im 15. Jahrhundert erblühte der Bergbau. Silber, Kupfer und Eisen wurden in der Umgebung geschürft. Auch für die Sicherung der Gruben war die Trageburg zuständig. Die letzten historischen Spuren der Burg verblassen im 18. Jahrhundert, und die unterhalb der Burg gelegene Trogfurt versank 1960 in den Fluten des Stausees.

Zurück nach Trautenstein In der Trageburg stehen keine Wanderschilder. Die Route folgt einem schmalen Pfad. Er zieht sich aus der Trageburg mit Blick auf den See nach links (Südosten) hinaus und führt wenige Meter unterhalb der beiden o. g. Bänke im Hang weiter. Der Pfad biegt bald nach Süden um und zieht sich weiter durch den steilen Hang über dem See (Trampelpfade nach rechts ignorieren), bis er wieder auf den Forstweg trifft. Diesem folgen wir nach rechts.

Wo ein Fußpfad den Forstweg und den Hexenstieg nach rechts verlässt, halten wir uns hinunter Richtung Trautenstein. Wir erreichen bald wieder eine Schotterpiste und folgen ihr und der

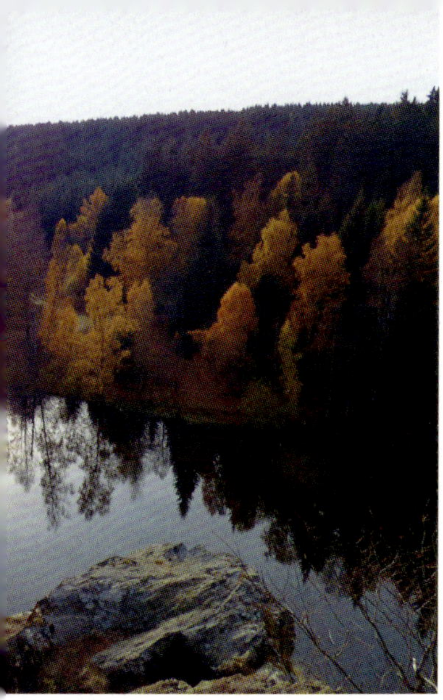

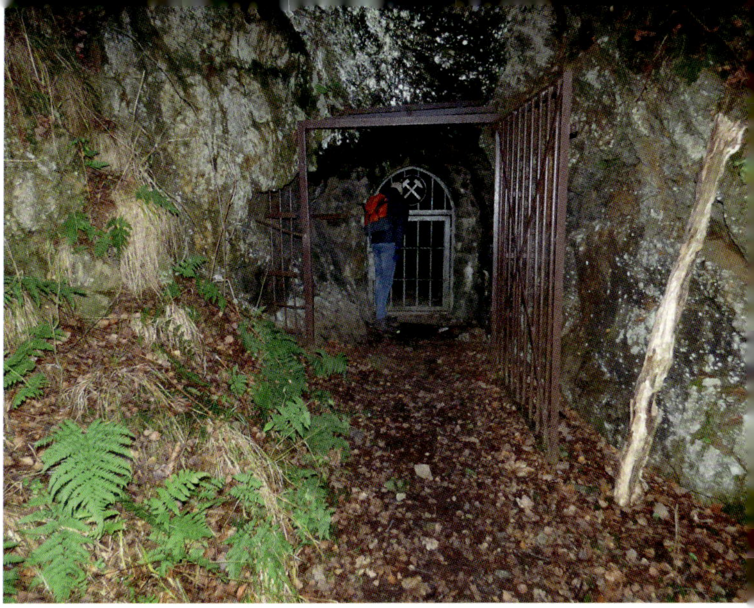

Beschilderung immer geradeaus. Ein kleines Lagerhaus lassen wir dabei links liegen, genauso zwei historische Bergwerksstollen. Der Weg ist wieder ein Pfad geworden, auf dem wir den Parkplatz und das Dorfgemeinschaftshaus erreichen.

Das historische Bergwerk von Trautenstein

Mitte: Herbst mit Seeblick an der Trageburg

Ausklang im Ort Trautenstein liegt schön im Rappbodetal und besitzt eine sehenswerte barocke Fachwerkkirche mit Holztonnengewölbe, Hufeisenempore und malerischer Orgel. Die Kirche wurde 1701 auf einem Felsriegel errichtet, dem Druidenstein. Hier wurden noch im Mittelalter heidnische germanische Kulte gepflegt. Der Druidenstein gab dem Ort auch seinen Namen. Unterhalb der Kirche liegt das Café und Restaurant Druidenstein, das dazu einlädt, die beim Wandern verbrauchten Kalorien umgehend zu ersetzen.

Vor dem Aussterben bewahrt: Harzer Rotes Höhenvieh

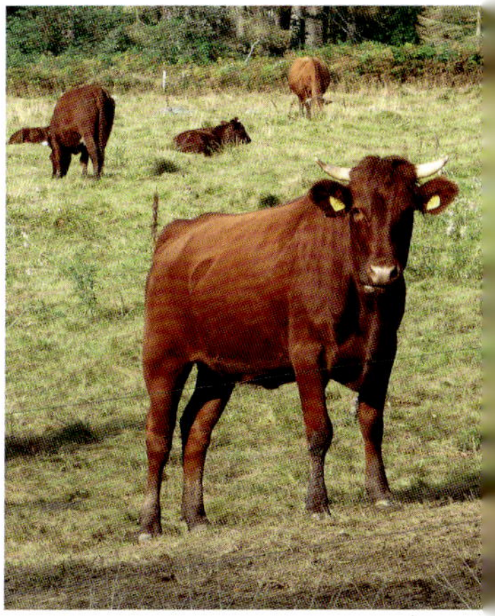

Brockenbauer

Sechs Kilometer westlich von Trautenstein liegt das Dorf Tanne mit dem Brockenbauern. Hier werden alte Nutztierrassen wie das Harzer Rote Höhenvieh und das Angler Sattelschwein auf den umliegenden naturnahen Wiesen gehalten und zu ausgezeichneten Fleischprodukten verarbeitet. Diese können dann im angeschlossenen Steakhaus & Hofcafé genossen oder im Hofladen zum Mitnehmen erworben werden – ebenso wie weitere Bio-Spezialitäten. Info: Tel. 039457/3312, www.brockenbauer.de

20 Teufelsmauer und Hamburger Wappen

Über den Rücken des Drachens

mittel	8,0 km	170 Hm	2.30 Std.

Tourencharakter
Waldpfade und Schotterwege ziehen sich ohne große Steigungen durch schattigen Buchenmischwald. Auf dem Rückweg haben wir die Wahl zwischen einem abenteuerlichen felsigen Steig und einem leichten Waldpfad.

Ausgangs-/Endpunkt
Blankenburg, Parkplatz Schnappelberg
GPS: 51.789050, 10.959600

Anfahrt
ÖPNV: Mit dem Zug oder Bus nach Blankenburg Bahnhof, dieser liegt nur 700 Meter vom Parkplatz Schnappelberg entfernt.
Auto: Von der B 81 oder B 27 am zentralen Kreisverkehr (Lühnertorplatz) nach oben in den Schnappelberg abbiegen

Einkehr
Gaststätte Zum Großvater, Tel. 03944/367085; Winter's Baude, www.parkplatz-am-schnappelberg.de; Gaststätte Zur Teufelsmauer in Timmenrode (Abstecher), www.zurteufelsmauer.de

Information
www.blankenburg.de

Die Teufelsmauer bei Blankenburg ist ein felsiger Höhenzug am Harzrand, eingebettet in einen abwechslungsreichen Wald aus Buchen, Eichen und Kiefern. Besonders spektakulär sind die Felsformationen des Hamburger Wappens und des Großvaterfelsens.

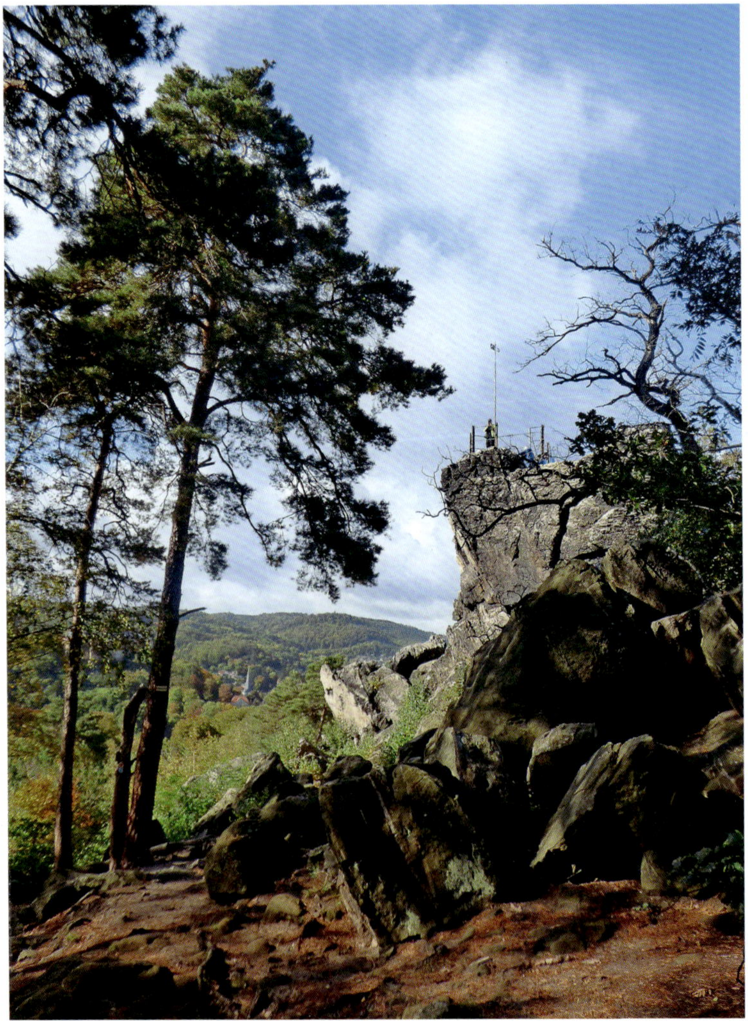

Der Großvaterfelsen bei Blankenburg

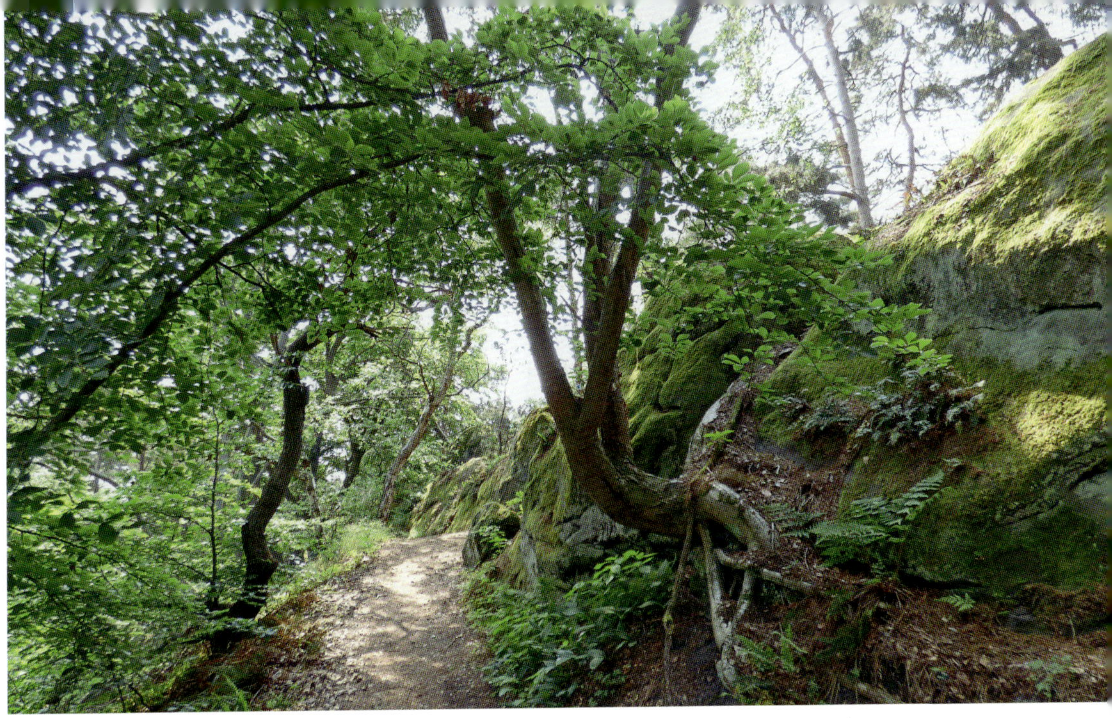

Auf der Teufelsmauer

Von Blankenburg in den Buchenwald Hexen und Teufel sind im Harz überall zugegen. Nirgends hat aber der Teufel eine so mächtige Mauer gebaut. Damit wollte er im Mittelalter sein heidnisches sächsisches Territorium gegen das vordringende fränkische Christentum absichern. Das hat – wie wir heute wissen – nicht geklappt. Für den Wanderer hat er damit aber ein fast parkähnliches Waldgebiet geschaffen.

Unterhalb des Kleinen Schlosses in Blankenburg liegt der Parkplatz Schnappelberg mit einem Kiosk, Winter's Baude genannt. An diesem beginnen wir unsere Wanderung. Wir steigen ein paar Treppenstufen hinauf und gelangen so zu einem weiteren Parkplatz. An dessen Ende führt ein Fußweg hinunter, wir überqueren die Bundesstraße und fädeln wenige Meter oberhalb in ein Sträßchen namens Heidelberg ein.

Links liegen schöne Villen aus der Gründerzeit. Wir wandern schräg rechts hinauf durch das Tor mit der Aufschrift »Teufelsmauer«. Auf lauschigen Waldpfaden geht es dahin. Die Schilder »Nordhangweg, Heidelbergwarte und Fuchsbau«, später »Hamburger Wappen« oder »Timmerode« weisen an Gabelungen den Weg. Bis zur Heidelbergwarte kann man auch der Markierung Schwarze 8 im blauen Tropfen folgen.

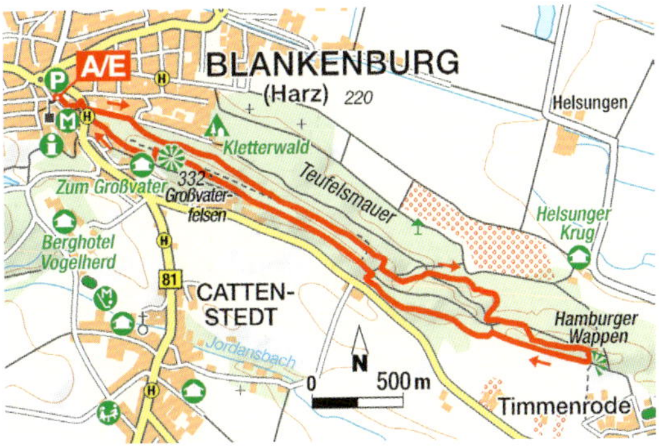

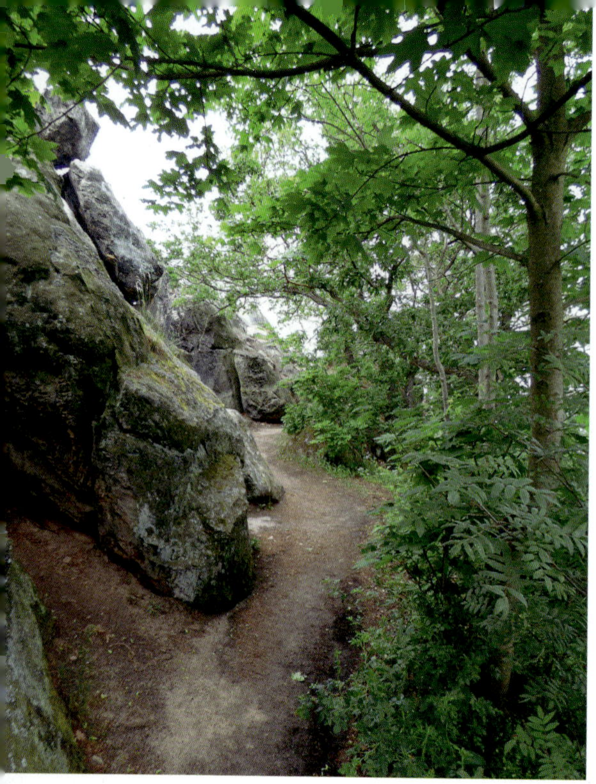

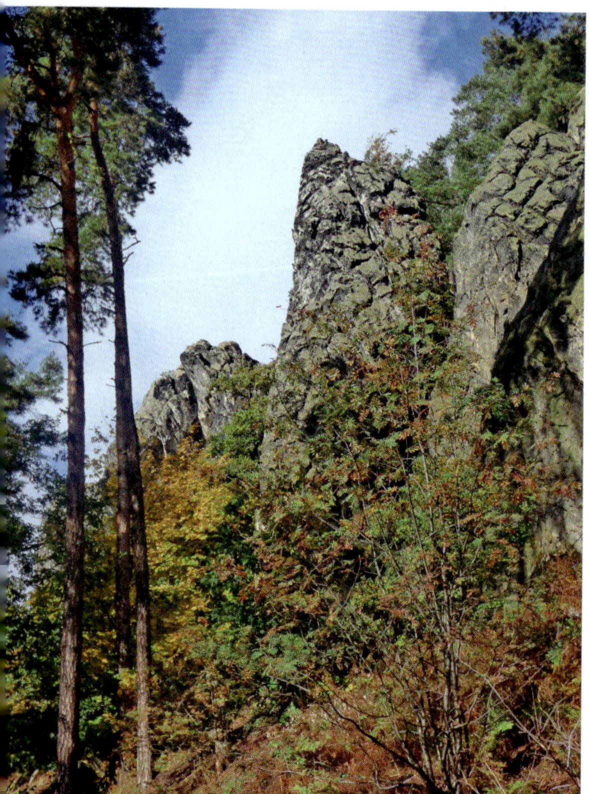

Felsbastionen aus Sand Die Heidelbergwarte ist eine mächtige Felsrippe (kurz vorher steht ein Schild »Heidelbergwarte 10 m«). Von hier aus hat man im Mittelalter und der frühen Neuzeit die Handelsrouten überwacht, die an den Rändern des Harz verliefen. Damals standen noch keine Bäume im Weg, die den Blick eingeschränkt hätten. Der Pfad führt beschildert an der Heidelbergwarte rechts durch die Felsrippe hindurch, und auf der anderen Seite nach einer zweiten Rippe links hinunter. Nach ein paar steilen Stufen erreichen wir eine Kreuzung mit einer kleinen Nurdachhütte.

Nun halten wir uns am felsigen Hang entlang Richtung Hamburger Wappen (Schild »Fuchsbau, Hamburger Wappen«). Bald folgt auf der linken Seite ein unscheinbares Loch im Boden. Hier ist der Einstieg zum sogenannten Fuchsbau, einem kleinen Unterschlupf für Jäger und Wanderer. Gebaut wurden die Höhle und der Wanderweg in den 1930er-Jahren vom Reichsarbeitsdienst, eine Art Arbeitsbeschaffungsmaßnahme.

Weiter folgen wir dem Wanderweg bis zu einer beschilderten Gabelung. Hier halten wir uns rechts und knapp 50 Meter weiter wieder rechts (Schilder »Timmernrode, Hamburger Wappen«).

Hinauf zum Hamburger Wappen Nun geht es ein kurzes Stück recht steil hinauf, im oberen Teil links und wieder rechts (Markierung: schwarze 9 auf orangenem Tropfen). Oben, kurz vor dem Waldrand, wandern wir dann nach links weiter. Immer die Richtung haltend erreichen wir die beeindruckende Felsformation Hamburger

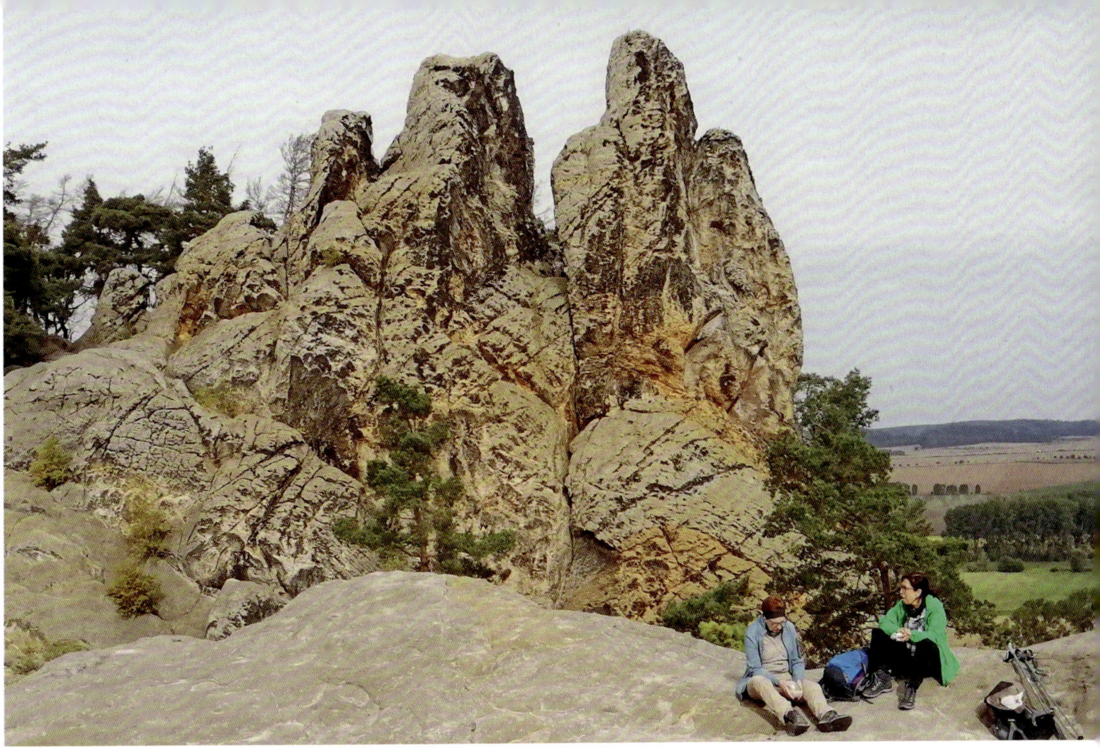

Rast am Hamburger Wappen

Linke Seite oben: Der Kammweg auf der Teufelsmauer

Linke Seite unten: Die Südflanke der Teufelsmauer

Wappen. Die mächtigen Felsen gelten als die »Drei Zinnen des Harzes« und erinnern in ihrer Form an die drei Türme im Wappen der Hansestadt Hamburg. Das Wappen ist zum Vergleich an der Felswand angebracht. Rundherum liegen auf Felsen und Wiesen tolle Picknickplätze. Die Aussichten auf den bewaldeten Harz und weit in das Harzvorland belohnen den Wanderer. Bei schlechtem Wetter kann das Picknick in eine große Höhle verlegt werden, oder man wandert einen Abstecher (ca. 500 m) nach Timmenrode, wo die Gaststätte Zur Teufelsmauer ihre Gäste mit klassischen süßen und herzhaften Speisen bewirtet.

Über den Drachenrücken Nach der Pause wandern wir ein Stück auf dem Hinweg zurück, halten uns dann aber geradeaus auf dem Kammweg. Wir folgen dem Weg parallel zum links gelegenen Waldrand über eine lange Strecke geradeaus (Markierung: schwarze 9 auf Orange und Klosterwanderweg). Rechts von uns liegen die mächtigen Felsen der Teufelsmauer. Etwa 1,5 Kilometer nach dem Start am Hamburger Wappen erreichen wir an einer Kreuzung einen unterirdischen Wasserspeicher, zu erkennen an seinem Lüftungsrohr.
Wer trittsicher ist und das Abenteuer liebt, sollte an dieser Abzweigung nach rechts auf dem ausgeschilderten Kammweg weiterwandern. Der führt kurz aufwärts, dann nach links weiter

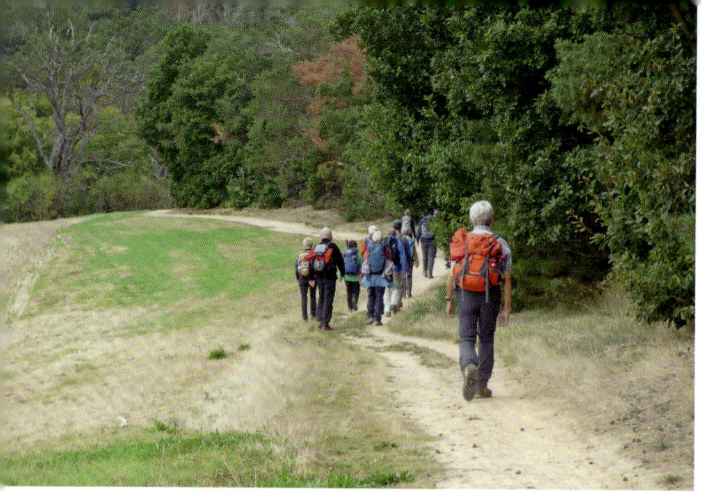

hinauf und dann immer auf dem Kamm entlang über einen felsigen Steig. Hier fühlt man sich, als würde man über den Rücken eines Drachens klettern. Wo es steil hinab geht, sind Geländer angebracht. Mit tollen Aussichten steigen wir so zum Großvaterfelsen, der ebenfalls an einem Geländer entlang erklettert werden kann.

Waldrandwege bieten Abwechslung.

Leichtere Alternative Der bequeme Weg führt von der o. g. Kreuzung am Wasserspeicher immer geradeaus durch schönen Wald und gelangt dann an die Gaststätte Großvater. Hier liegt rechts oberhalb der Großvaterfelsen.

Abstieg nach Blankenburg Richtung Blankenburg folgen wir anschließend weiter dem Waldweg. Am Schluss noch ein paar Treppen rechts hinab, dann stehen wir wieder an der Mündung der Straße Heidelberg. Kurz noch auf dem Hinweg zurück, und wir erreichen Winter's Baude. Hier kann man schön drinnen oder draußen sitzen und den empfehlenswerten Eiskaffee oder weitere Getränke und kleine Speisen genießen.
Der Ortskern von Blankenburg ist nur wenige Schritte entfernt. Es gibt viel Fachwerk und zwei Schlösser. Insgesamt wirkt der Ort recht beschaulich.

Burg und Festung Regenstein

Eine der mächtigsten Bastionen der Region, die Burg Regenstein, liegt etwas nördlich von Blankenburg (4 km vom Ausgangs-/Endpunkt entfernt). Die beeindruckenden Ruinen, die in den Berg gegrabenen Kasematten und der Bergfried stammen aus dem Mittelalter. Sie wurden später von einer Festung der Preußen umgeben. Heute können viele Felsenräume besichtigt werden und eine Ausstellung erzählt die Geschichte von Regenstein. Eine Attraktion sind auch die jährlichen Wikinger- und Mittelalter-Festspiele. Infos: www.blankenburg.de/tourismus/kultur/burg-und-festung-regenstein

Die Bodeschlucht

Wildnis zwischen Hexentanzplatz und Rosstrappe

21

Eines der schönsten Wandererlebnisse im Harz ist die Tour durch die Bodeschlucht. Hier hat sich der wilde Bergbach tief in die Felsen des Harzrandes eingeschnitten. Selbst der weit gereiste Johann Wolfgang von Goethe war begeistert.

Hexenstieg Etappe 5 Für die berühmte Trekkingroute des Harzer Hexenstiegs ist die Passage durch die Bodeschlucht gleichsam Abschluss wie Höhepunkt. So treffen wir unterwegs auch immer mal wieder Wanderer mit schwerem Gepäck, die den Harz von Osterode nach Thale der Länge nach durchqueren.

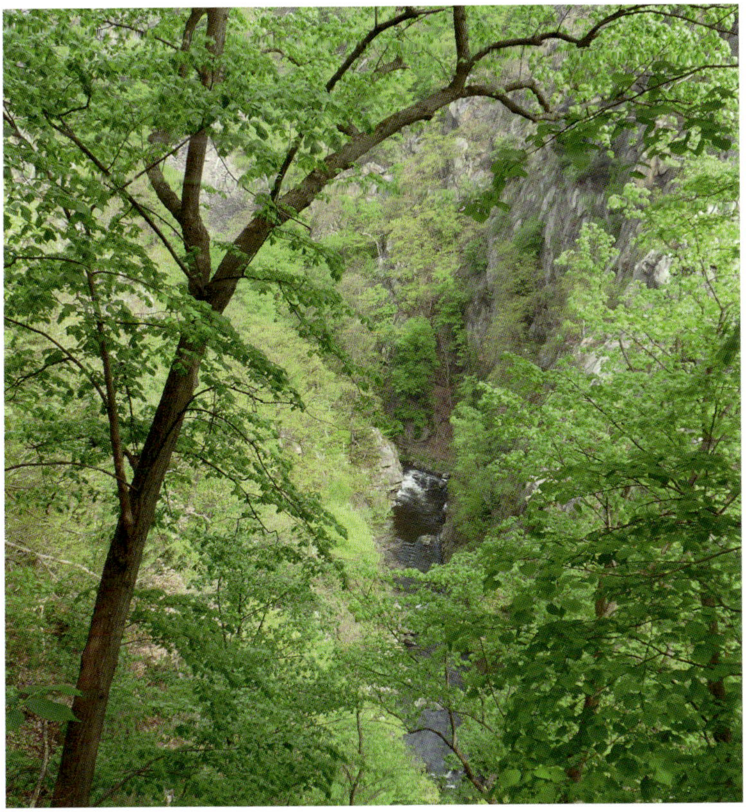

Blick in die Bodeschlucht

leicht | km 9,0 km | Hm 20/120 Hm | 3.00 Std.

Tourencharakter
Ein schöner schattiger Wanderweg erschließt die Schlucht. Und wenn man mit der Strömung hinabwandert, muss man sich noch nicht einmal besonders anstrengen. Nur ein paar Stufen erfordern etwas Konzentration.

Ausgangspunkt
Treseburg, Bushaltestelle Rübezahl
GPS: 51.715967, 10.973783

Endpunkt
Thale, Bahnhof bzw. Parkplatz Seilbahnen
GPS: 51.744667, 11.028883
(Kreisel am Bahnhof Thale)

Anfahrt
ÖPNV: Mit dem Zug oder Bus zum Bahnhof Thale; mit dem Bus weiter nach Treseburg, Haltestelle Rübezahl
Auto: Zum ausgeschilderten Großparkplatz der Seilbahnen Thale (von dort mit dem Bus zum Ausgangspunkt)

Einkehr
Gasthaus Königsruhe, www.koenigsruhe.de

Information
www.bodetal.de

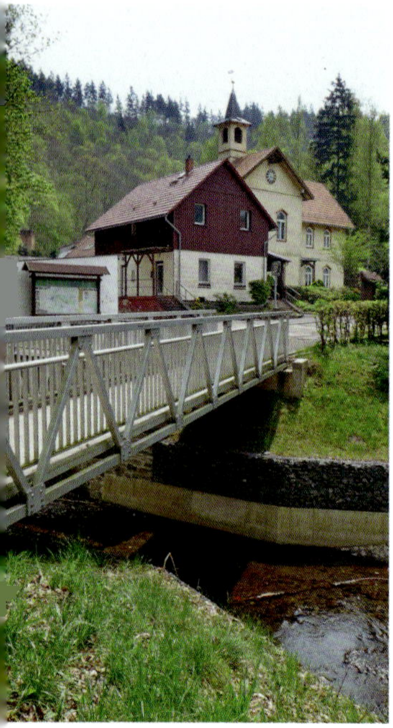

Brücke und Kirche von Treseburg

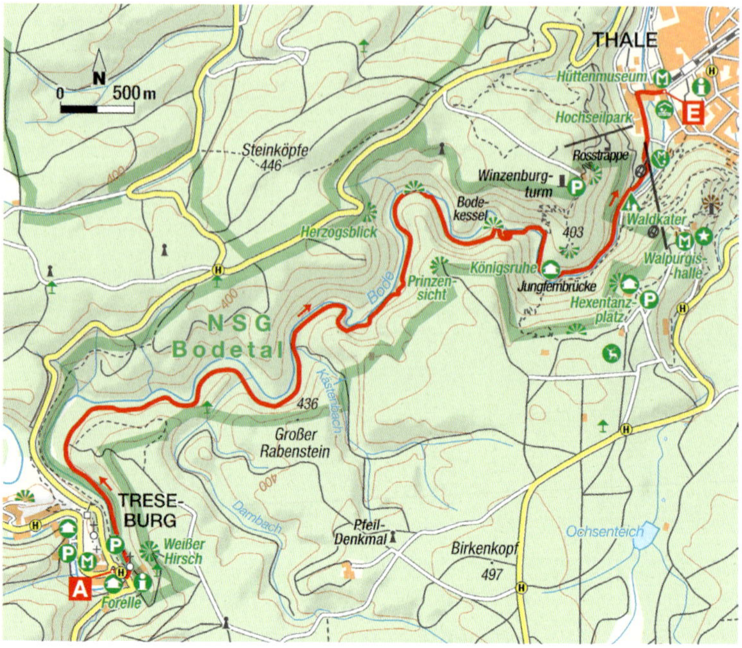

In die Bodeschlucht Mit dem Bus geht es von Thale nach Treseburg. Von der Bushaltestelle Rübezahl überqueren wir die Bode und halten auf die Holzkirche von Treseburg zu. Wer vor dem Abstieg noch Einkehren möchte, dem sei das Bergcafé

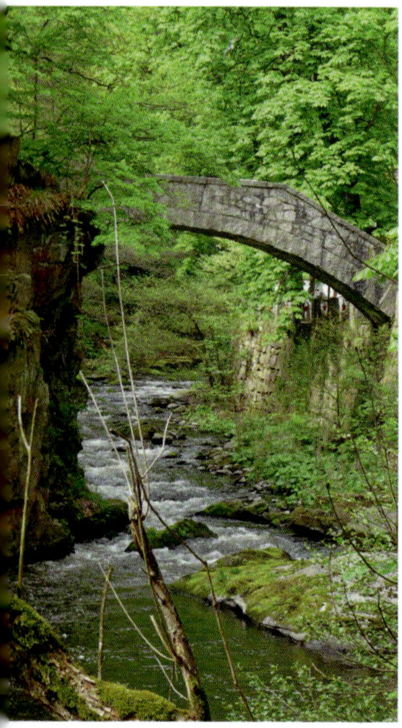

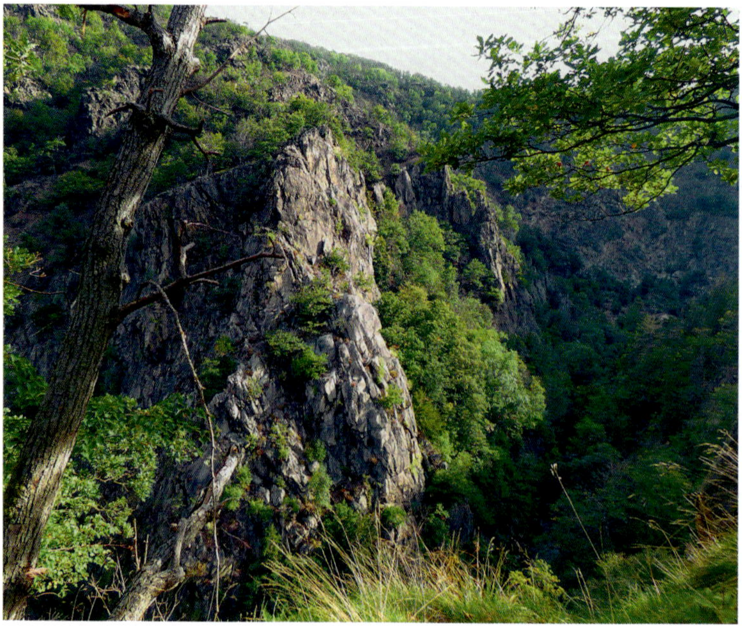

empfohlen, das rechts gegenüber der Kirche auf einem Hügel liegt. Ohne den Abstecher halten wir uns an der Kirche aber links. Hier ist Thale schon ausgeschildert. Zunächst überqueren wir die Luppbode, einen Bach, der in die Bode mündet. Weiter geht es zuerst noch im halboffenen Gelände, bevor wir später in den Wald eintauchen. Die Bode fließt nur wenige Meter links unterhalb, wird sich aber im weiteren Verlauf immer weiter in die Schlucht eintiefen, während sich der Wanderweg durch die Talflanken zieht.

Königsruhe

Wo 1834 die erste Holzbude mit Feuerstelle errichtet wurde, steht heute das Gasthaus Königsruhe. Der Name ehrt König Friedrich Wilhelm IV. von Preußen, der im selben Jahr hier rastete. Der Biergarten ist für seine Lage in der Schlucht relativ oft sonnig und lässt die Atmosphäre im Bodetal bei deftiger Regionalküche oder hausgemachtem Kuchen entspannt genießen. Info: Tel. 03947/2726, www.koenigsruhe.de

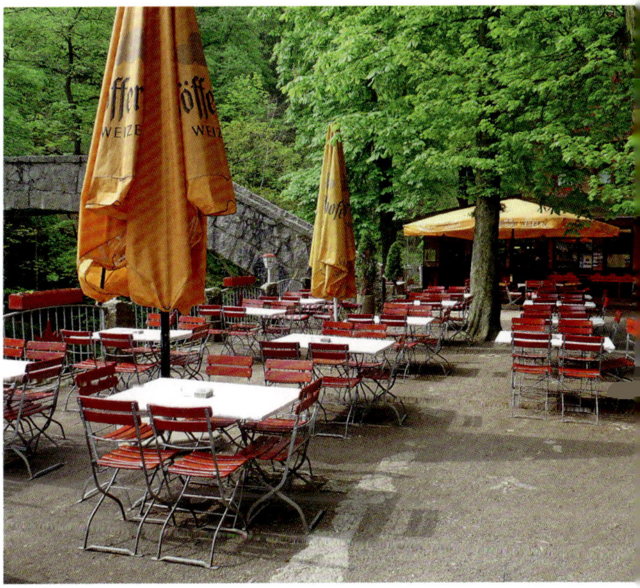

Biergarten Königsruhe

Linke Seite rechts: Eichen, Felsen und Bodeschlucht

Linke Seite links: Bogenbrücke an der Königsruhe

Schluchterlebnis Bodetal Die gesamte Route verläuft bis Thale auf dem Harzer Hexenstieg, und mangels Abzweigungen kann man sich hier auch kaum verlaufen. So geht es mal sanfter auf Erdwegen und mal etwas steiler über Stufen hinab, erst rechts, dann links der Bode. Die Felswände reichen hoch hinauf in den Himmel und es gibt immer wieder spektakuläre Aussichtspunkte, bis wir schon kurz vor Ende der Wanderung das Gasthaus Königsruhe erreichen. Die Bogenbrücke hier gibt ein gutes Fotomotiv ab und der verlockende Biergarten lädt zu einer Pause über der rauschenden Bode ein.

Nach so viel Natur können wir uns hier schon mal mental auf den Trubel in Thale einstellen. Anschließend schlendern wir auf der privaten Zufahrtsstraße in einer knappen halben Stunde nach Thale hinein.

22 Vom Hexentanzplatz durch die Mausefalle

Spannender Abstieg nach Thale

mittel | 4,0 km | 20/280 Hm | 1.15 Std.

Tourencharakter
Nach dem Trubel am Hexentanzplatz windet sich ein einsamer lauschiger Pfad durch Laubwälder und Felsmonumente nach Thale hinab. Trotz der Kürze der Wanderung braucht man für einige Stufen etwas Konzentration und Trittsicherheit.

Ausgangs-/Endpunkt
Thale, Kreisverkehr am Bahnhof bzw. Großparkplatz der Seilbahnen Thale; Auffahrt zur Bergstation Hexentanzplatz, www.seilbahnen-thale.de
GPS: 51.744667, 11.028883 (Kreisel am Bahnhof Thale)

Anfahrt
ÖPNV: Mit Zug oder Bus zum Bahnhof Thale
Auto: Zum ausgeschilderten Großparkplatz der Seilbahnen Thale

Einkehr
Berghotel Hexentanzplatz, www.berghotel-hexentanzplatz.de; Nerolis Hexenbaude am Tierpark, Tel. 0160/2801917

Information
www.bodetal.de

Neben dem Brockengipfel ist der Hexentanzplatz das bekannteste Plateau im Harz. Hier treffen sich in der Walpurgisnacht die Hexen und Teufel zum Tanz. Der Abstieg nach Thale passiert einige beeindruckende Felsformationen und ist ein Erlebnis für sich.

Auffahrt zum Hexentanzplatz Um in Thale die Seilbahn zu erreichen, folgen wir vom Bahnhof aus einfach der Beschilderung. Über einen Kreisverkehr, die Bodebrücke und vorbei an der Talstation des Rosstrappenlifts erreichen wir die Talstation der Kabinenbahn Hexentanzplatz. Mit der Seilbahn schweben wir dann bequem zum Hexentanzplatz hinauf, sie spart uns über 200 Höhenmeter. Hoch über dem Bodetal gelegen eröffnen sich von dort tolle Blicke in die Schlucht und auf die gegenüberliegenden Felsen der Rosstrappe.

Bei den Hexen Oben angekommen wandern wir noch ein kleines Stück aufwärts Richtung Hexentanzplatz. Hinter dem großen Parkplatz liegen einige Gaststätten und der Aussichtspunkt für Blicke in das Bodetal. Nach dem Genuss der Ausblicke und

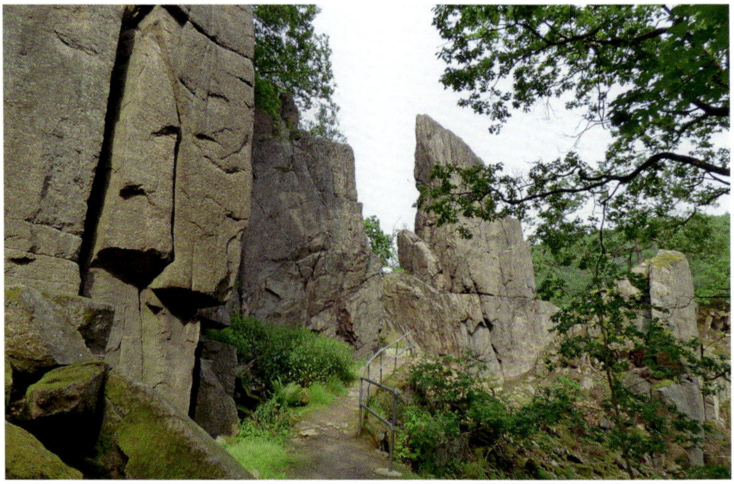

Kobold und Waldschratt

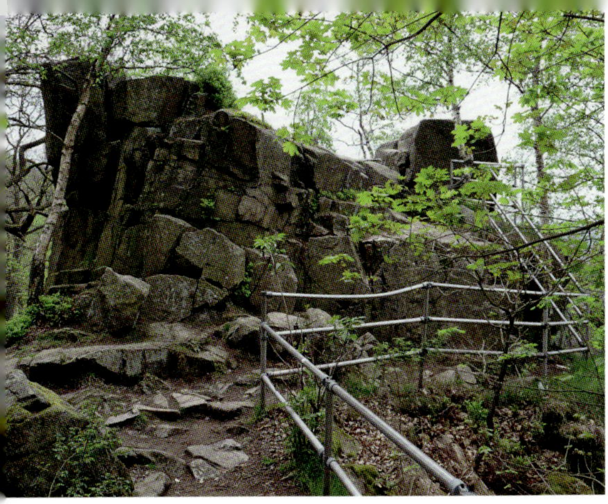

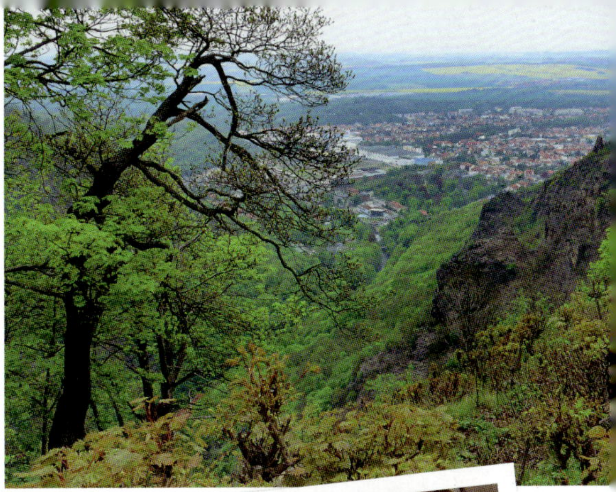

der Gaststätten wenden wir uns zurück Richtung Seilbahn. Ca. 100 Meter vor der Bergstation biegen wir rechts in den Waldpfad Jägersteig ein.

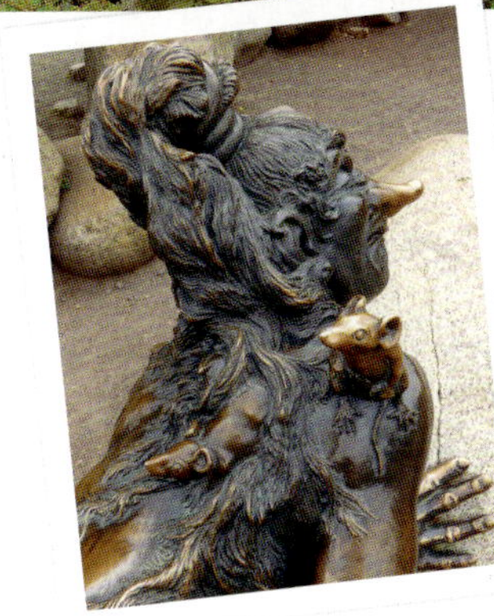

Manche Hexen findet man hier das ganze Jahr über.

Ganz oben rechts: Blick auf Thale

Ganz oben links: Felsbastionen am Hexentanzplatz

Durch die Mausefalle Der Waldpfad bringt uns hinab an eine Straße, die wir im spitzen Winkel nach unten überqueren. Auf der anderen Straßenseite geht es links weiter hinab. An einer Gabelung halten wir uns links über den Piniersteig in Richtung Mausefalle. Hier stehen ein paar beeindruckende Felsklötze, zwischen denen wir hindurch wandern.
Danach senkt sich der Weg stetig ins Tal hinab. Einen Abzweig nach links oben ignorieren wir, bei der nächsten Möglichkeit halten wir uns nach rechts hinab. Der Weg passiert eine kleine Staumauer und endet an der Ortsgrenze. Achtung, hier führt am Waldrand ein Pfad direkt nach links über eine Brücke. Den nehmen wir und biegen erst bei der nächsten Möglichkeit rechts auf die Heimburgstraße ab. Der folgen wir abwärts und erreichen so den Friedenspark von Thale. Hier liegen die sehenswerte Kirche St. Petri, direkt hinter dem Park der Bahnhof und ein paar Meter weiter der Großparkplatz der Seilbahnen Thale.

Erlebniswelt Thale

Wem die Seilbahntour zum Hexentanzplatz nicht reicht, der kann mit dem Sessellift zur Rosstrappe hinauffahren und sich den Hexentanzplatz von dem spektakulären Felsen (403 m) aus ansehen. Ansonsten warten an den Talstationen noch ein Kletterwald, Trampolin, Fahrgeschäfte, Minigolf und andere Freizeiteinrichtungen.

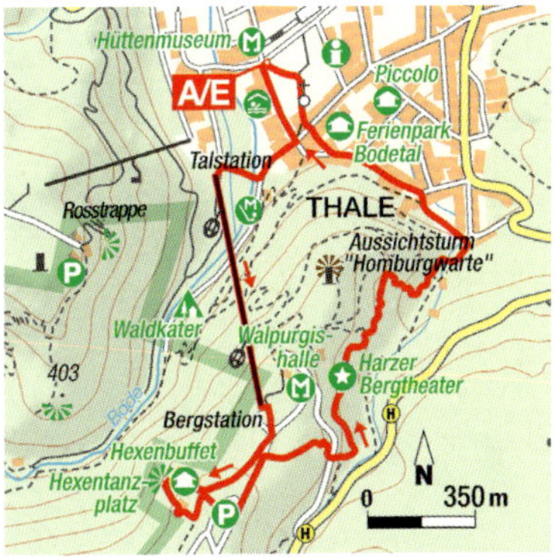

23 Durchs Selketal auf die Burg Falkenstein

Die schönste Burg im Harz

mittel | 11,0 km | 200 Hm | 3.00 Std.

Tourencharakter
Die Wanderung verläuft auf breiten Forst- und Wanderwegen, nur der Abstieg ins Tal ist etwas steiler. Wald und Wiesen wechseln sich ab.

Ausgangs-/Endpunkt
Hotel-Restaurant Zum Falken im Selketal; bei ÖPNV-Anfahrt Bushaltestelle Gartenhaus
GPS: 51.688417, 11.275333 (Zum Falken);
51.677950, 11.283967 (Gartenhaus)

Anfahrt
ÖPNV: Bus Linie 243 von Ermsleben zur Haltestelle Gartenhaus (Pansfelde)
Auto: Über Meisdorf ins ausgeschilderte Selketal, Parkplatz beim Hotel Zum Falken

Einkehr
Hotel-Restaurant Zum Falken, www.zum-falken-harz.de; Gartenhaus und Museumscafé Burg Falkenstein, www.ritteressen-burg-falkenstein.de

Information
www.falkenstein-harz.de

Das Selketal und die Burg Falkenstein gehören zu den Highlights am östlichen Ende des Harzes. Zuerst geht es auf einer Ahornallee durch die Wiesen und Wälder an der munteren Selke, dann auf bequemen Wegen hinauf zur perfekt erhaltenen Burg Falkenstein.

Romantisches Selketal Die Wanderung beginnen wir im Selketal an der Gaststätte Zum Falken. Über die Talstraße folgen wir der ausgeschilderten Route in das Selketal hinein. Zuerst noch kurz auf Asphalt geht die Strecke bald in eine Schotterstraße über. Von links kommt der Eselsstieg herab, über den wir nach dem Besuch der Burg absteigen werden.

Wir halten uns auf der Talstraße und überqueren die Selke auf der Adelheidsbrücke. Die Thalmühle, die auf einer Lichtung steht, umwandern wir links und wechseln bald darauf wieder die Flussseite. Immer wieder laden Bänke zur Rast ein, hier und da führen Trampelpfade ans Wasser. Lichtungen lockern die Galeriewälder auf. Von den Bäumen, die die Allee bilden, beeindrucken vor allem die großen alten Ahornbäume, Eichen und

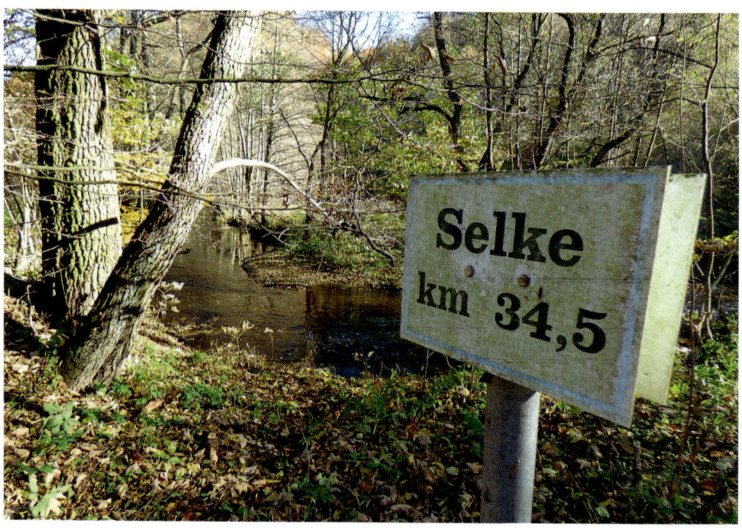

Galeriewald an der Selke

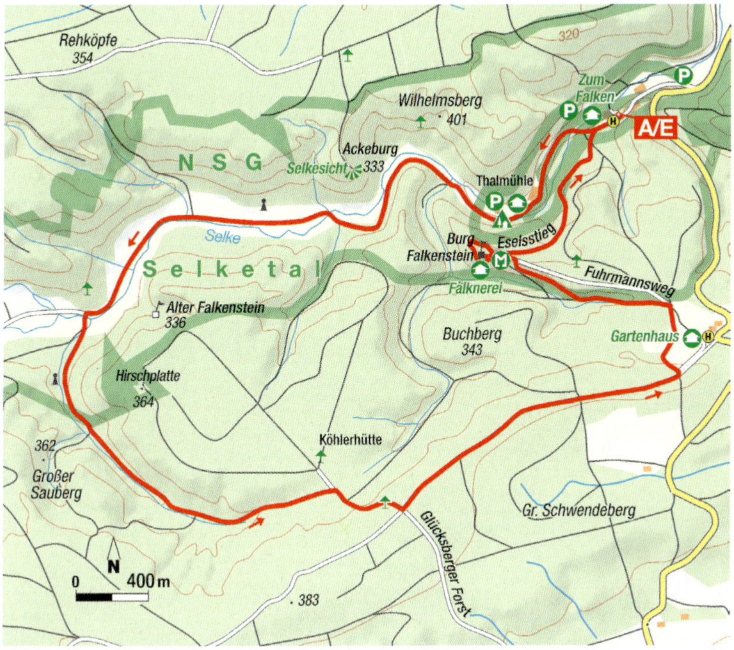

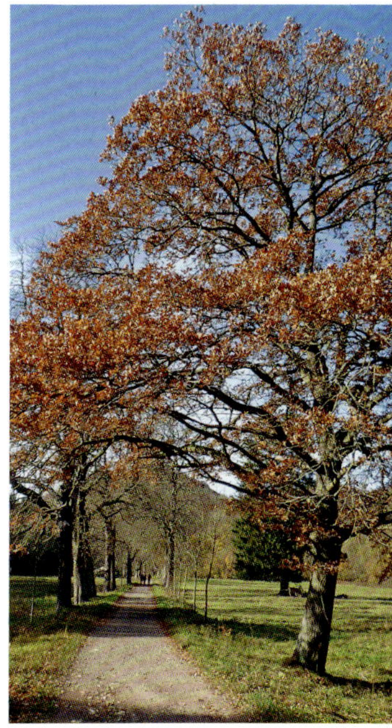

Spätherbst im Selketal

Kastanien. Der Blick nach rechts hinauf zeigt uns die trockenen Südhänge des Selketals, die locker mit Eichen bestanden sind. Bald erscheint die Brücke, auf der wir die Selke erneut überqueren. Sie fließt jetzt links von uns. Hier weitet sich das Tal und die Wiesen nehmen den gesamten Talboden ein. Umso schöner wirkt die Allee, auf der wir wandern.

Aufstieg zur Burg Nach insgesamt rund vier Kilometern erreichen wir einen Picknickplatz mit der Schutzhütte am Mettenberg. Hier zweigen wir nach links von der Allee ab, um auf einer Brücke auf die Südseite der Selke zu queren. Die Burg Falkenstein und das Gartenhaus sind ausgeschildert. Wir halten uns geradeaus und ignorieren den Abzweig nach rechts. Der Hirschsteinweg bringt uns sanft ansteigend durch ein Seitental hinauf auf die Hochebene. Unterwegs durchqueren wir einen abwechslungsreichen Mischwald. Hier stehen Buchen, Fichten, Eichen, Ahornbäume und weiter oben auch Lärchen und Birken. Im oberen Bereich haben die Trockenjahre 2018 bis 2020 offene Flächen hinterlassen, die nun wieder zuwachsen. Pionierpflanzen wie Birken und Eschen siedeln sich hier zuerst an.
Der Hirschsteinweg stößt dann auf eine Forststraße, in die wir nach rechts einbiegen (Schild »Burg Falkenstein 3,7 km«). Eine

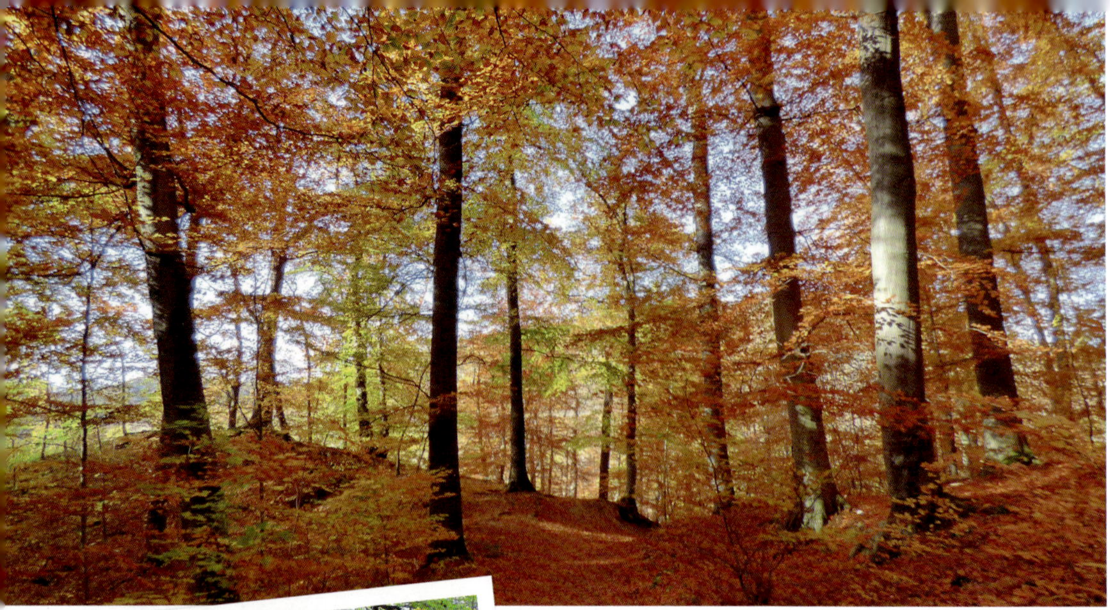

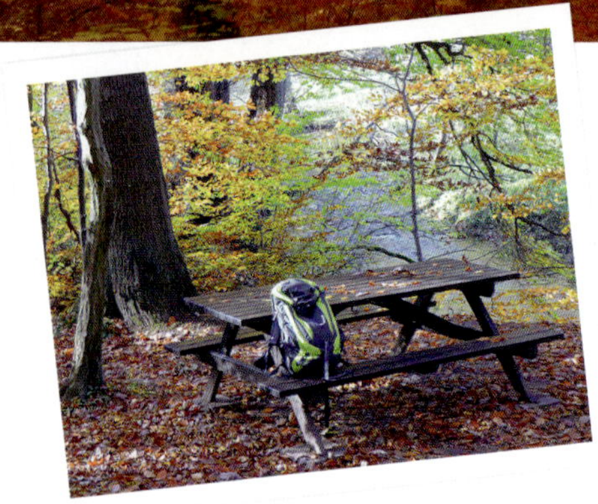

Rastplatz an der Selke

Ganz oben: Buchenwaldglühen im Goldenen Oktober

langgezogene Linkskurve führt uns dann hinauf auf eine weitere querende Straße, die Friederikenstraße. Die Burg ist auch hier (nach links) ausgeschildert. Die Friederikenstraße bringt uns über die Hochfläche, wir ignorieren die Abzweige, bis nach knapp zwei Kilometern eine Kreuzung auftaucht. Hier steht halb links ein weißer Turm.

Geradeaus würden wir nach gut 300 Metern zur Gaststätte Gartenhaus gelangen. Dort befindet sich auch eine Bushaltestelle. Das Gartenhaus ist damit – neben einer Einkehrmöglichkeit – ein potenzieller Einstiegspunkt für Wanderer, die mit dem ÖPNV anreisen. Wir folgen aber nach links der Beschilderung zur Burg. Zwischendurch weist eine Tafel auf die Obere Vorburg und die Geschichte des Falkenstein hin.

Wir folgen der Zufahrt, bis wir uns an einer Gabelung entscheiden müssen: Auf dem Wirtschaftsweg weiterlaufen zur Burg, oder über den viel schöneren Wanderweg. Natürlich wählen wir den links hinabführenden Wanderweg. Eine Schutzhütte und zwei Teiche entdecken wir bald am linken Wegrand. Eine Abzweigung nach links wird ignoriert. Der Weg führt hier wunderschön auf gleicher Höhe bleibend durch den abwechslungsreichen Wald und endet direkt vor der Burg.

Auf dem Falkenstein Links vor der eigentlichen Burg erheben sich ein paar verfallene Mauerwerke mit einem Turm. Hier befindet sich eine Toilette und der Turm ist ein guter Fotostandort.

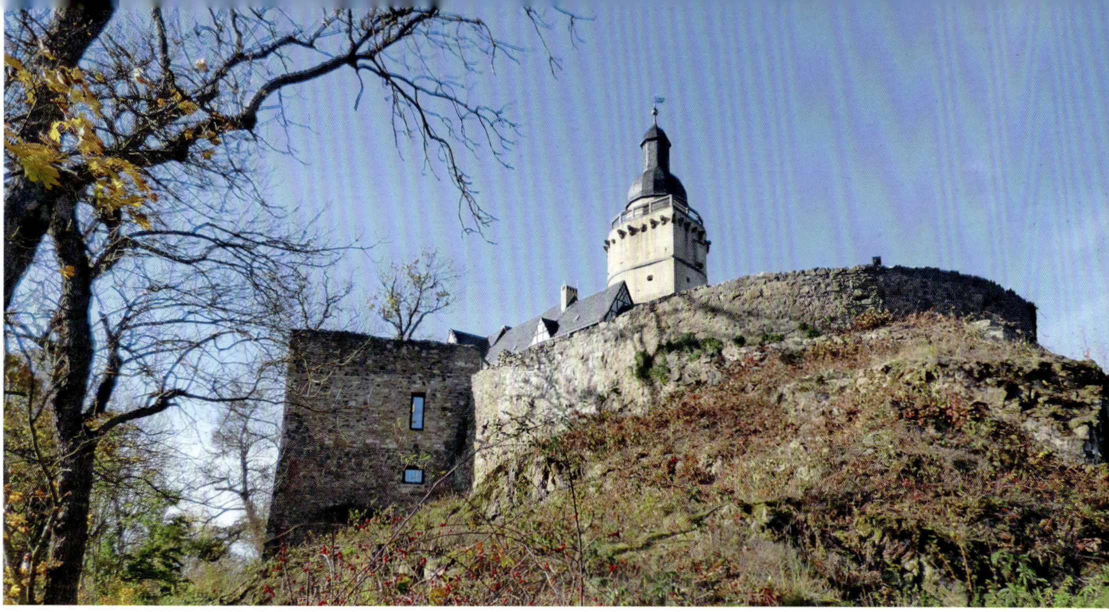

Burg Falkenstein über der Selke

Vor dem eigentlichen Burgbesuch – oder vielleicht auch danach – empfiehlt es sich, die Burg auf einem Fußpfad zu umrunden. So genießt man einen Eindruck von allen Seiten. Die wehrhafte Anlage hoch über dem Selketal ist auch deshalb so beeindruckend, weil sie seit ihrer Errichtung im 12. Jahrhundert nie zerstört wurde.

Der Gang durch das Burgtor hinein führt in einen großen Innenhof. Hier befinden sich eine Falknerei, die auf Flugshows ihre Greifvögel präsentiert, und eine Gaststätte, die aber nur über den Museumsrundgang zugänglich ist.

Falkenhof

Die Falknerei auf Burg Falkenstein veranstaltet jeden Nachmittag (außer Montag) spektakuläre Flugshows mit verschiedenen Greifvogelarten. Dabei erfährt der Besucher auch viel über die imposanten Vögel selbst. Adler, Falken, Geier, Uhus und viele andere Arten sind hier oben zu Hause. Info: www.burg-falkenstein.de

Zurück ins Selketal Wenn wir uns nach dem Burgbesuch wieder der Zufahrtsstraße zuwenden, führt halb links der beschilderte Eselsstieg ins Selketal hinab. Der Pfad strebt zügig talwärts. Zwischendurch liegt linker Hand noch einmal ein schöner Aussichtspunkt mit Blicken auf die Burg und über das Tal. Das Gefälle nimmt ab, und links weist ein Schild auf die Untere Vorburg von Falkenstein hin.

Nun nicht mehr weit, dann fädeln wir kurz vor der Gaststätte Zum Falken wieder auf die Selketalallee ein und stehen bald wieder am Ausgangspunkt der Tour. Zur Einkehr locken die Gaststätte selbst oder der daneben befindliche Kiosk Waldschänke, der einfache Speisen und Getränke anbietet.

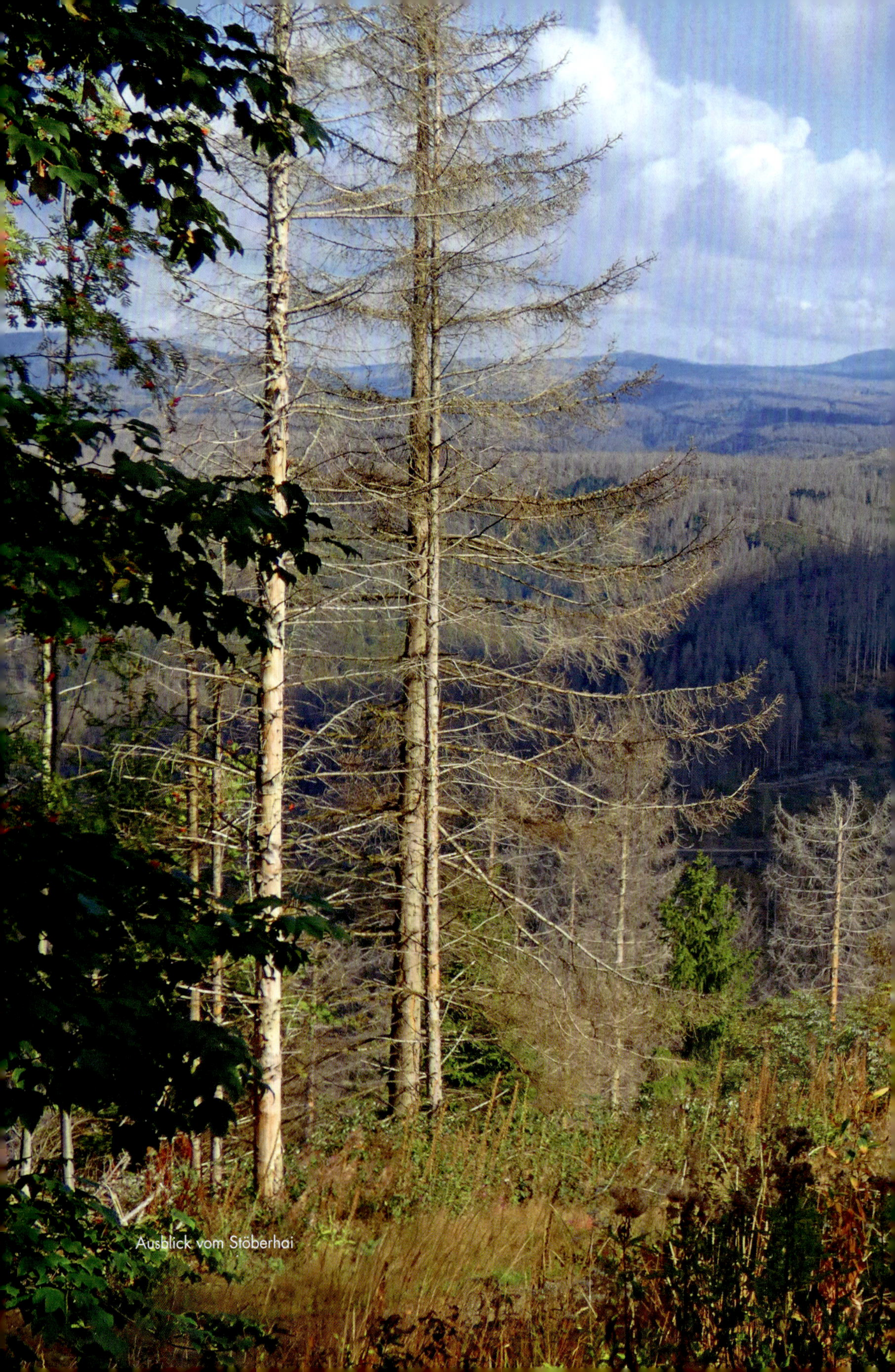

Ausblick vom Stöberhai

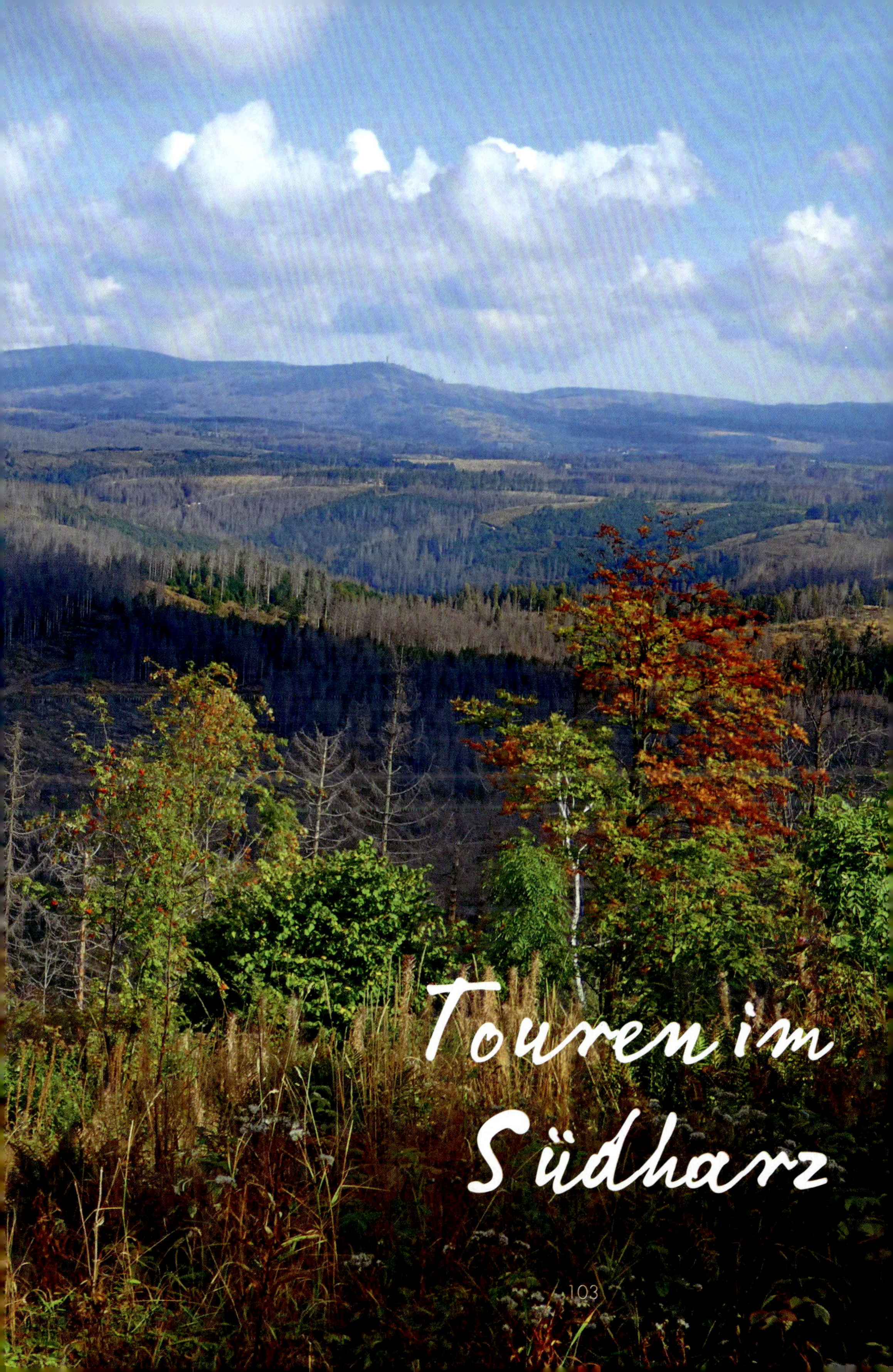

Touren im Südharz

24 Burg Hohnstein und Heinrichsburg

Zwei Burgruinen und ein Stausee

mittel | 10,0 km | 200 Hm | 3.00 Std.

Tourencharakter
Die Route verläuft meist auf Fahrspuren, Wanderwegen und schmalen Waldpfaden. Buchen und Eichen prägen den Wald und stehen mal lichter, mal dichter. Es geht anfangs etwas steiler bergauf, später mal etwas steiler bergab – insgesamt aber meist recht eben. Nach Regen können die Wege teilweise matschig sein.

Ausgangs-/Endpunkt
Neustadt/Harz, Am Wiesenplatz, direkt südlich der Innenstadt
GPS: 51.559267, 10.833467

Anfahrt
ÖPNV: Bushaltestelle Wendeplatz mit Verbindungen z. B. ab Nordhausen, Ilfeld oder Benneckenstein
Auto: Von Nordhausen über Niedersachswerfen oder von Hasselfelde über Ilfeld nach Neustadt/Harz

Einkehr
Burggasthof Hohnstein, www.burghohnstein.de; Gondelteichkiosk, Tel. 0162/2029735; diverse Gaststätten in Neustadt

Information
www.neustadt-harz.de/tourismus

Wie die aufsehenerregenden Mauern der Burg Hohnstein liegen auch die Ruinen der Heinrichsburg auf einem mächtigen Bergsporn. Vor der Jugendstilmauer der Talsperre spiegeln sich die Berge im See, lichte Buchen und Eichenwälder entzücken zu allen Jahreszeiten.

Durch Neustadt hinauf zur Burg Der schöne Ort Neustadt/Harz mit seinem Fachwerk und seinen Burgen ist fast noch ein Geheimtipp im Harz. Wir beginnen unsere Wanderung am Wiesenplatz (Parkplatz, Toiletten). Richtung Zentrum halten wir uns rechts und sofort wieder links. Durch das mittelalterliche Stadttor (erbaut 1412) führt uns die Torstraße. Wir treffen auf die Steinstraße, die uns nach rechts zur St.-Georg-Kirche aus dem 17. Jh. leitet. Wir wenden uns nun links in die Burgstraße und folgen ihr durch das langgezogene mittelalterliche Fachwerkstädtchen, bis wir im Kurpark auf den Gondelteich treffen. Dahinter ragen schon die Spitzen der Burg aus dem Wald auf.

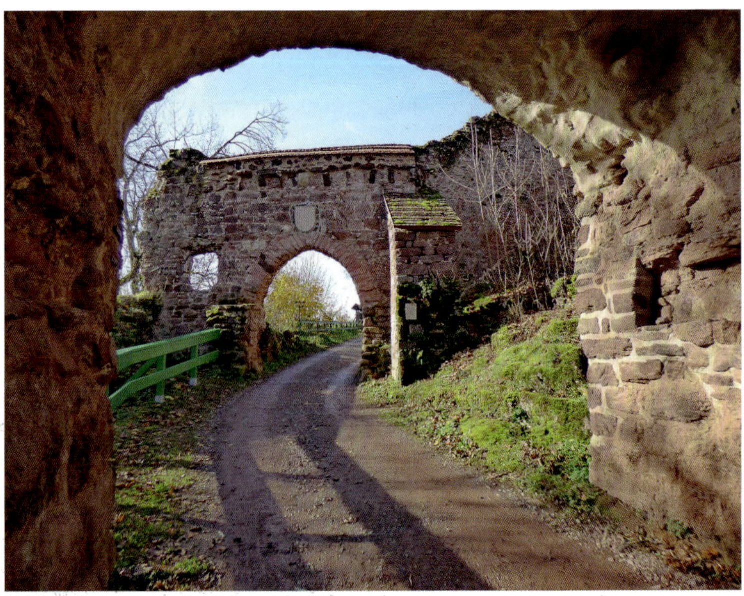

Mächtige Tore sichern Burg Hohnstein.

Hier halb rechts beginnen wir den Aufstieg (blaues X, Dampfloksymbol) zur Burg Hohnstein. Der etwas steinige Wanderweg führt uns schnurgerade zwischen Laubbäumen aufwärts. Unterhalb der Burg wird der Wanderweg von der holprigen Zufahrtspiste aufgenommen. In der Haarnadelkurve der Zufahrtsstraße wandern wir später rechts weiter auf dem Wanderweg (blaues X). Hier informiert eine Tafel mit Karte über die Südharzburgen.

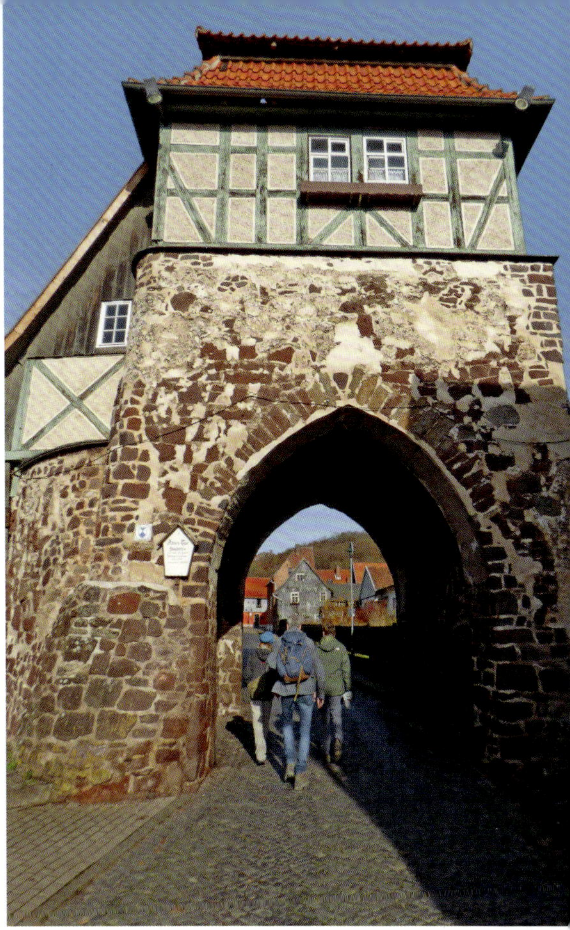

Das Stadttor von Neustadt/Harz

In der Burgruine Hohnstein Zuerst wagen wir aber den unbedingt lohnenden Abstecher zu den Mauern der Festung Hohnstein. Die Burg aus dem 12. Jahrhundert ist zwar seit dem Dreißigjährigen Krieg nur noch eine Ruine, aber eine besonders eindrucksvolle. Sie liegt hoch über dem Harzrand auf einem Bergrücken aus rotem Porphyr. Große Teile der Befestigungsanlagen stehen noch, damit zählt die Hohnstein zu den mächtigsten Burgruinen im Harz. Es macht Spaß, in den alten Gemäuern herumzusteigen. Das liegt auch daran, dass Mauern und Treppen im ursprünglichen Zustand erhalten sind. Der Gasthof innerhalb der Burgmauern allein würde schon ein lohnendes Wanderziel abgeben. Von der Terrasse blickt der unter Bäumen rastende Wanderer weit in das Harzvorland hinein und bis auf den Thüringer Wald. Drinnen ist der Burggasthof urig und zu einer Ritterburg passend eingerichtet. Die abwechslungsreiche Speisekarte bietet einige Besonderheiten an und die Mahlzeiten schmecken auch verwöhnteren Gaumen.

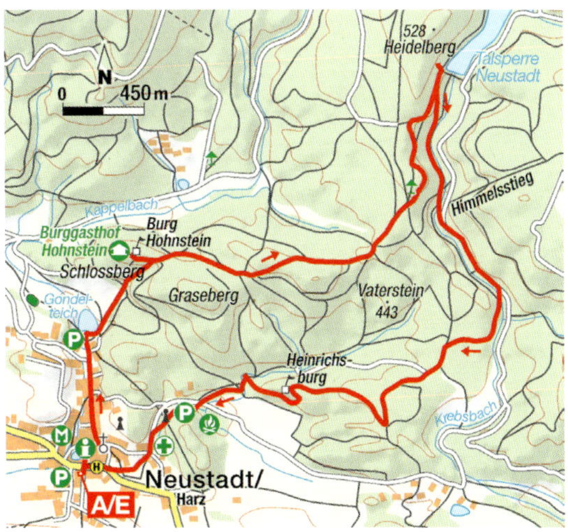

Weiter zum Stausee Nach dem Verlassen der Burganlage geht es jetzt geradeaus, die Talsperre ist schon ausgeschildert. Wir folgen dem markierten Weg (blaues X) links an der Frauenruhwiese vorbei. Die Treckerspur führt durch abwechslungsreiche Buchen-

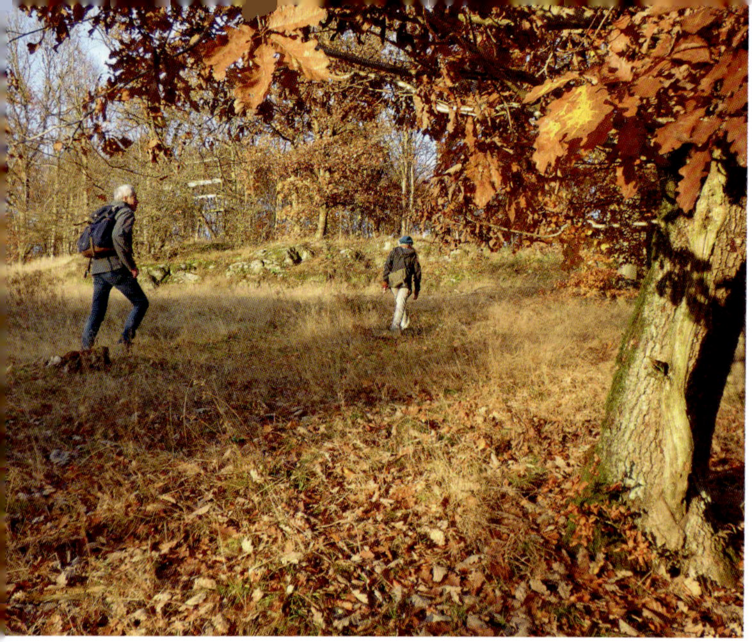

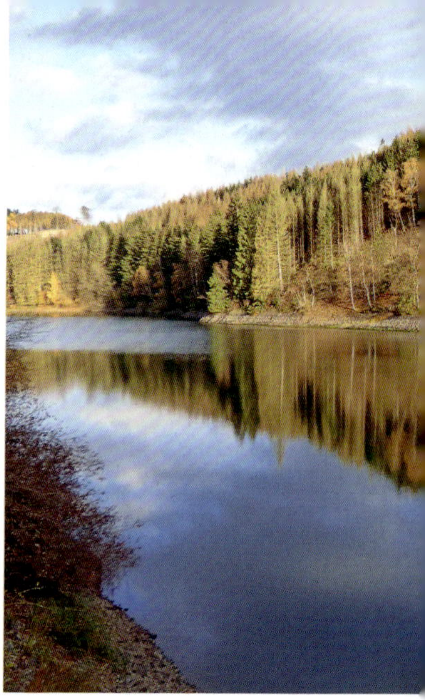

Auf dem Weg zur Ruine der Heinrichsburg

Mitte: Die Talsperre Neustadt speichert Trinkwasser.

mischwälder und wird später zu einem unbefestigten Wanderweg. Nach einer Kreuzung mit Schutzhütte wird der Weg zum Pfad und führt direkt zur Talsperre Neustadt. Die versorgt das Harzvorland mit Trinkwasser. Die Staumauer wurde 1904 unter Einflüssen des Jugendstils erbaut. Weitere Informationen gibt eine Metalltafel, eine Sitzgruppe lädt zum Verweilen ein.

Zur Heinrichsburg Nach einem letzten Blick auf den See drehen wir uns in die Richtung, wo wir herkamen, und wenden uns halb links hinunter zum Krebsbach, der die Talsperre entwässert. Wir folgen ihm und der spärlichen Ausschilderung zur Heinrichsburg. Ca. 1,3 Kilometer unterhalb der Staumauer wendet sich der Wanderweg vom Fluss weg und führt im Bogen rechts hinauf. Wir erreichen die Alte Poststraße, die historische Verbindung zwischen Braunschweig und Nordhausen, und folgen ihr nach links.

Achtung an der nächsten Abzweigung nach rechts: Hier führt die bequeme Route hinunter zum Felsentor. Für das kleine Abenteuer Heinrichsburg wandern wir aber weiter und biegen erst bei der nächsten Möglichkeit rechts ab. Die manchmal etwas unscheinbare Fahrspur zieht sich über einen Rücken und durch lichten Eichen- und Buchenwald, der immer wieder von grasbewachsenen Lichtungen unterbrochen ist. Besonders im Herbst herrscht hier eine unglaubliche Farbenpracht, wenn das Nachmittagslicht auf die Eichen fällt. Die Fahrspur wird zu einem Waldpfad, der eine kleine Geländestufe überwindet.

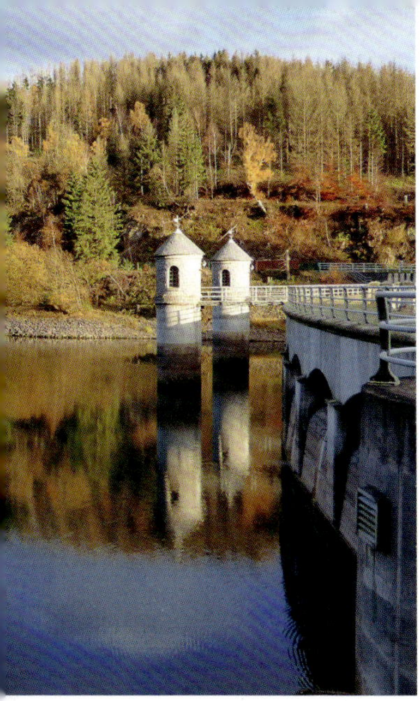

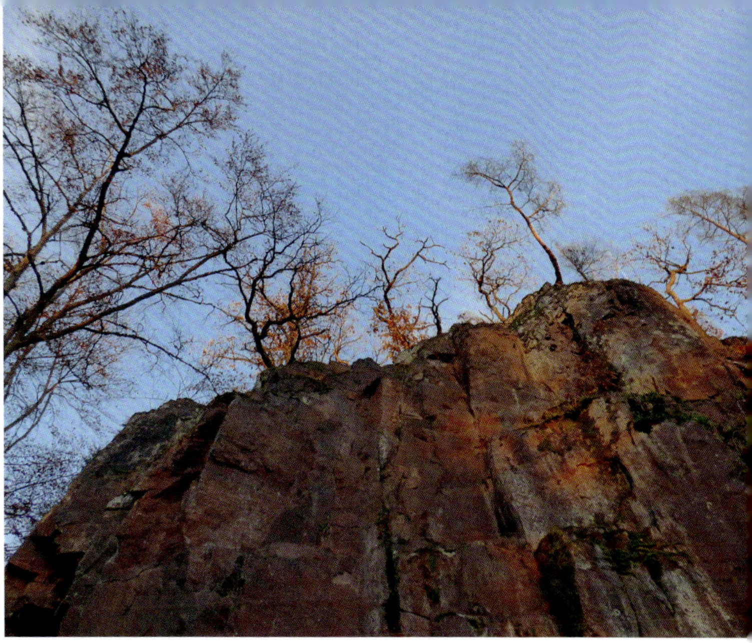

Das imposante rote Felsentor

Dann tauchen bald die Grundmauern der ehemaligen Burg samt Schild »Heinrichsburg« aus dem Wald auf. Unsere spätere Route zieht sich links an den Grundmauern vorbei und dann abwärts. Vorher steigen wir aber rechts daran vorbei auf die höchste Plattform der Ruine. Auch hier liegt ein magischer Platz unter alten Eichen. Gern breitet der Wanderer seine Picknickdecke im Gras aus.

Das Felsentor Zurück zum Einstieg in die Heinrichsburg wandern wir auf dem Pfad weiter, der sich nun in Serpentinen durch den Eichenwald hinunter ins Tal schraubt. Unten wenden wir uns rechts, und an der unmittelbar folgenden Gabelung halb rechts hinauf. Dieser Pfad bringt uns zu einer mächtigen Felswand aus Rhyolith, dem Felsentor.

Hier treffen wir die o. g. Abkürzungsroute und folgen ihr links hinab. Die Weggabelung 80 Meter weiter wartet mit einer Informationstafel zum Felsentor auf. Rechts schlendern wir weiter hinab, über die Straße und dann halb rechts durch den Lönspark zurück nach Neustadt. Die Lungenklinik lassen wir links liegen, überqueren die nächste Straße geradeaus in einen schmalen Fußweg, geraten später noch ein paar Meter auf einen Bürgersteig und landen so wieder auf dem Wiesenplatz.

Neustädter Waldbad

Das Waldbad Neustadt liegt idyllisch am Fuß des Hohnsteins. Es lädt nicht nur zum Baden in fünf unterschiedlichen Becken ein, sondern bietet auch tolle Spiel- und Sportanlagen für alle Altersgruppen – darunter eine 18-Loch-Adventuregolf-Anlage. Info: www.waldbad-neustadt.de

25 Von Walkenried zur Sachsenburg

Gipskarst, Seen und Ruinen

leicht	9,0 km	45 Hm	2.30 Std.

Tourencharakter
Wanderwege und Waldpfade ziehen sich auf und ab, aber ohne lange oder steile Steigungen. Es geht viel durch Wald und entlang von Wiesen und Seen. Wir laufen auf Schotter und etwas Asphalt, aber auch Steine und Wurzeln sind auf den Waldpfaden mit dabei. Nach Regen kann es hier oder da etwas matschig werden.

Ausgangs-/Endpunkt
Kloster Walkenried; bei ÖPNV-Anfahrt Bahnhof Walkenried
GPS: 51.581900, 10.620500 (Kloster);
51.584800, 10.609183 (Bahnhof)

Anfahrt
ÖPNV: Mit dem Zug oder Bus zum Bahnhof Walkenried; der Bahnhof liegt 1 km vor dem Tourende an der Wanderroute.
Auto: Von der Südharzautobahn A 38 über die B 243 und Obersachswerfen nach Walkenried, oder von Bad Lauterberg über B 243 und Bad Sachsa

Einkehr
Mehrere Gaststätten beim Kloster Walkenried

Information
www.walkenried-tourismus.de

Von den mächtigen Mauern des Klosters Walkenried wandern wir durch eine ungewöhnliche Landschaft. Hier im Karstgebiet finden sich unzählige Seen, Dolinen und Hügel. Auch die merkwürdigen Zwergenhöhlen oder die Sachsenburg Heinrichs IV. liegen am Weg.

Die Fischteiche der Mönche Vom Kloster nehmen wir die Schlossstraße und folgen ihr nach links (Richtung »Neuhof«), überqueren die Turmstraße und die Bahnlinie. Dahinter halten wir uns rechts, nun immer Richtung Karl-Helbing-Hütte. Eine alte Villa lassen wir links liegen, der Weg wechselt von Asphalt zu Schotter und wir stoßen auf den Röseteich. Hier sitzen oft Reiher in den Bäumen und konkurrieren mit den Anglern um die Fische im See.

Links am See vorbei überqueren wir die Landstraße. In der Ferne grüßt der weiße Turm vom Ravensberg. An einer Gabelung nach rechts bekommen wir es mit der ersten kleinen Steigung zu tun. Noch einmal rechts lohnt sich der kurze Abstecher zum Aussichtspunkt Höllstein. Über Höllteich und Andreasteich schweift der Blick zum Bahnhof Walkenried. Die Seen wurden von den Mönchen als Fischteiche angelegt, der Legende nach sollen es 365 sein. Über 50 Teiche sind nachgewiesen.

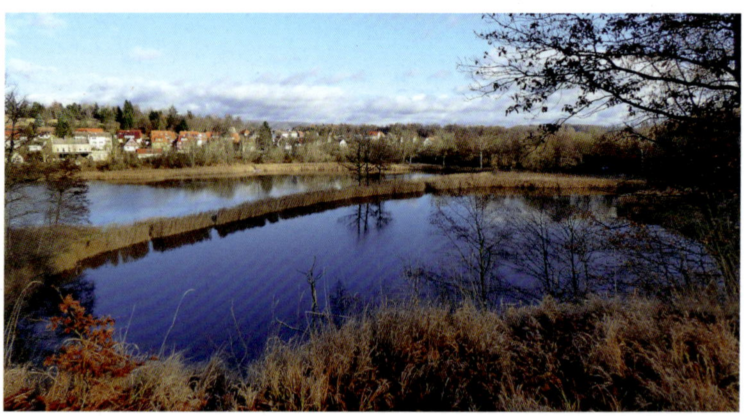

Höllteich und Andreasteich

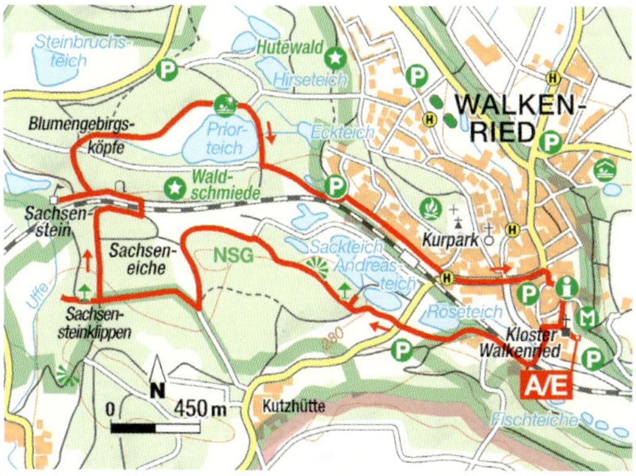

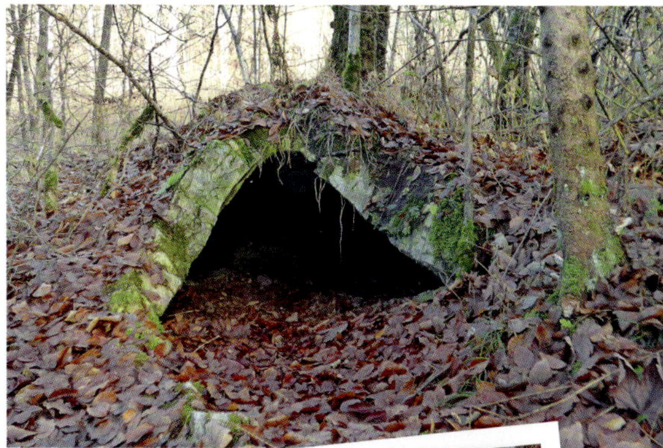

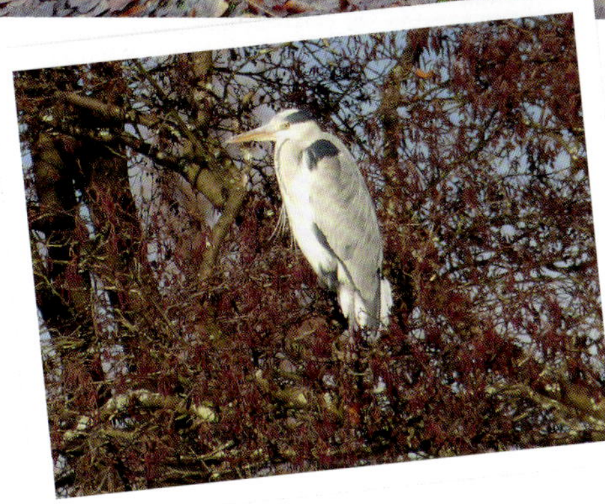

Reiher an den Walkerieder Teichen

Ganz oben: Eine Zwergenhöhle im Kalkstein

In der Karstlandschaft Kurz zurück folgen wir rechts weiter dem Waldpfad (Richtung »Karl-Helbing-Hütte«), der nun immer märchenhafter wird. Die Mulden und Hügel, durch die sich der Pfad zieht, sind typisch für Karstgebiete. Da der Untergrund aus Gips und Kalk wasserlöslich ist, entstehen überall kleine Höhlen. Nach deren Einsturz bilden sich die Mulden. Alte Buchenbestände säumen die Route, und rechts unten spiegelt sich der Himmel in den Wasserflächen.

Wieder in der Ebene, liegt rechts die Sachseneiche, deren Alter auf über 850 Jahre geschätzt wird. Nun erreichen wir eine große Wiese und folgen dem Waldrand nach links (Richtung »Karl-Helbing-Hütte«). Am Ende der Wiese geht es rechts um sie herum und zur genannten Hütte hinauf. Geradeaus lohnt der Abstecher (150 m) zum Aussichtspunkt an den Sachsensteinklippen. Unvermittelt steht man an der oberen Kante der fast 40 Meter hohen Klippen und blickt weit über Bad Sachsa zum Ravensberg.

Zwergenhöhlen und Sachsenburg Zurück an der Hütte wenden wir uns links und wandern geradeaus bis zu einer Tafel, auf der die Zwergenlöcher erklärt werden. Direkt gegenüber und hinter der Tafel finden sich diese zeltartigen Höhlen, die wie von Zwergen gebaut aussehen. Falls wir ein trockenes Plätzchen für die Nacht bräuchten …

Wir folgen jedoch den Schildern nach rechts und später wieder links und über den Bahnübergang. Dahinter fädeln wir nach links auf den Schotterweg ein, der uns zur Sachsenburg bringt. Den Abzweig am Bahneinschnitt ignorieren wir vorerst, wir kehren aber nach dem Abstecher zur Sachsenburg (200 m) hier hin zurück. Auch ein weiterer Rechtsabzweig bleibt unbegangen. Von der Sachsenburg stehen nur noch ein paar Grundmauern. Die verströmen aber trotzdem einen mystischen Charme. Sie liegen halb zugewachsen im Wald an einem sehr schönen Platz. Von der höchsten Stelle des Burgberges fällt der Blick in die gegenüberliegenden schneeweißen Felswände des Sachsensteins. Auch der Atem der Geschichte weht durch die Ruinen. Kaiser Heinrich IV. ließ diese und andere Burgen zur Kontrolle der sächsischen Bevölkerung errichten. Diese schüttelten das harte Joch aber bald wieder ab, die Burgen wurden geschleift.

Zum Kleinod Priorteich Zurück am vorletzten Abzweig (Bahneinschnitt) folgen wir dem Schild »Rundwanderweg 1« scharf links hinauf. Am Ende der kurzen Steigung treffen wir auf einen Wegstern mit Bank. Hier halten wir uns halb rechts und folgen dem Fußweg, der direkt hinter der Holztafel »Naturschutzgebiet« und dem gelben Pfosten hinabführt (roter Balken). Der Pfad erklimmt später einen kleinen Damm und passiert eine große Wiese, bevor die Wasserfläche des Priorteichs in Sicht kommt. Schwäne, Enten und andere Wasservögel sind schon von weitem zu hören. Die bewaldeten und vom Schilf gesäumten Uferzonen des schönen Sees werden von einer großen Wiese unterbrochen. Dies ist eine beliebte Badezone. Es gibt einfache Umkleidekabinen in einem Holzbau und eine Open-Air-Dusche.

Rechts: Wald und Schilf am Priorteich

Relikte der Sachsenburg, auch Burg Sachsenstein genannt

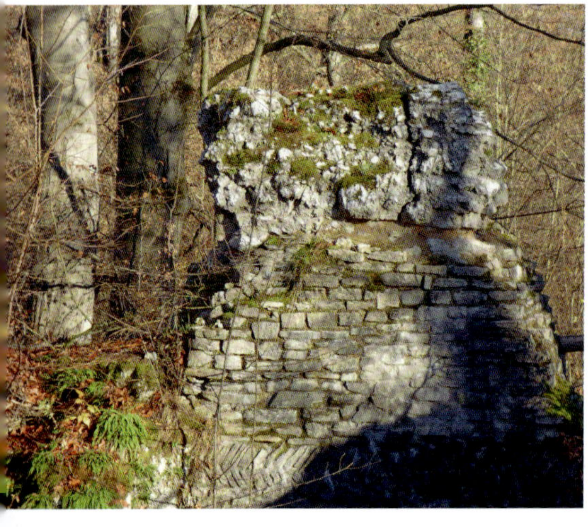

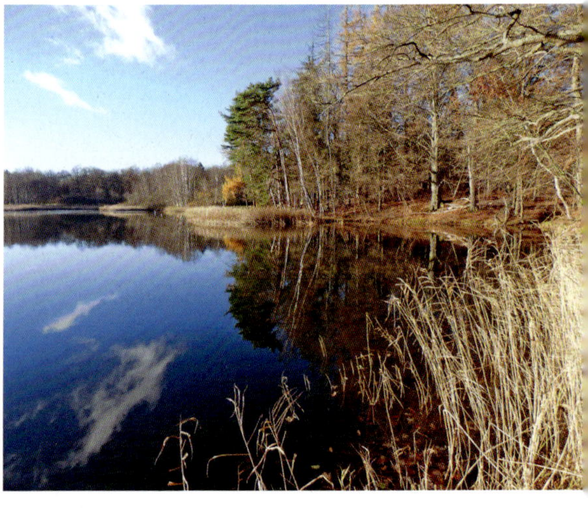

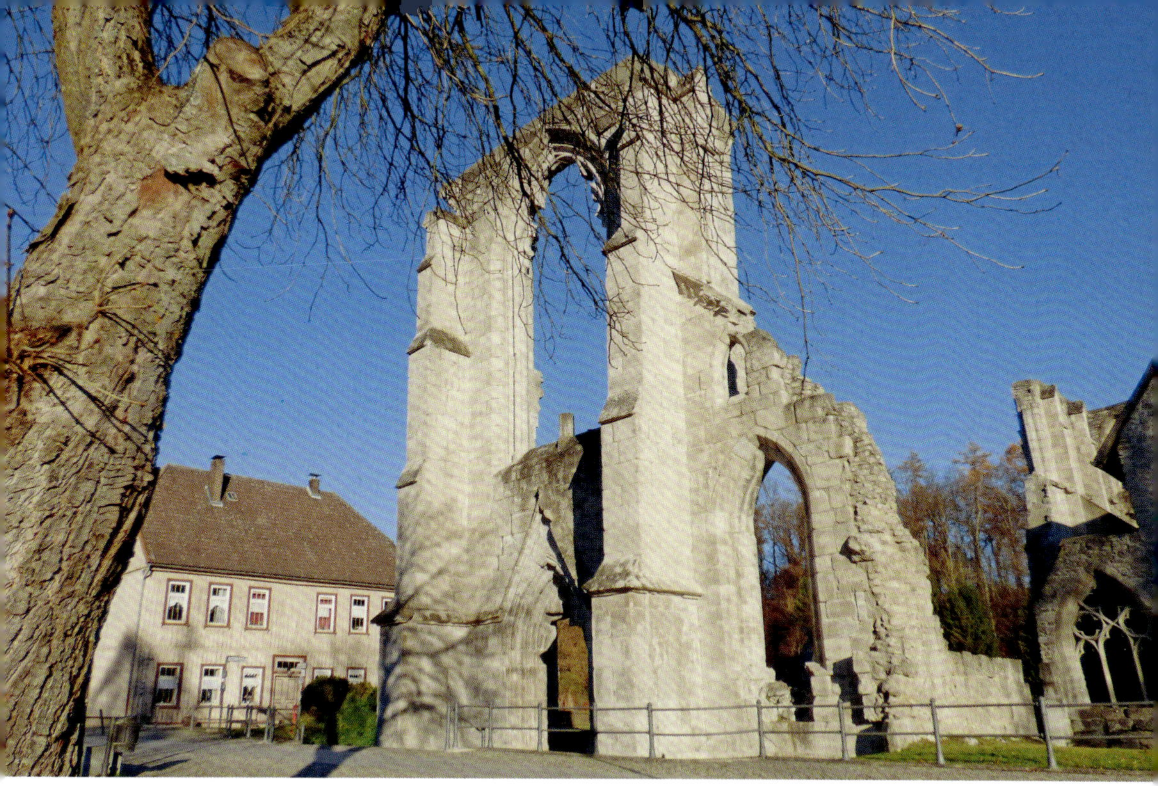

Ruinen der historischen Klosterkirche von Walkenried

Zurück zum Kloster Weiter wandern wir im Uhrzeigersinn um den See herum. Am Ende des Damms halten wir uns zuerst geradeaus Richtung Affenteich, hinter einem Wall dann links (roter Balken). Besagter Teich taucht bald links auf. Wir wandern immer geradeaus. Hinter einer Schranke wird der Schotterweg zu einer Wohngebietsstraße (Sachsaer Weg), die uns geradewegs zum Bahnhof bringt. Von hier folgen wir halb links der Bahnhofstraße, bis sie nach knapp 500 Metern an einem kleinen Park nach links umknickt und zur Harzstraße wird. Nach rechts weisen die kleinen braunen Schilder für Fußgänger zum Kloster. Vor einer Tordurchfahrt liegt das Klosterhotel mit einem kleinen Biergarten, dahinter links eine Pizzeria. Wenige Meter weiter im Klosterhof steht Sushi auf der Speisekarte, und dann tauchen schon die mächtigen Ruinen der Klosterbasilika auf.

Kulturinteressierten sei eine Besichtigung empfohlen. Wer aber eher etwas fürs leibliche Wohl sucht, wird bei kleinen Speisen und dem prächtigem Kuchenangebot im Klostercafé ebenfalls fündig.

Kloster Walkenried

Das Zisterzienserkloster Walkenried gehörte im Mittelalter zu den bedeutendsten Klöstern in Mitteleuropa. Selbst die Ruinen der Basilika künden noch von der einstigen Größe. Über die Geschichte des Klosters aus dem 13. Jh. informiert – multimedial und mit Exponaten – das Zisterziensermuseum. Beliebt sind Führungen im Kerzenschein. Info: www.kloster-walkenried.de

26 Stöberhai und Stöberhaier Bahnhof

Auf alten Wegen und Bahntrassen

mittel | 10,0 km | 320 Hm | 2.30 Std.

Tourencharakter
Abwechslungsreiche Wälder, halboffene Lichtungen und die Geschichte der Bahnstrecke prägen die Route. Meist geht es auf Schotterwegen dahin. Anfangs steigt man stetig auf, im Abstieg ist nur ein kurzes Stück etwas steiler.

Ausgangs-/Endpunkt
Ortsende Wieda, Straße Frankental
GPS: 51.642083, 10.582017

Anfahrt
ÖPNV: Bus von Bad Sachsa, Braunlage oder Walkenried nach Wieda, Haltestelle Wald-/Bergstraße
Auto: Von Walkenried kommend bis zum Ortsende Wieda; der Wanderparkplatz liegt ein kurzes Stück außerhalb des Ortes an der Landstraße.

Einkehr
Waldgasthaus Bahnhof Stöberhai, Tel. 01511/4972265

Information
www.bad-sachsa.de

Auf Schotterpisten und Wanderwegen führt diese Tour durch Mischwald auf die abwechslungsreiche Hochfläche Stöberhai. Eine stillgelegte Bahntrasse und ein Gasthaus im alten Bahnhof vollenden diese schöne Rundwanderung.

Durch das Frankental Ab Wieda (Bushaltestelle Wald-/Bergstraße) wandern wir von der Landstraße weg die Sackgasse aufwärts (»Fußweg zum Stöberhai«). Zuerst kurz auf Asphalt, dann geht es auf einem Schotterforstweg stetig bergauf (Weg 31B, gelbes Dreieck). Die Steigung wird später sanfter. Vor einer weiten Linkskurve zweigt ein beschilderter Graspfad halb rechts ab. Die Lichtungen werden größer, wir erreichen den Stöberhai. Auf der Hochfläche erleben wir besonders intensiv die Vielfalt eines Naturwaldes, in dem nicht mehr aufgeräumt wird. Auch Wiesen und Buschwerk haben hier ihren Raum. Das idyllische Plätzchen mit Schutzhütte, Tischen und Bänken sowie vielen Wanderschildern lädt zum Picknick ein.

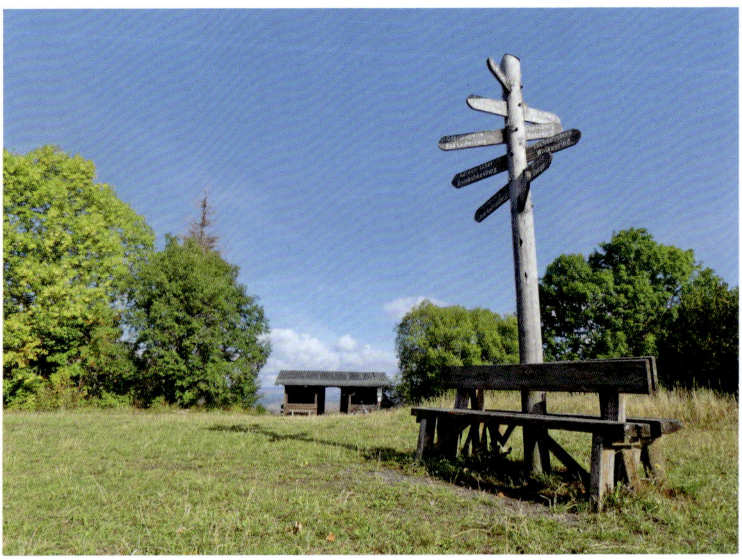

Wegweiser und Hütte auf dem Stöberhai

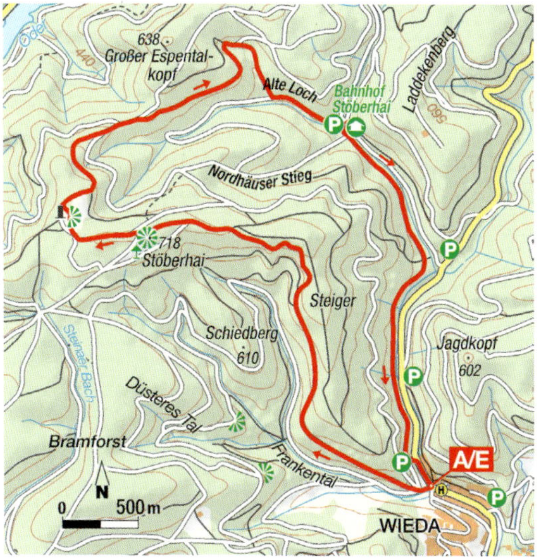

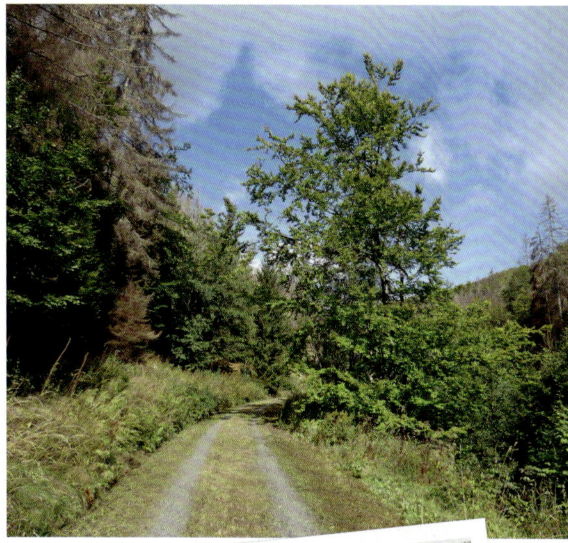

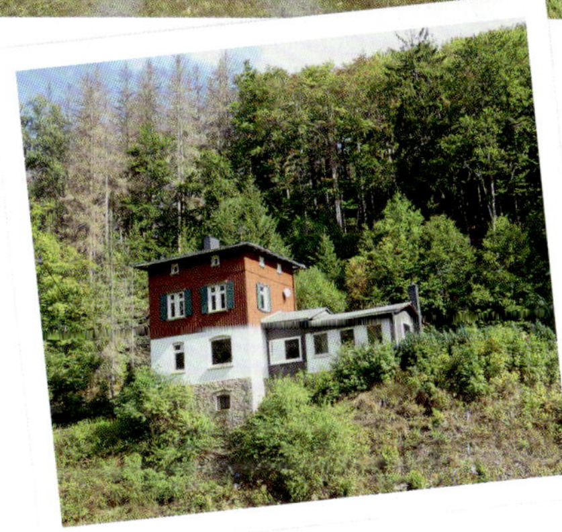

Der alte Bahnhof Stöberhai

Ganz oben: Forstpisten prägen diese Tour.

Zum alten Bahnhof Weiter geht es in Gehrichtung geradeaus auf einer Forstpiste. Links erblicken wir in der Ferne den Turm auf dem Ravensberg und halb rechts das Gerippe des alten Bundeswehrturms. Nach ein paar hundert Metern auf Forststraße biegen wir rechts auf die Lichtung ab und lassen den Turm links liegen. Bald stoßen wir auf das Denkmal des Fernmeldeturmes. Dahinter links, dann rechts und dann immer mehr oder weniger geradeaus bergab folgen wir den Schildern Richtung »Bahnhof Stöberhai«, bis wir diesen erreichen.

Die Südharzeisenbahn bediente einst die gebirgige Schmalspurstrecke zwischen Walkenried und Braunlage. So wurde 1900 hier auch das Bahnhofsgebäude mit Gaststätte errichtet. Und obwohl die Bahnlinie schon 1963 stillgelegt wurde, erfreut sich die Einkehr hier immer noch großer Beliebtheit. Die Gäste kommen allerdings heute meist zu Fuß oder mit dem Fahrrad, einige auch mit dem Auto. Aus der Gaststätte heraus kann der späte Besucher bei warmen oder kalten Speisen die abendliche Wildfütterung beobachten. Da diese meist gegen 18 Uhr stattfindet, sollte man im Winterhalbjahr für den Rückweg eine Taschenlampe dabeihaben.

Vom Bahnhof Stöberhai aus wechseln wir auf die andere Seite des Baches und wandern auf dem Waldweg (Weg 12M, Baudensteig) links hinunter nach Wieda.

27 Wiesenbeker Teich und Steinaer Stausee

Bunter Wald und stille Seen

mittel | 6,0 km | 190 Hm | 2.00 Std.

Tourencharakter
Waldpfade, Wanderwege und geschotterte Forststraßen führen durch die Buchenwälder. Alle Wege sind auch für weniger trittsichere Wanderer gut zu bewältigen.

Ausgangs-/Endpunkt
Campingpark Wiesenbeker Teich
GPS: 51.617950, 10.488750

Anfahrt
ÖPNV: Bus von Herzberg oder Braunlage nach Bad Lauterberg, Haltestelle Schanzenstraße; von dort 2 km Fußweg zum Toureneinstieg am ehem. Kurhotel (siehe Tippkasten)
Auto: Von der B 27 in Lauterberg über Schanzenstraße, Butterbergstraße und Wiesenbek zum ausgeschilderten Campingpark

Einkehr
Dombrowskys Baude im Campingpark Wiesenbeker Teich, www.campingwiesenbek.de

Information
www.badlauterberg.de, www.trekkingguide.de/wasserregal.htm

Der Wiesenbeker Teich liegt mit dem etwas kleineren See der Steinaer Talsperre eingebettet in üppige Buchenmischwälder. Diese begeistern besonders im Frühjahr mit ihrem frischen Grün und im Herbst mit rot und gelb leuchtenden Laubfärbungen.

Der Wiesenbeker Teich Der Kunstteich gehört als Teil des Oberharzer Wasserregals zum UNESCO-Welterbe. Seit 1715 versorgte der See den Bergbau in Lauterberg mit Energie in Form von Wasser. Dies wurde über große Räder geleitet und trieb die Pumpen und Seilwinden an. Heute ist der Bergbau stillgelegt und der See sehr beliebt zum Baden. Die Badezonen liegen auf dem Gelände des Campingplatzes, sind aber – ebenso wie die dortige Gaststätte – für jedermann zugänglich.

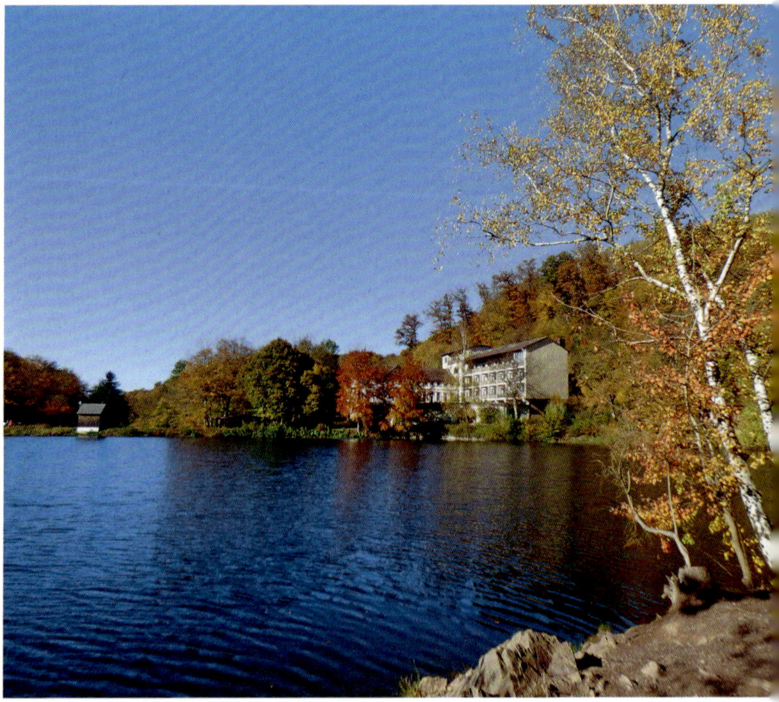

Das ehemalige Kurhotel

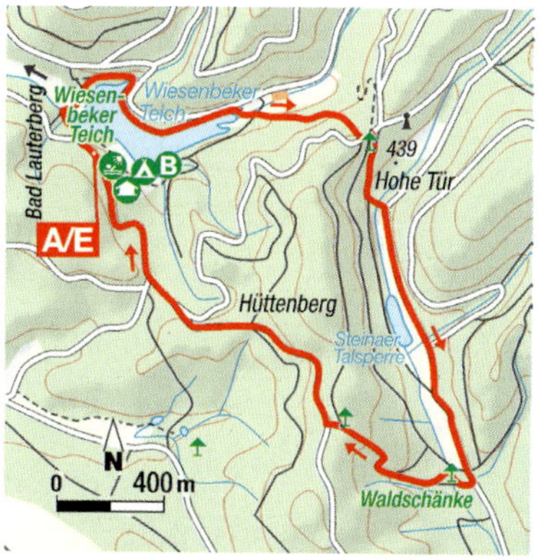

Rund um den See Vom Parkplatz am Wiesenbeker Teich wandern wir ein kleines Stück gegen die Zufahrtrichtung zurück, um den See an seinem Ufer im Uhrzeigersinn zur Hälfte zu umrunden. Es geht etwas hinab zur Staumauer, über die wir das andere Ufer erreichen. Dort stoßen wir auf das seit den 1990er-Jahren verlassene Gebäude des ehemaligen Kurhotels, das immer mehr im Gestrüpp verschwindet – »Lost Places« nennt man solch mystische Gebäude heute, und die sind im Harz als verlassene Hotels oder aufgegebene Bergbauruinen an vielen Stellen zu finden.

Start in Bad Lauterberg

Wer direkt in Bad Lauterberg startet, wandert über die Schanzenstraße (Bushaltestelle), Butterbergstraße und Wiesenbek aus dem Ort hinaus. Wo die ruhige Straße hinter den letzten Häusern Bad Lauterbergs in einer S-Kurve den Bach Wiesenbek überquert, geht man geradeaus auf Waldwegen weiter und erreicht so direkt am ehemaligen Kurhotel den Wiesenbeker Teich. Der Abstieg erfolgt auf derselben Route. Das bedeutet zusätzlich 2 km und 70 Hm pro Richtung, die Tour ist dann insgesamt 10 km lang und dauert ca. 3.00 Std. (ab Schanzenstraße/Ortszentrum).

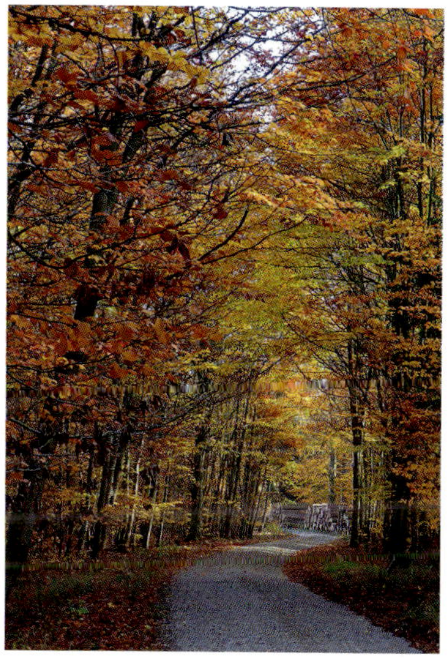

Abstieg zum Wiesenbeker Teich

Vom früheren Kurhotel weiter direkt entlang des Ufers führt ein wunderschöner Wanderweg zu dem der Staumauer gegenüber liegenden See-Ende. Links erstrecken sich die abwechslungsreich bewaldeten Hänge des Südharzes, rechts die spiegelnden Wasserflächen. Am Ende des Sees angekommen halten wir uns rechts, überqueren eine überdachte Holzbrücke und schwenken sofort danach links ein. Die Route ist Richtung Steina ausgeschildert. Achtung: Ca. 150 Meter hinter der Brücke führt der Pfad von der Treckerspur weg nach rechts (hier fehlt ein Schild), überquert eine unscheinbare weitere Brücke und steigt dann nach links hinauf zum Wegstern Hohe Tür. Wie die Beschilderung belegt, treffen sich hier viele Wanderwege aus unterschiedlichen Richtungen. Tische und Bänke laden zur Pause und zum Picknick ein.

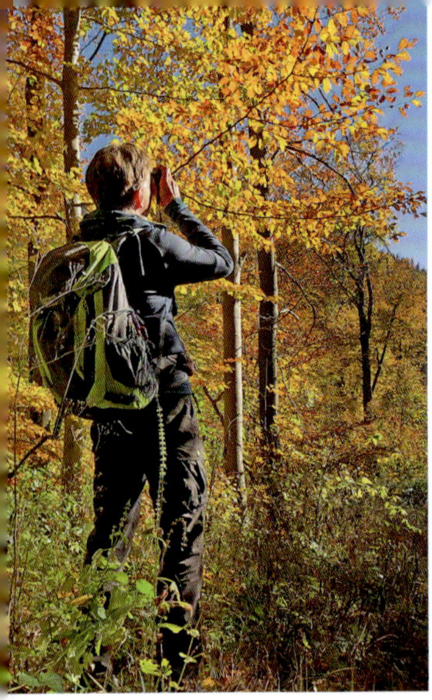

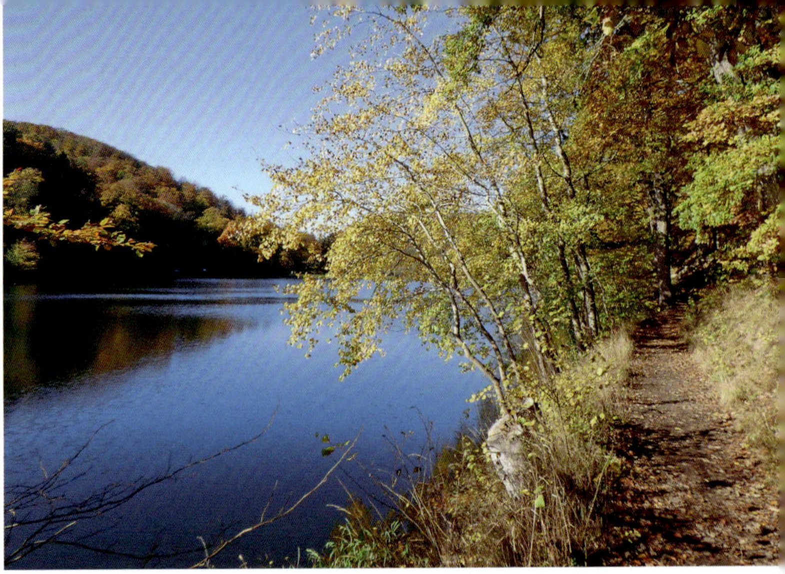

Der Autor auf Recherchetour

Rechts: Uferweg am Wiesenbeker Teich

Im Steinaer Tal In Gehrichtung halb rechts und dann sofort noch einmal halb rechts wandern wir auf schmalem Waldpfad hinab ins Steinaer Tal – weiter der Beschilderung »Steina« folgend. Fast unten im Tal angekommen, an zwei Bänken, leitet uns die Wegweisung nach rechts weiter. Der Pfad führt nun an einem kleinen Stausee entlang, dem Steinaer See, der mitten im Wald liegt.

Hinter dem See, an der Gabelung nach einer Holzbrücke, halten wir uns weiter halb rechts auf dem Waldpfad, bis wir einen Picknickplatz mit Schutzhütte erreichen. Hier bietet sich auch bei weniger gutem Wetter eine Rast an. Noch ein Stück weiter liegt die Waldschänke, die aber zur Zeit der Recherche schon lange nicht mehr als Gaststätte in Betrieb war.

Über den Pass zurück Vom Picknickplatz folgen wir unserer Route über eine weitere Brücke, der Wiesenbeker Teich ist nun ausgeschildert. Der Pfad windet sich halb rechts romantisch durch Bäume und Buschwerk den Hang hinauf. Man hat das Gefühl, immer tiefer in die Harzwildnis einzutauchen – bis der Blick sich hinter dem Buschwerk wieder etwas weitet. Oben auf der Passhöhe angekommen, hinter einer weiteren Bank, geht der Pfad in eine Forststraße über. Dieser folgen wir stetig hinab. Die gute Beschilderung führt uns auf bequemen Wegen zurück zum Wiesenbeker Teich.

Nach der Wanderung lohnt die Einkehr in der Wiesenbeker Baude auf dem Gelände des Campingparks. Man sitzt bei sonnigem Wetter draußen auf der Terrasse hoch über dem See – und auch drinnen ist es sehr gemütlich.

Kupferhütte, Bismarckturm und Hausberg

28

Jede Menge kulinarische Genüsse

Direkt bei Bad Lauterberg liegt eine schöne Rundwanderung, die mit mehreren einladenden Gaststätten glänzt. Romantische Wanderwege durchziehen den abwechslungsreichen Wald und stoßen immer wieder auf beeindruckende Aussichtspunkte.

mittel	7,5 km	300 Hm	2.45 Std.

Tourencharakter
Schmale Pfade führen durch Buchenwälder, die zu jeder Jahreszeit ein anderes Bild bieten. Ein paarmal geht es ganz ordentlich bergauf und bergab. Dafür locken drei schöne Einkehrmöglichkeiten.

Ausgangs-/Endpunkt
Bad Lauterberg, Postplatz oder Parkplatz am Hausberg
GPS: 51.631967, 10.470867 (Bushaltestelle Postplatz)
51.629236, 10.460224 (Parkplatz Lutterstraße)

Anfahrt
ÖPNV: Bus von Herzberg oder Braunlage zur Haltestelle Bad Lauterberg Postplatz
Auto: Über die B 27 ab Herzberg oder Braunlage zum Parkplatz am Hausberg in der Lutterstraße

Einkehr
Waldcafé Kupferhütte, www.imkerei-quellmalz.de; Waldgaststätte Bismarckturm, www.bismarckturmbad lauterberg.de; Berggaststätte Hausberg, www.bg-hausberg.de; diverse Gaststätten in Bad Lauterberg

Information
www.badlauterberg.de

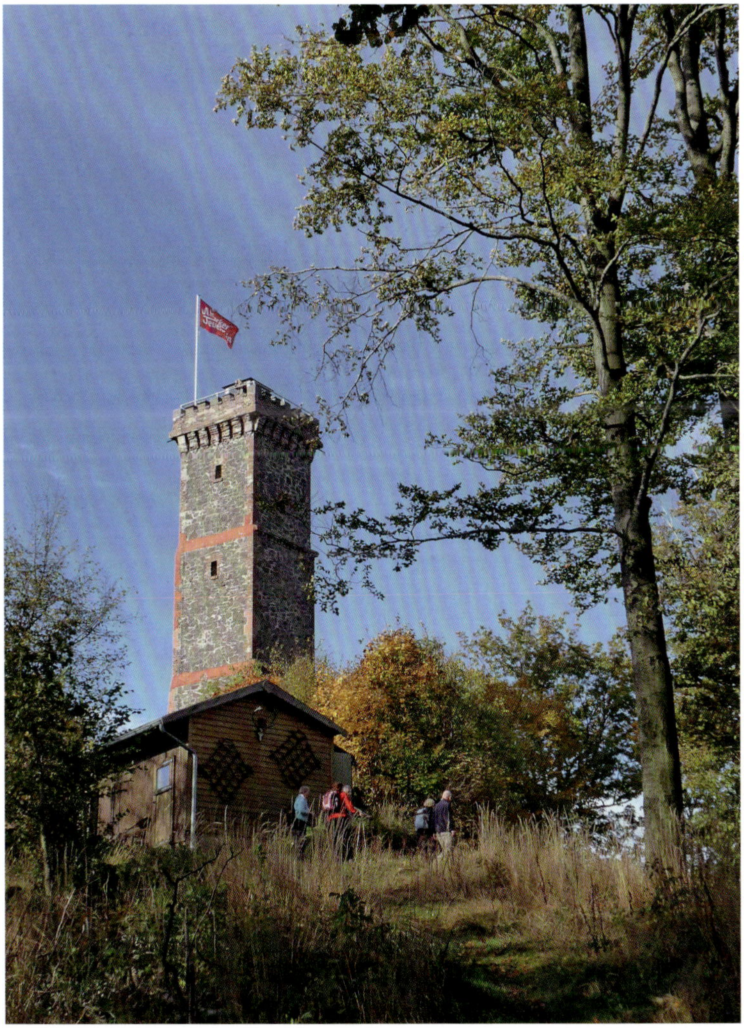

Der Bismarckturm bei Bad Lauterberg

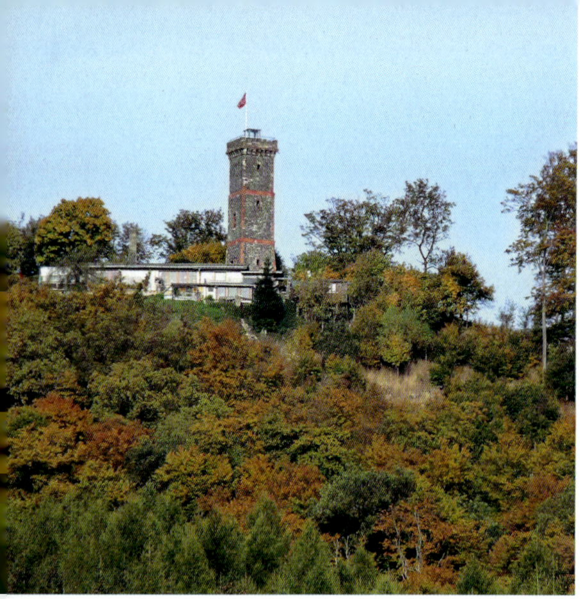

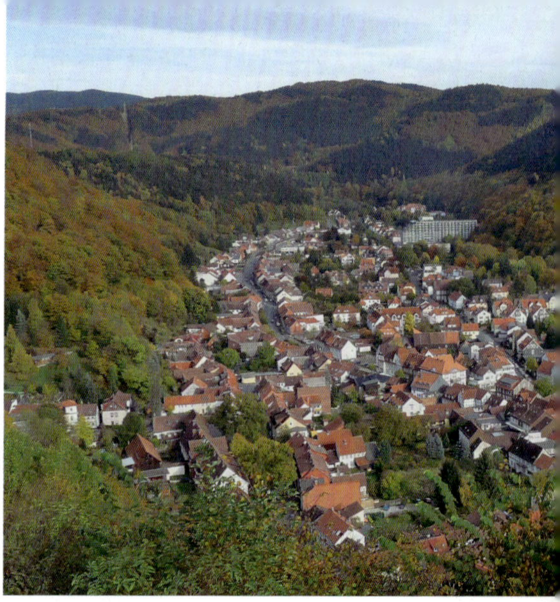

Bismarckturm vom Hausberg aus

Mitte: Blick auf den Kurort Bad Lauterberg

Ins Luttertal Wir starten durch die Bad Lauterberger Fußgängerzone (Hauptstraße) Richtung Südwesten. Am Ende des Zentrums biegen wir nach rechts in die Lutterstraße Richtung »Forstamt« ab. An der ehemaligen Ölmühle (Hausnummer 2, Gelbe Infotafel) beginnt rechts des Gebäudes ein Wanderpfad, der parallel zur Straße verläuft (weitere Rechtsabzweige ignorieren wir). Am Ende der Lutterstraße liegt die historische Kupferhütte mit dem Waldcafé.

Hinauf zum Bismarckturm Wir befinden uns nun bis zum Ende der Tour auf dem gut ausgeschilderten Baudensteig. Hinter der Kupferhütte halten wir uns rechts ins Tal der Krummen Lutter, um bald wieder rechts auf eine Schotterpiste abzubiegen. Kurz darauf weist ein Schild erneut rechts, nun etwas steiler auf einer zugewachsenen Treckerspur hinauf. Oben biegt nach halb links ein romantischer schmaler Waldpfad ab.

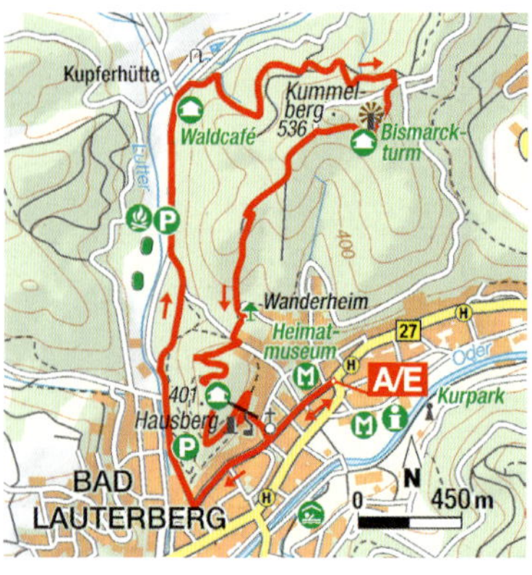

An dessen Ende halten wir uns zweimal rechts und wandern ein Stück Forststraße, bis es wieder links in einen schmaleren Wanderweg hinein geht. Diesem folgen wir, halten uns an einer Abzweigung scharf rechts und erreichen so den Bismarckturm. Hier befindet sich eine Gaststätte mit einer großartigen Aussicht, besonders vom Turm.

Auf den Hausberg Anschließend folgen wir kurz dem Hauptweg, bevor wir uns halb links hinab auf einen schmaleren Pfad begeben. Dieser bringt uns zum Natur-

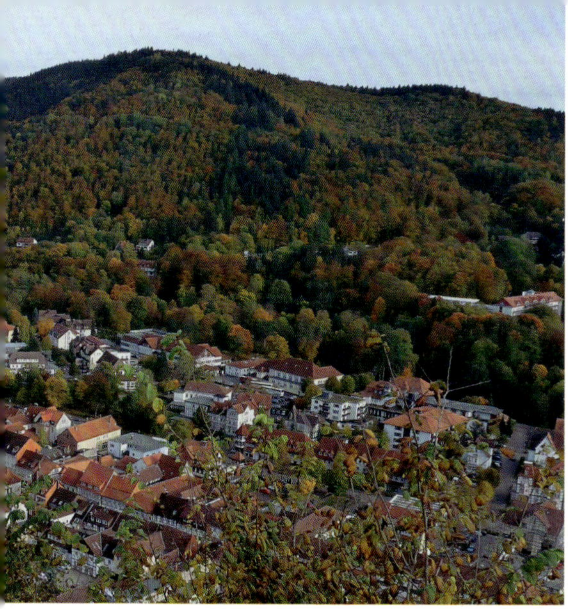

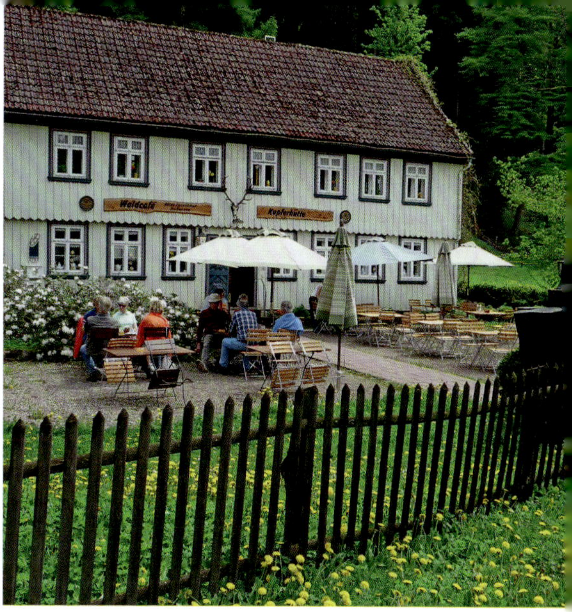

freundehaus, das wir nach rechts halb umgehen, um hinab zur nächsten Querstraße zu wandern. Dort kurz links und wieder rechts, dann folgen wir der Zufahrtstraße hinauf zum Berggasthof Hausberg. Die Terrasse bietet fantastische Ausblicke und das gastronomische Angebot überzeugt.

Gasthaus Kupferhütte im Luttertal

Abstieg ins Zentrum Zum Abstieg folgen wir am Ausgang der Gaststätte dem Schild »Bad Lauterberg«. Der Pfad zieht sich durch den Wald hinab, an einer Wegkreuzung halten wir uns scharf links. Parallel zum Hang und sanft hinab wandern wir ein ganzes Stück, bis wir uns scharf rechts halten. So geht es im Zickzack weiter, immer abwärts in die Altstadt.

Burgseilbahn

Falls übermäßiger Kuchengenuss unsere Wandermotivation lähmen sollte, können wir mit einer besonders urigen Sesselbahn, der Burgseilbahn, vom Hausberg hinunter bis fast in die Fußgängerzone von Bad Lauterberg fahren. Im Doppelsessel schweben wir wie ein Vogel steil hinab und genießen dabei aus der gleichnamigen Perspektive tolle Aussichten auf die Stadt. Info: www.burgseilbahn-bad-lauterberg.de

Die Sesselbahn zum Hausberg

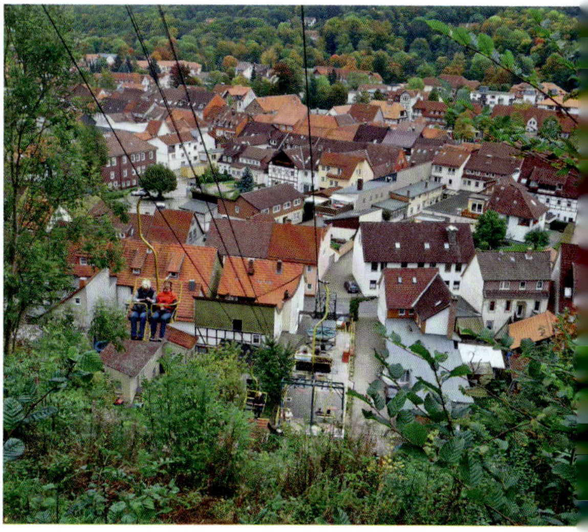

29 Von Sieber auf den Großen Knollen

Über Waldpfade zum Aussichtsturm

schwer | 11,0 km | 440 Hm | 3.30 Std.

Tourencharakter
Auf schmalen Waldpfaden führt diese Rundwanderung über den Großen Knollen – Wurzeln, Steine und Lehmpassagen inbegriffen. Im Vergleich zu den anderen Wandermuffeltouren legt man etwas mehr an Steigungen und Gefälle zurück. Bei feuchter Witterung braucht der Wanderer eine solide Trittsicherheit.

Ausgangs-/Endpunkt
Wanderparkplatz Sieber am Tiefenbeek
GPS: 51.694383, 10.418867

Anfahrt
ÖPNV: Bus Linie 451 ab Herzberg nach Sieber Tiefenbeek
Auto: Auf der L521 zwischen Herzberg und Sankt Andreasberg nach Sieber

Einkehr
Baude auf dem Großen Knollen, www.grosserknollen.de

Information
www.touristinformation-herzberg.de

Der Große Knollen (687 m) mit seinem historischen Turm und der einfachen Wandergaststätte bietet perfekte Aussichten, z. B. über den südlichen Harz bis zum Thüringer Wald, auf den Brocken und den Wurmberg. Naturnahe Pfade würzen Auf- und Abstieg.

Aufstieg zum Großen Knollen Wir beginnen unsere Wanderung am Wanderparkplatz in Sieber, dort wo die Straße Tiefenbeek die Sieber überquert. Gleich am Einstieg stehen eine Menge Wanderschilder. Hier folgen wir aber nicht der prominent ausgeschilderten Richtung Großer Knollen, sondern halten uns erst kurz am linken Ufer der Sieber entlang Richtung »Paradies«. So verlockend der Weg an der Sieber auch sein mag, gleich hinter der nächsten kleinen Brücke, vor einer Infotafel, halten wir uns wieder links und steigen in einem Seitentälchen auf. Der Pfad bringt uns zu einer Forstpiste, der wir nach rechts folgen. Durch Buchenmischwald wandern wir meist sanft bergab, bis wir nach zwei Kilometern ein altes Backsteingebäude erreichen.

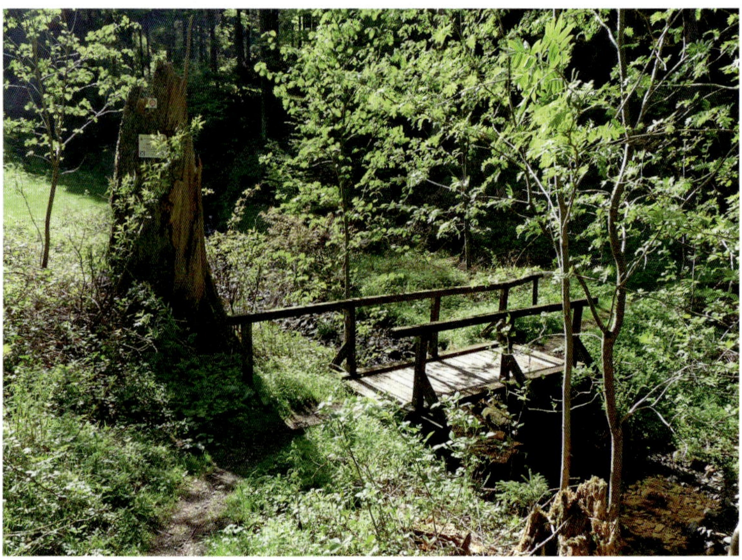

Im Tal bei Sieber

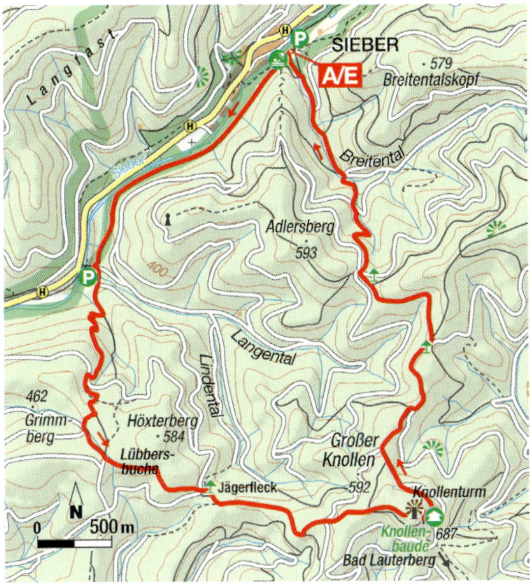

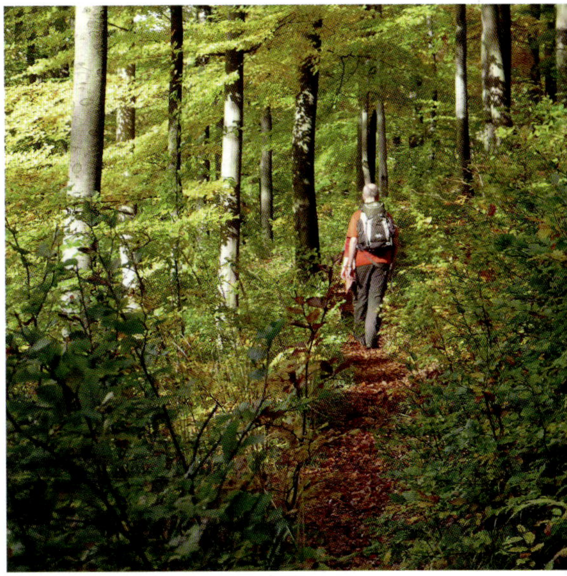

Aufstieg zum Großen Knollen

Kurz danach stoßen wir auf eine Forststraße, in die wir links einbiegen und die wir nach wenigen Schritten wieder nach rechts verlassen. Ein paar Schilder sind hier zu finden. Da der Große Knollen aber auf verschiedenen Routen ausgeschildert ist, helfen sie nur bedingt. Wir halten uns nach der Brücke, die den Seitenbach überquert, geradeaus. Das Schild »Höxtertal« mit dem blauen Balken ist für uns richtig. Eine Holzhütte lassen wir links liegen und steigen auf einer steinigen Fahrspur ein Stück auf. Bald zweigt rechts ein unscheinbarer Pfad in den Wald ab. Am linken Wegrand finden wir dazu den Hinweis auf den Großen Knollen und den blauen Balken. Letzterem folgen wir nun für längere Zeit. Der Pfad windet sich im Zickzack durch Mischwald stetig aufwärts. Die Abwechslung von Wurzeln, Steinen, Blättern und Lehm macht die Route spannend. Hin und wieder werden Forstpisten gequert. Achtung: An einer Stelle folgen wir der Piste ein Stück nach rechts, um dann links aufwärts weiterzuwandern (ein Schild »Weiterführung des Wanderweges« weist darauf hin). Später, an einer Gabelung, ist die »Lübbersbuche«, die auch an unserem Weg liegt, nach rechts ausgeschildert.

Wo wir eine Hochfläche erreichen, folgen wir der Beschilderung »Großer Knollen« auf der grasbewachsenen Forstpiste nach rechts hinab. Von nun an können wir der Ausschilderung zum Großen Knollen vertrauen. Bald wandern wir auf Schotterpiste links hinauf und noch mal links (die Abzweigung nach rechts

Wegweiser zum Großen Knollen

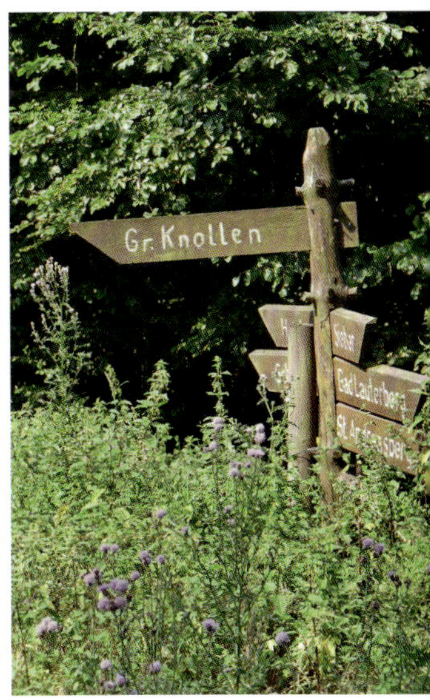

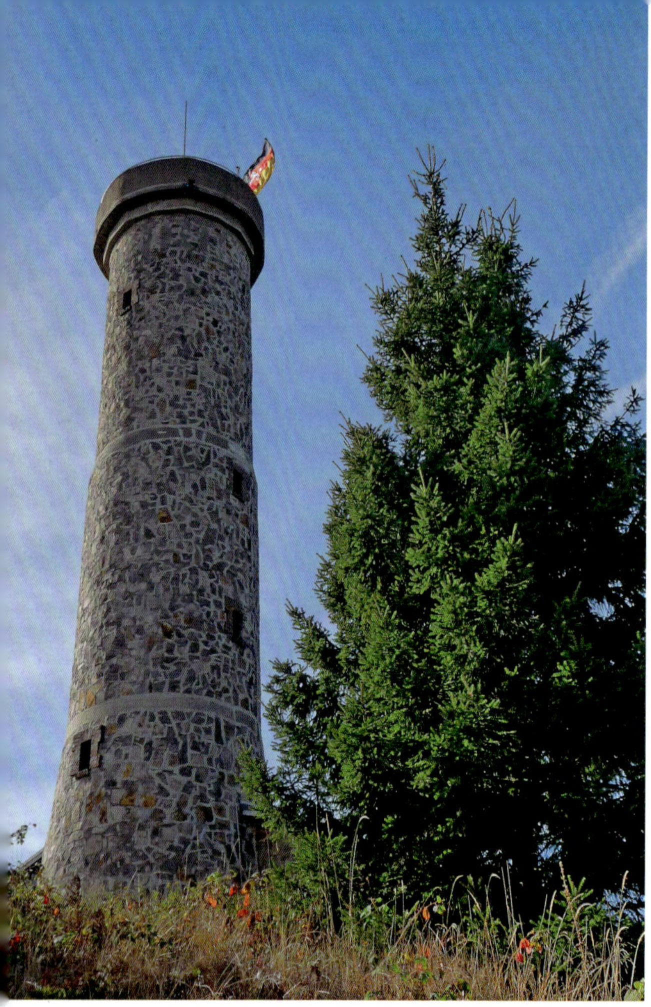

Aussichtsturm Großer Knollen

ignorieren wir). Die Beschilderung und ein schöner, sanft absteigender, steiniger Wanderweg führen uns zu einer breiteren Forstpiste, die von rechts hinaufkommt. Links liegt ein Wegstern, der Jägerfleck. Hier steht halb rechts eine kleine Schutzhütte, an der wir rechts vorbei wandern (15J, rotes Dreieck). Nun steigt der grob geschotterte Weg auf einem Höhenrücken wieder leicht an. Eine Kreuzung mit aussichtsreicher Bank (Blick Richtung Herzberg) überqueren wir geradeaus.

Der Weg wird im weiteren Verlauf zum Pfad und hält direkt auf die Antennenanlage und den Aussichtsturm des Großen Knollens zu. Je nach Witterung machen wir es uns in der Baude oder an deren Außentischen gemütlich. Die Aussicht ist in beiden Fällen bestens, einfache Speisen und Getränke holt man sich am Tresen. Und anschließend sollten wir das Besteigen des Aussichtsturms nicht versäumen.

Auf dem Baudensteig zurück Beim Abstieg folgen wir zuerst der Zufahrtsstraße, die bald eine scharfe Linkskurve beschreibt. Sieber ist hier auf dem Weg 13C mit einem blauen Punkt markiert (nach rechts führt der Wanderweg Richtung Bad Lauterberg, siehe Tipp links).

Nach Sieber folgen wir der im Abstieg eindeutigen Ausschilderung. Anfangs wandern wir auf Forststraßen sanft hinab. An der ersten Gabelung halb rechts, an der nächsten größeren Gabelung mit einer Köte (Schutzhütte) halb links haltend, folgen wir der Beschilderung Richtung Sieber. Irritierenderweise geht es noch mal ein kleines Stück sanft bergauf, dann aber im Linksbogen abwärts. Aufpassen

Abstieg nach Bad Lauterberg

Ein wunderschöner Waldweg führt vom Großen Knollen über das Knollenkreuz nach Bad Lauterberg. Für den Abstieg braucht man etwa 2 Std., also insgesamt dann etwa 4 Std. Wer mit dem Bus ab Herzberg angereist ist, kann diese gut ausgeschilderte Variante für den Abstieg wählen und mit dem Bus ab Bad Lauterberg zurückfahren.

müssen wir jedoch später an einem Wegstern mit Schutzhütte, an dem diverse Wanderwege ausgeschildert sind. Hier ignorieren wir die scharf rechts abzweigenden Forstpisten und folgen dem Schild »Baudensteig/Sieber« über Gatzemannstal, das halb rechts hinunter in einen anfangs ziemlich unscheinbaren Pfad weist. Bei feuchtem Wetter ist hier etwas Vorsicht geboten, denn die Steine und Wurzeln können glatt sein. Der Pfad windet sich abwärts, überquert im spitzen Winkel einen Holzrückepfad, später eine Forststraße und führt immer geradeaus weiter hinab (rotes Dreieck, 4).
Unten im Tal überqueren wir auf einer kleinen Holzbrücke den Bach Tiefenbeek und halten uns auf der dahinter liegenden Forststraße nach links. So gelangen wir am Schützenhaus vorbei wieder zum Wanderparkplatz in Sieber.

Ganz unten: Blick vom Großen Knollen

Wegmarkierung Baudensteig

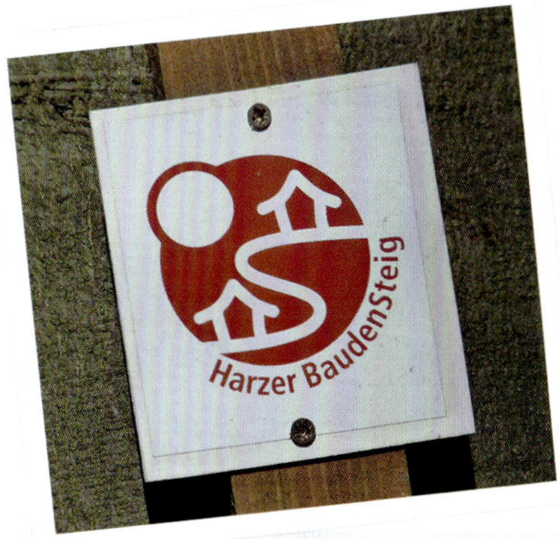

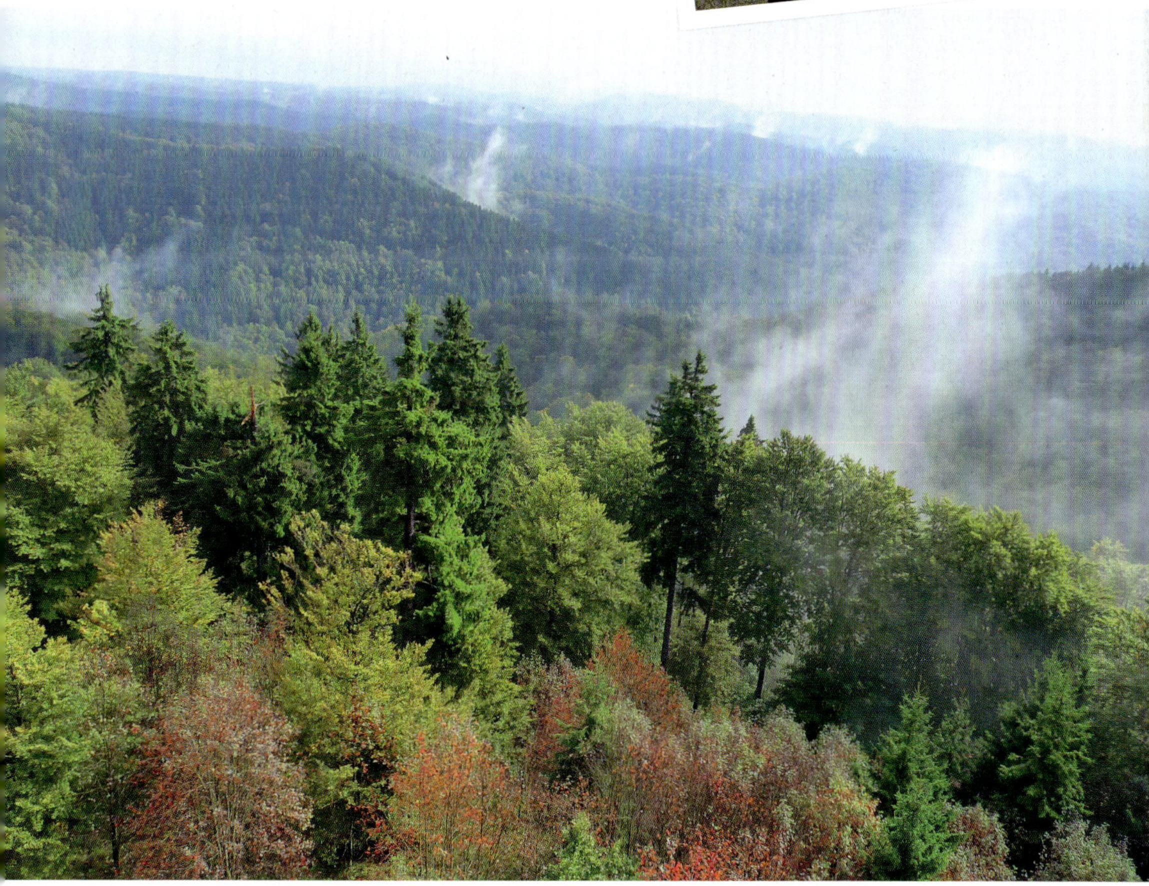

30 Einhornhöhle und Burg Scharzfels

Wandern auf dem Karstwanderweg

mittel | 6,0 km | 230 Hm | 2.00 Std.

Tourencharakter
Die Wanderung verläuft überwiegend auf Wanderwegen und Waldpfaden, meist im Buchenwald. Die größte Steigung liegt gleich am Anfang. Mit der Burg und der Höhle taucht der Wanderer in die Geologie und die Geschichte des Harzes ein, Hinweistafeln informieren über die Hintergründe.

Ausgangs-/Endpunkt
Barbis, Rettungswache
GPS: 51.624000, 10.413433

Anfahrt
ÖPNV: Mit dem Bus oder Zug nach Bad Lauterberg-Barbis; der Bahnhof liegt 600 m vom Startpunkt entfernt.
Auto: B 27/B 243 nach Barbis, zur Rettungswache (Am Zoll 6–7)

Einkehr
Waldcafé Haus Einhorn an der Einhornhöhle, www.einhornhoehle.de; Schlossberg-Schutzhütte an der Burgruine Scharzfels, www.burgruine-scharzfels.de

Information
www.touristinformation-herzberg.de, www.burgruine-scharzfels.de, www.einhornhoehle.de

Auf dieser eindrucksvollen Rundwanderung in den Buchenwäldern des Südharz liegen gleich zwei Höhepunkte: die im Rahmen von Führungen zu besichtigende Einhornhöhle und die Burgruine Scharzfels.

Aufstieg zur Einhornhöhle Rechts am Gebäude der Rettungswache Barbis vorbeiwandernd (»Zum Haus Am Zoll 6«) unterqueren wir die B 27. Auf schmalem Pfad immer geradeaus hinauf erreichen wir oben eine Kreuzung kurz vor der Burg Scharzfels. Hier halten wir uns jedoch erst einmal rechts und folgen der Richtung »Großer Knollen«. Auf schönen Waldwegen immer geradeaus gelangen wir an eine Gabelung. Rechts vom Schild »Großer Knollen 5,5 km« führt unsere Route auf einem Waldpfad weiter. Über einen Wegstern wandern wir geradeaus Richtung Göttinger Hütte. Erst später, wo der Große Knollen nach halb rechts und die Einhornhöhle nach links ausgeschildert ist, folgen wir dem Weg zur Höhle, die wir immer geradeaus und an einer Gabelung leicht links haltend erreichen.

Höhlenbesichtigung Die in der Karsthöhle gefundenen großen Knochen ordnete man einst dem »Einhorn« zu, sie stammen aber von großen Säugetieren wie Höhlenbären. Auch handwerkliche

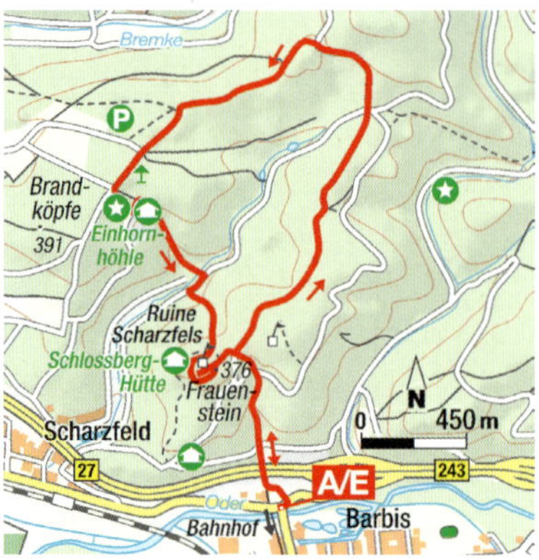

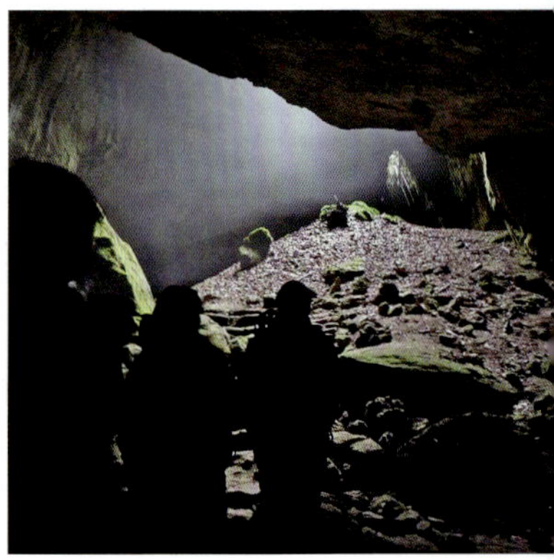

In der Einhornhöhle

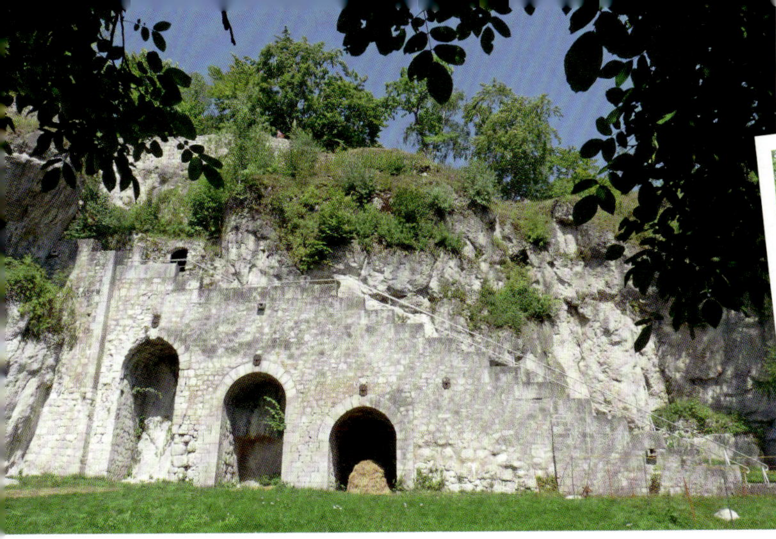

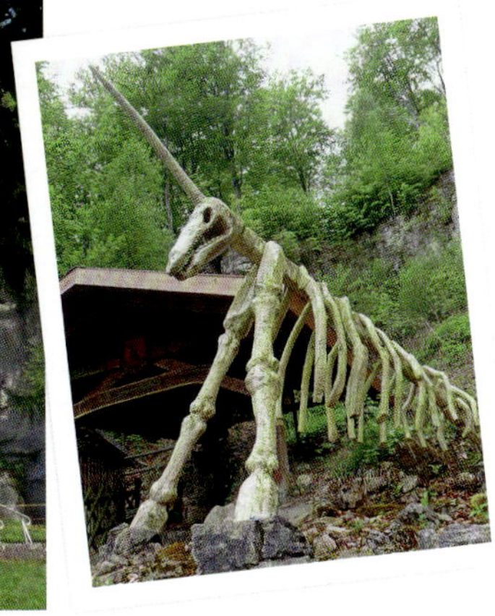

Relikte aus der Steinzeit, von Neandertalern, wurden gefunden. Die Einhornhöhle kann im Rahmen von unterhaltsamen Führungen besichtigt werden. Im Inneren herrschen konstant 7 °C, also sollte man den warmen Pullover und die Jacke nicht vergessen! Im Gebäude der Cafeteria gibt es noch ein kleines Museum mit Funden aus der Höhle.

Rekonstruktion des »Einhorns«

Links: Aufgang zur Burg Scharzfels

Torfelsen am Eingang der Burg

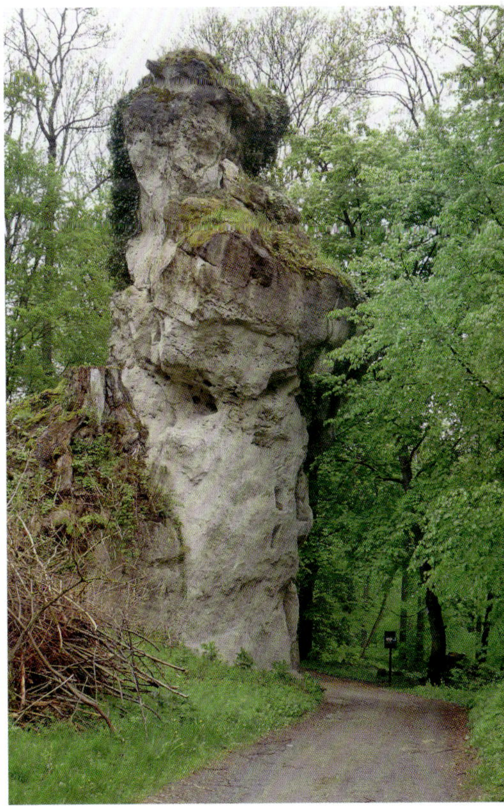

Weiter zur Burg Scharzfels Nach der Besichtigung der Einhornhöhle lassen wir den Kiosk rechts liegen und folgen an einer Infotafel der Beschilderung »Burg Scharzfels« auf einem Waldpfad. Unten im Tal halten wir uns auf der Forststraße kurz rechts und steigen dann links zur Burg auf. Wir gelangen ans Burgtor und haben nun die Wahl, zuerst den Burgberg zu erklimmen oder das gastronomische Angebot der Schlossberghütte zu testen.

Die auf einem Felsen thronende Burg stammt aus dem Mittelalter und galt lange als uneinnehmbar – bis im Siebenjährigen Krieg das Gegenteil bewiesen wurde. Immerhin hat die Burg lange durchgehalten und die Ruinen wirken auch nach der Sprengung noch ausgesprochen beeindruckend.

Zurück nach Barbis Wir verlassen die Burg durch den Zugang und erreichen nach wenigen Metern die Kreuzung, die wir schon vom Hinweg kennen. Auf der Aufstiegsroute steigen wir wieder nach Barbis ab.

Zugabe

Der Harz ist ein tolles Wandergebiet! *Ich hoffe, Sie teilen meine Meinung spätestens dann, wenn Sie ein paar Touren aus diesem Führer ausprobiert haben.*

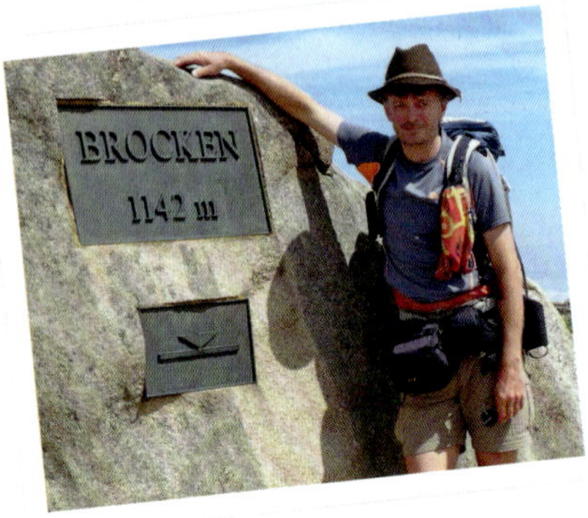

Wandern wird attraktiver *Es lässt sich für ganz Deutschland sagen, dass das Wandern attraktiver geworden ist. Noch vor wenigen Jahrzehnten verliefen die typischen Wanderwege in den Mittelgebirgen auf breiten Schotterstraßen durch Wirtschaftswälder. Gepflegte Wanderwege oder naturnahe Pfade waren die Ausnahme. Förster und Jäger wollten die Wanderer am liebsten schnell wieder aus dem Wald heraus haben. Und viele Verantwortliche in den Verwaltungen, die Wanderwege ausschilderten, konnten sich die Bedürfnisse der noch recht wenigen Wanderer oft kaum vorstellen.*
Mittlerweile ist das Wandern Volkssport Nummer 1. Die wirtschaftliche Bedeutung hat sich herumgesprochen, und die Wünsche und Bedürfnisse der Wandernden werden intensiv wissenschaftlich untersucht. So werden in Deutschland immer mehr spannende Wanderrouten entwickelt, ausgeschildert und analog oder digital präsentiert.

Wandern als Beruf *Wenn man – wie ich – das Wandern zum Beruf gemacht hat, ist das eine sehr erfreuliche Entwicklung. So gibt es auch für Wanderer, die Gruppen leiten oder für Wanderführer oder Wanderblogs recherchieren, immer wieder fantastische neue Routen zu entdecken. Und nebenbei entwickelt sich auch das Wander-Knowhow immer weiter.*
Wenn Sie am Ball bleiben, in der Wanderwelt stöbern oder vielleicht mal an einer geführten Tour teilnehmen möchten, lade ich Sie herzlich zu einem Besuch auf meinen Webseiten www.trekkingguide.de ein. Ansonsten treffen wir uns vielleicht mal zufällig auf einer Wanderung im Harz. Es würde mich freuen! Ihr

Andreas Happe

Impressum

Verantwortlich: Lea Niesler
Redaktion, Lektorat und Satz: Christian Steinmaßl
Repro: LUDWIG Media
Kartografie: Bruckmann Verlag GmbH, Heidi Schmalfuß
Herstellung: Bettina Schippel
Printed in Turkey by Elma Basim

★★★★★

Sind Sie mit diesem Titel zufrieden? Dann würden wir uns über Ihre Weiterempfehlung freuen. Erzählen Sie es im Freundeskreis, berichten Sie Ihrem Buchhändler, oder bewerten Sie bei Onlinekauf. Und wenn Sie Kritik, Korrekturen, Aktualisierungen haben, freuen wir uns über Ihre Nachricht an Bruckmann Verlag, Postfach 40 02 09, D-80702 München oder per E-Mail an lektorat@verlagshaus.de.

Unser komplettes Programm finden Sie unter www.bucher-verlag.de

In diesem Buch wird aus Gründen der besseren Lesbarkeit das generische Maskulinum verwendet. Weibliche und anderweitige Geschlechteridentitäten werden dabei ausdrücklich mitgemeint, soweit es für die Aussage erforderlich ist.

Empfehlung der Redaktion
Sie sind auf der Suche nach weiterführender Literatur? Dann empfehlen wir Ihnen den Titel »Wanderungen für Langschläfer im Harz« von Richard Goedeke. Oder Sie werfen einen Blick in die Zeitschrift »BERGSTEIGER«. Hier werden Sie bestimmt fündig.

Bildnachweis: Alle Aufnahmen stammen vom Autor.
Umschlagvorderseite: Zeterklippen (Tour16)
Umschlagrückseite: Das Grüne Band (Tour 8)

Die Deutsche Nationalbibliothek verzeichnet diese Publikation in der Deutschen Nationalbibliografie; detaillierte bibliografische Daten sind im Internet über http://dnb.d-nb.de abrufbar.

ISBN 978-3-86246-842-3

Register